润物细无声
马成霞析教育教学案例

UNCONSCIOUSLY MOISTENING
YOU AND ME
ANALYSES OF EDUCATIONAL
TEACHING CASES BY MA CHENG XIA

马成霞 著

北京理工大学出版社
BEIJING INSTITUTE OF TECHNOLOGY PRESS

版权专有　侵权必究

图书在版编目（CIP）数据

润物细无声：马成霞析教育教学案例／马成霞著．--北京：北京理工大学出版社，2022.7
　ISBN 978-7-5763-1518-9

Ⅰ.①润… Ⅱ.①马… Ⅲ.①中学教育－教案（教育） Ⅳ.①G632.3

中国版本图书馆 CIP 数据核字（2022）第 126222 号

出版发行　／　北京理工大学出版社有限责任公司	
社　　址　／　北京市海淀区中关村南大街 5 号	
邮　　编　／　100081	
电　　话　／　(010) 68914775（总编室）	
(010) 82562903（教材售后服务热线）	
(010) 68944723（其他图书服务热线）	
网　　址　／　http：//www.bitpress.com.cn	
经　　销　／　全国各地新华书店	
印　　刷　／　廊坊市印艺阁数字科技有限公司	
开　　本　／　710 毫米×1000 毫米　1/16	
印　　张　／　18	责任编辑　／　申玉琴
字　　数　／　255 千字	文案编辑　／　申玉琴
版　　次　／　2022 年 7 月第 1 版　2022 年 7 月第 1 次印刷	责任校对　／　刘亚男
定　　价　／　79.00 元	责任印制　／　李志强

图书出现印装质量问题，请拨打售后服务热线，本社负责调换

序

从实践中走出来的优秀教师

刘华蓉

马成霞老师是一位非常优秀的教师。在沿着习近平总书记的足迹到国家连片特困地区送教的时候，从北京到青海格尔木，马老师给我和同事们、青海省教育厅的领导同志，都留下了非常深刻的印象。马成霞老师是山东人，为人热情爽快，说起自己的学生和教学特别有激情，对教育问题也很有见地，一路同行，大家都觉得学习到很多，于是尊呼为"贤人马大姐"。看了马老师的作品里谈到自己的成长，才知道马老师还被同事们称为"有求必应马成霞"，被所教学生评价为"最温暖最有智慧的老师"。可见，一个热爱教育、品行高尚、业务精湛的人，走到哪里，都是有很好的口碑的。这也是很多优秀教师身上的共同特征。

马成霞老师的成长之路，折射的是中国优秀教师的成长之路。从马成霞老师身上，再次感受到了一名优秀教师的特殊品质。

马成霞老师坚持立德树人，善于发现学生，善于发现教师，不仅喜欢教书育人，还把培养和传帮带年轻教师当成自己的重要责任和使命。她认为：教师，教授基础的学科知识只是工作的第一步，也是最基本、最简单的一步。教育教学是极其复杂，又极其精细、极其富有创造性的一种综合性活动，为此，教师不仅仅是学科知识的传授者，更是一代又一代儿童的心灵和精神的引导者和思维的开拓者。马成霞老师提出要注重发现教师、培养教师，"人人都有无穷的智慧，关键在于挖掘"！尽管马成霞从山东到北京，面临着不完全相同的教育环境，但是她始终坚持追求立德树人。

要成为一个优秀教师必须要有对教育事业的深深热爱。教师是一个辛苦的职业，但是很多像马成霞一样的优秀教师乐于吃苦受累，只为教好书、育好人。乐于吃苦受累，归根结底，是因为内心有对教育事业的热爱，有对学生的关爱。在热爱一件事情的时候，多辛苦也不叫苦，反而乐在其中。和马成霞老师交往中，只要谈到教育、谈到教学、谈到怎么给孩子们讲好课，她的精气神就全出来了，两眼放光，神采飞扬，这是一个醉心于工作、闪耀着特有魅力和光辉的人，这也是一个优秀教师最值得尊敬的地方。没有爱就没有教育，没有爱就不足以成就一名好教师。

马成霞老师是脚踏实地在教育教学一线实践中逐渐成长起来的。她是一名英语学科教师，特别注重教研，认为"教而不研则浅，研而不教则空"。她不仅注重教学生英语知识，还注重课堂设计，鼓励合作、探究，注重培养学生思维，注重培养学生学科核心素养，把学科教学和育人紧密结合起来，把英语课打造成了知识课和育人课相得益彰的结合体，这也让她的学生们更加喜欢她的课堂。

正是因为注重教研，马成霞老师能够思考很多富有实践意义的问题：英语词汇教学有什么规律？泛读怎么读？阅读理解怎么推进？教学进度怎么把握？听力教学更高效的策略是什么？写作教学怎么更有效？英语课堂美学、人文文化氛围如何设计？英语课堂上，怎么激发兴趣，集中学生注意力？怎么引发思考，培养思维？教师与学生怎么成为学习共同体？……这些都是从实践中来到实践中去的好问题。马成霞老师提出：教师唯有把知识与能力、热情与梦想、创新与开拓落实到课堂教学过程中，才能使课堂教学内容在学生的行为和思想上产生意想不到的效果。

办好教育，关键在教师。重视教育，最重要的就是要重视教师。不仅要尊重教师、要提高教师待遇，还要发展教师，发展教师的专业水平，要给教师提供更多施展才华的平台和舞台，让教师更有成就感和意义感。马成霞成为一名优秀教师的过程，既有她自身的不懈追求努力，也有她一路上遇到的校长、局长、同事对她的帮助和扶持，有她的父辈和家庭给予的支持，因此，在她成长起来之后，她特别注重帮助青年教师、帮助贫困落后地区的教师，组织了不少很好的研修活动，积累了很多有价值的课程教学案例。这本书就是她积累、思考的重要成果。相信每一个教师，特别是在英语教学一线的教师，都能从中获益。

实践是优秀教师最好的成长之路。锤炼是最好的成长，马成霞老师的成长经历和教育教学成果，不仅回答了一个优秀教师是怎么炼成的，还证明了只要热爱，只要努力，只要注意积累，人人都可以成为优秀教师。

资深教育媒体人，中国教育报刊社编审，多年从事基础教育、学前教育、教育媒体研究，华中师范大学博士，北京大学博士后，美国耶鲁大学高级访问学者，曾任报社部门主任、报纸总编辑等。

前　言

"三鞠躬"引人深思

2021年1月的某一天下午,一位校长在谈及自己学校开展新任教师拜师活动时,提到组织者居然让每一位新任教师面向自己的导师三鞠躬,致使在场的许多导师感到很不舒服,这位校长认为这是乱用对待逝者的礼仪,并露出了十分不满的表情,甚至有些蔑视活动的组织者!

说到"三鞠躬",如果上网搜索,会看到很多网页都说它用于向亡灵致敬。如果我们做进一步的研究,就会发现"三鞠躬"其实不仅仅表达此意。"三"在中国古代是很重要的一个数。"三"代表稳定,古代的鼎都是三个足,而且许多场合都用到"三",比如还有三跪九叩,拜天地要拜三次。笔者认为"三鞠躬"包含着感谢、感化、感恩、感激和感动,可以用在多种场合。

感谢法

现实生活中,用"三鞠躬"表达感谢是完全没有问题的!我们常看到演员谢幕的时候用"三鞠躬"表达感谢,婚礼上也有"三拜三鞠躬"的讲究,"三拜"的意思大家都懂,"三鞠躬"则一般是对父母或者在场宾客表达感谢。这一切都说明"三鞠躬"是一种感谢法,体现着感激,是情真意切的致谢!

感化法

江苏泰州信访局局长张云泉,动情地向群众鞠了三个躬,说出了发自肺腑的话,平息了一场由车祸致人死亡即将引发的高速公路阻断事件。他"柔中有刚"地处理了一起群众事件。他"柔"在以情动人，说服了情绪愤激群众的过激行为；他"刚"在当时自己正在医院打吊针，听到车祸消息，义无反顾地拔出针头赶往现场，把纠纷处理得妥妥帖帖。

张云泉的所作所为，淋漓尽致地展示了先敬礼再讲理的魅力。这件事说明了"三鞠躬"是一种感化法，就是"以柔克刚"的真情坦露！

感恩法

结婚鞠躬也叫拜堂，是在男女双方举办传统的中式婚礼时需要进行的仪式。一鞠躬敬拜天地，感谢上天赐予的姻缘，并且希望上天能够保佑两人生活富足、婚姻幸福。二鞠躬需要面向父母，这时父母需要上座，新人拜父母有感谢父母的养育之恩的意思，新人一起鞠躬表示希望父母放心，两人可以共同携手走向未来。三鞠躬时需要男女双方对拜，表示希望两人恩爱不移、白头偕老、风雨同舟，还希望双方能够相敬如宾、光宗耀祖的意思。夫妻对拜后就表示结婚仪式正式完成。中国传统婚礼习俗的"三鞠躬"是一种感恩法，体现的是对姻缘、父母、爱人的感激！

感激法

网络上有一篇题目为《一杯香茶三鞠躬　师徒结对乐融融》的文章，写了一群刚入职的青年敬茶、鞠躬、拜师，怀着感恩之心而来，带上满满嘱托而回。一场别开生面的师徒结对会议，让年轻教师用于灌溉桃李的水源里又多了一股清甜的甘露。

为发挥优秀骨干教师的引领作用，帮助新教师尽快适应教育教学工作，掌握先进的教育思想、教学方法，促进青年教师快速成长，常山一中每年都会召开新学期"师徒挂钩工作会议"，会上青年教师要向指导教师行敬茶礼。同时，青年教师代表和指导教师代表分别发言，分享师徒结对的收获。这一别开生面的活动说明了"三鞠躬"是一种感激法，体现的是对前辈引路人的致敬！

感动法

著名书画艺术家和书画教育家张炳南先生，几十年来一直从事书画创作、宣传和传授工作，受到国内外，特别是山东省书画界人士的广泛赞誉，在大众书画领域中广受推崇。他的学生行拜师礼时也要三鞠躬：一鞠躬，谢导师辛勤栽培；二鞠躬，认真学习书画技艺；三鞠躬，发奋努力早出成果。

可见，一位好老师、好导师可以带出一群好的栋梁之材！当然，他们的学生也对老师充满了敬意、爱意，甚至充满了孝心！"三鞠躬"是一种感动法，体现了对授业者德艺的传承。

只要能站着，就坚守讲台

随着教龄的增长，"只要能站着，我就要坚守讲台！"这句话无数遍地在我的脑海里出现，由此成了我的座右铭！40年的教育教学成绩不是一蹴而就的。有人说"教师是一份最普通的职业"，还有人说"教师是一份光辉的职业"。在这里，我想说"教师是我一生追求的事业"。

如果你有一个梦想，或者决定做一件事，就应该立刻行动起来。要知道，100次心动不如一次行动！如果你有一份坚守，或者说决定坚守你正在做的事情，那就应该投入进去！要知道只有坚守你的阵地——课堂，你才知道知识的力量是那么令人向往！课堂，是一代又一代学子成人成才的殿堂！课堂，是文明的圣地、展翅的舞台！好课堂，是教师和学生小心翼翼呵护而成的，也是他们共同努力去追求的！课堂，没有复制！课堂，无法下载！但它最值得经营！

陶老先生说："文化一旦在心灵安顿之后，就成了一生幸福的储蓄。"他高屋建瓴地提出自己的见解："教师要想发展起来，就要给自己的心灵留下一个心动、行动的空间，从而使自己的教学登上'会当凌绝顶'的境地。"可以说人生心路历程的成长轨迹，即读书是我们生命成长最珍贵的滋养品。让我们一次又一次地完成从教学工作到教学享受的蜕变。

站着教学是一份使命！只要能站着，就坚守讲台，这是永恒的健康和幸福！

课堂就是舞台

课堂是一切教学活动的核心和基础，是教师工作的主阵地和成长的大舞台。课堂教学是检验一个教师工作水平的试金石，因此，教师要致力于提高教学工作水平，打造好课堂。那么，什么样的课堂才是好课堂？教师应该怎样打造出自己的好课堂呢？

课堂是教师最重要的舞台，一个懂得享受上课的人，课堂便会成为其享受幸福的重要舞台。营造一个充满生命活力的课堂，和学生一起成长、一起欢乐，就会少了许多教学的焦虑和烦恼。教师职业幸福感最重要的源泉是学生的成功和他们的真情回报，任何影响教师职业幸福感的不利因素都可以从学生对教师的尊重、理解、感激中得到弥补。但要让学生感激，教师就必须先学会感激学生、呵护学生、尊重学生，而要真正做到这点并不容易。如果教师只知道用自己的权威来管理学生，会离职业幸福感越来越远。

《中庸》中的"博学之，审问之，慎思之，明辩之，笃行之"指明了我人生的方向，我愿承至圣先师之志，为天地立心，为生民立命，为往圣继绝学，为万世开太平。

好课堂一定要有好的教育主题，从课堂聚焦、课堂艺术、课堂形态、课堂模式、课堂评价五个方面全面探讨，构建系统、科学的优质知识体系，提供好的理论和方法指导。

好课堂主旨鲜明，学科知识全面，教育理论鲜明，不仅有教育视角的高度，也有教学艺术的深度，还有详细的教学理论，更有丰富的教学案例和方法，兼具学术性和实用性。好课堂是教师彰显教学能力的真正大舞台！

目 录

第一章 不忘初心 潜心教育 ······ 001

服从父亲内心呼唤,选择教育 ······ 002
  走入教坛 ······ 002
  书写教坛 ······ 002

坚守初心潜心育人,理解教育 ······ 004
  晴天霹雳 ······ 004
  着手丛书 ······ 005

第二章 杏坛数载 守正育人 ······ 007

开启职业生涯,坚守讲台 ······ 008
  案例1:带首届毕业班40多个星期,没歇过一个周末 ······ 009
  案例2:刚参加工作的几年,从不放弃一名学生 ······ 010
  案例3:把四个月的儿子放到讲台一角,上了一节理想课 ······ 011
  案例4:把六个月发烧的儿子放在桌下空格里,上了一节完整课 ······ 012
  案例5:两次举手,在高考写作阅卷中突破 ······ 014
  案例6:守到黎明见花开
    ——我的督学故事 ······ 019

开启心灵智慧,坚守育人 ······ 024
  瓦拉赫效应 ······ 025
  案例1:睡觉大王成了纪律检查委员 ······ 026
  案例2:打石膏的孩子改变了一生的学习习惯 ······ 027
  路径依赖定律 ······ 028
  案例3:爸爸妈妈,你在孩子背后哭能代替管吗? ······ 029
  案例4:爸爸妈妈,您给4斤的孩子留下什么? ······ 031

罗森塔尔效应 ································· 032
案例5：英语老师教我的数学方法管用吗？ ················ 033
案例6：我妈说，是男人就不能说不行 ·················· 035
比伦定律 ································· 037
案例7：我从小就这样发音，改不了 ··················· 038
案例8：一丝闪光，也能考上一本？ ··················· 040
改宗效应 ································· 042
案例9：老师，下次作文我一定会提高 ·················· 043
案例10：大雨天，迟到一分钟需要这样较真吗？ ············· 045
竞争优势效应 ······························· 046
案例11：课堂走出一个哈佛女孩 ···················· 047
案例12：孩子，你决定为做英语课代表付出了吗？ ············ 049
案例13：孩子，你的方法很高效 ···················· 052
蘑菇定律 ································· 054
案例14：孩子，苦难阻挡不了你的飞翔 ················· 055
案例15：最温暖的老师
　　　　——杨宏宇的一封信 ···················· 056
习惯效应 ································· 058
案例16：阅读，陪伴孩子成长的最好礼物 ················ 059
案例17：拉钩，从全区第12 000名到第5 000名 ············· 061
相悦定律 ································· 065
案例18：孩子，别把背诵当负担，因为你很聪明 ············· 066
案例19：一个一下子买五份报纸的女孩 ················· 067
角色效应 ································· 069
案例20：班长：别人拎一捆书，我拎两捆 ················ 070
案例21：孩子，你爸太懦弱了，但你不可以 ··············· 073
案例22：管闹钟，叫妈妈起床 ····················· 075
案例23：我的课代表，一年摔了6个闹钟 ················ 077
案例之后："学会"到"会学"一步之差，你能迈过去吗？ ········ 079

第三章　三尺讲台，深耕不辍 ··················· 083

开启创造智慧，多元育人 ························ 083

案例1：晓、消、效→"枭" ……………………………………… 085
  案例2：发现体育生的优点 …………………………………… 089
  案例3：互联网背景下教师育人方式创新思考与研究 ……… 091
  案例4：积极模仿，提升新任教师再造性和创造性科学素养 …… 095
  案例5：教师应该如何处理"棘手"事件？ …………………… 102
  案例6：互联网促全学科"不停课"，誓为防疫学生"不停学"
         导航 ………………………………………………………… 105

 开设创新途径，全心育人 ……………………………………… 108
  案例1：完形填空，晓之以理
         ——完形填空技巧与思维品质的探究 ………………… 109
  案例2：活动设计，重在育人 ………………………………… 114
  案例3：发现问题，忠于教育
         ——中学英语"发现问题"教学设计课例分析 ……… 119
  案例4：生命教育，奉献祖国
         ——中学英语"情境教学"课例分析 ………………… 131

第四章　四秩春秋　弦歌不辍 ……………………………… 138

 课程科研素养 …………………………………………………… 138
  成果1：探究人机互动渠道，提升听说高效学习策略 ……… 139
  成果2：探究文本主题意义，促进学生发展核心素养 ……… 152
  成果3：中学英语课堂教学设计及实践活动探索
         ——英语学科核心素养落实情况调查报告 …………… 167
  成果4：《典范英语》阅读深挖文本主题意义的实践研究
         ——整体外语教育与学生英语阅读理解能力发展研究
         实验报告 ………………………………………………… 180

 课堂教学素养 …………………………………………………… 188
  成果1：核心素养导向的英语课堂教学
         ——海淀区名师工作站导师活动 ……………………… 189
  成果2：挖掘文本主题内涵，培养学生发展核心素养
         ——以人教版八年级《Unit 7 Will people have robots?》
         初中英语写作课为例 …………………………………… 194

成果 3：立德育人，单元设计"考教"一体化
　　　　——人教版 Book 1《Teenage Life》单元整体教学设计
　　　　.. 199

学科教研素养 206
　　成果 1：基于设计课堂听说活动，多元培养学生思维品质 207
　　成果 2：当代信息技术与英语教学整合的实践操作 212
　　成果 3：课例研究促进教书育人新篇章 217
　　成果 4：主旨类阅读简答难点分析与技巧 224
　　成果 5：优化活动提高效能，促进学生思维扬帆远航 235
　　成果 6：以话题为核心，设计教材文化点的学习 243
　　成果 7：基于文本逻辑，开展高中英语以读导写行动探究 254
　　成果 8：2.0 信息技术培训，花落理工 261

后记 269
　　40 载，实践是最好的成长之路 269

第一章　不忘初心　潜心教育

我国的教育方针是：以坚持四项基本原则为本，坚持教育为社会主义现代化建设服务，教育要面向现代化、面向世界、面向未来，把受教育者培养成为德、智、体、美、劳全面发展的建设社会主义现代化的合格人才。这是党不断适应时代要求，总结教育规律，把握社会发展和人的发展要求而提出的教育事业行动指南，是中华人民共和国成立 70 多年来党的教育方针发展演进的结果。

党的十八大报告指出，"把立德树人作为教育的根本任务，培养德智体美劳全面发展的社会主义建设者和接班人"，同时也将"立德树人"首次确立为教育的根本任务。这是对十七大"坚持育人为本、德育为先"教育理念的深化，也为今后教育改革发展指明了方向。因此，当代教师应该不断提升职业素养，贯彻执行师德师规的观念，培养高度的事业心、责任心，爱岗敬业。坚持"一切为了学生，为了学生的一切"原则，树立正确的人才观，重视对每个学生的全面素质和良好个性的培养，与每一个学生建立平等、和谐、融洽、相互尊重的关系，关心每一个学生，努力挖掘每一个学生潜在的优秀品质。在教育教学过程中，做到具体情况具体分析，利用学科特点，加强对学生的思想教育。以良好的师德，肩负起"立德树人"的使命，共同撑起教育的蓝天。

教师的教育素养是指教师具备一定的职业素养，即教育情怀、专业素养、教育艺术和创新精神。教育情怀是教育素养之基。

服从父亲内心呼唤，选择教育

走入教坛

16岁那年，父亲引领我选择做老师！18岁那年，父亲告诉我要潜心做老师！21岁那年，父亲支持我坚守做老师！父亲退休那年，躺在病床上对我说："一定要身体力行，跟着共产党，做好一名人民教师。"对我来说，选择教师职业就是服从父亲内心呼唤，是做女儿的一份孝心！

书写教坛

2019年父亲离我而去，夜深人静时我面对着笔记本电脑，一幕幕追忆着！我将其抒写成文，讲述一位教师的职业素养——《站着教书，培养顶天立地的中国人》，阐释一位热爱教育者的"孝道"——《现场直播，40载教坛飞絮》，理解一位教育从业者的坚守——《教书育人，培育一代代优秀的中国人》！

父亲走了！他15岁就开始工作，一辈子为教育忙碌。父亲没有留下只言片语，更没有一点嘱咐。尽管作为儿女对他那么依赖，可他还是丢下我们走了。

父亲走了！尽管我已是五十几岁的人，然而在这一刻，我只觉得自己成了一片飘荡的落叶，从此没有了方向，没有了思维。但我记住了他两个月前在病床上告诉我的那句话："一定要身体力行，跟着共产党，做好一名人民教师。"

所有的跪拜与叩首，所有的哭喊与泪水都挽留不了渐行渐远的、疼爱了我们一辈子的父亲。满目青山皆戴孝，一条隽水全含悲。孝无续！孝无尽！渐行渐近，历历在目。

坚守初心潜心育人，理解教育

晴天霹雳

2020 年 10 月 8 日清晨，我的老同学 MB 还不到 56 周岁就突然走了！伤心之余，我们一起学习的一幕幕再次浮现于眼前。为了父母，为了家乡，为了做好教育，我们共同选择了师范院校，毕业后我们奔赴了不同的教学岗位。我们坚守自己的初心，牢守自己的底线，这么多年来，从未因轻易被激怒或诱惑而改变了自己原先的追求。渐渐地，我们对教师这一光荣职业产生了情怀，真真正正地体会了"要拥有，必先懂得接受失去"的滋味！

为了做一名合格的英语教师，我每次与远在美国的老同学打电话都是用英语交流，聊美国人的生活习俗、文化差异，尤其是交往和饮食方面的信息。多少次，老同学从美国回来，与我相约在北京。我们面对面也是用英语进行交流，尽享着"师者，处处有玄机，皆可取其需也"！

老同学的离去，让我更加不忘人的本心，就是人之初那一颗与生俱来的孝心、博爱之心。而今，通俗点说就是"要想得到一样东西或者感情，必须先学会接受失去的痛苦，学会怎么去面对失去"。只有经历过失去的人，才能真正体会到拥有时候的快乐！教育者，必须做到育人先育己！

老泪无多哭知己，苍天何遂丧斯人。青山无语，三伏寒凝；亲人落泪，朋友悲泣！大家很难接受这残酷的事实。老友的朴实、平易、谦虚谨慎令我永远难忘！是啊，教育的道路上也会有这样的噩耗袭人！

着手丛书

人生在世，为什么每个人都应具备良好的素养？2019年4月初开始思考，2020年10月初动笔写书！书中一件件难忘的事情、一个个动人的案例无不激励着我努力前行，相信读者一定会在品读中有所收获！

工作的品质离不开个人的素养，但素养与知识不同，有知识的人不等于有素养。知识可以习得，素养则需要提升，需要知行合一。

几十年的工作经历，让我更加懂得了"有教师在的地方，就一定有学生在"，"有学生在的地方，教师就应该更加珍惜"。教师应该在具备教育情怀的前提下不断提升专业素养、教育艺术和创新精神，理解教育这一神圣职业，坚守初心，立足教育！

国家的不断发展、不断进步要靠新一代青年人的不懈努力。少年强则国家强，少年兴则国家兴。我们培育人才的第一步就是从青少年的教育抓起。教育从培育健康的体魄抓起、教育从培养学生的核心素养抓起。

第二章　杏坛数载　守正育人

教师，是人类社会最古老的职业之一。教师是按照行业规范，在时间节点内，向学生传授科学文化、经验技术的从业者。教师受社会委托对受教育者进行专门的教育。可以说在社会发展中，教师是人类文化与科学知识的继承者和传播者。对学生来说，教师又是学生智力的开发者和个性的塑造者。因此，人们把"人类灵魂的工程师"的崇高称号给予了人民教师。在教育过程中，教师是起主导作用的，他是学生们身心发展过程的教育者、领导者、组织者。教师工作质量的好坏关系到我国年轻一代身心发展的水平和民族素质提高的程度，从而影响到国家的兴衰。

所谓师道，最重要的是平等、公正地对待每一名学生。马卡连柯说过：教师的心应该充满着对每一名他要与之打交道的具体的孩子的爱，尽管这个孩子的品质已非常败坏，尽管他可能给教师带来好多不愉快的事情。学生的地位是平等的，每名学生都希望得到教师平等、公正的对待。无论是好学生，还是差学生，教师都应一视同仁，用同一个标准对待他们。如果教师将学生分为三六九等，有亲有疏，以自己的喜、怒、哀、乐牵制学生，使学生受到歧视和不公正的待遇，甚至讽刺、挖苦、歧视和体罚学生，则会伤害学生的自尊心，可能对学生的精神世界造成恒久的伤害。

开启职业生涯，坚守讲台

所谓职业生涯，是一个人一生所有与职业相连的行为与活动，以及相关的态度、价值观、愿望等连续性经历的过程，也是一个人一生中职业、职位的变迁及职业目标的实现过程。简单地说，一个人职业发展的状态、过程及结果构成了一个人的职业生涯。一个人对其职业发展有一定的控制力，他可以利用所遇到的机会，从自己的职业生涯中最大限度地获得成功与满足。

坚守讲台对一位教师来说，就是"站上"讲台并"站稳"讲台。教师在讲台上要与学生互动交流，要有知识的融合、情感的共振、智慧的碰撞、理性的探讨，为学生创设广阔的心灵和精神空间，同时以情动人，以自己的一腔热血点燃学生，用严谨的治学态度和创新的教育教学方法使整个教学过程成为关注和丰富情感世界的过程，成为智慧生成和人生态度、生活品质提升的过程。这是一个漫长的不断发展的从"学科教学"走向"学科教育"的过程。

案例1：带首届毕业班 40 多个星期，没歇过一个周末

如果今天有人说自己一年 40 多个星期，没歇过一个周末，或许很多人会认为他在忙着挣钱！大家可曾想过，20 世纪 80 年代初我所有的星期天全和学生在一起，没歇过一个周末。或许有人会问："那你是在干什么呢?"

我们在上课。一位老师和两个班的同学一起上，一天 7 节课，甚至 8 节课，不休息，不间断。1982 年，我参加工作第一年，当时带两个初三毕业班，同时还帮一位老师带一个高三毕业班。

我给这个班上完课，就去另一个班上课。这个班上自习，另一个班就上课。一周下来，我就说不出话了。同学们拿来了润喉片让我治嗓子，现在想起来还是好感动。第二周、第三周下来，我的嗓子就慢慢习惯了，竟然不哑了。一天上 8 节课，上着上着站习惯了，人也不累了！课堂上，带领学生学习词汇、语法，朗读分析课文，进行人物分析，让学生与人物对话，把学过的单词和语法结合起来，根据情景编成句子，然后小组分享，你一句我一句，再把它连成文，真的挺有意义！

案例反思

如果在一群羊前面横放一根木棍，第一只羊跳了过去，第二只、第三只也会跟着跳过去；这时，把那根棍子撤走，后面的羊，走到这里，仍然像前面的羊一样，向上跳一下，尽管拦路的棍子已经不在了。其实这就是从众心理和习惯使然。

教师，作为一个班级的领导者，有着导向和示范的责任。优秀教师的言传身教，会在潜移默化中感染学生，凝聚班级，带领班级全体奋发向上。因此，教师要坚持做好班级领导者。

案例2：刚参加工作的几年，从不放弃一名学生

20世纪80年代参加工作初期，我前两年带初三毕业班，之后连续4年带高三毕业班。这就是我的2+4毕业班经历。毕业班比起始班好教，因为好多学生到了毕业班时学习的干劲大，和老师的交流逐渐增多。无数次讨论难题，无数次小讲座，学生们或多或少吸收着知识！然而，每届毕业班里总是有那么几个孩子，学习跟不上，兴趣不高，甚至不想学！

记得第一年参加工作，班上有个叫YGQ的同学，下了课走到我面前，这样问我："老师，你看到我这节课玩了吗？"我回答他说："看到你在上课上到20分钟左右的时候玩了一会儿。"说实话我当时根本没注意他，可是我又不想告诉他。接着，他突然问我："那，老师，你会告诉我奶奶吗？"当时我惊讶了，反问了一句："为什么要告诉你奶奶呢？"我记得他清清楚楚地回答我说："我经常会因为有老师告诉我奶奶我上课玩而挨揍。奶奶说要是老师告状，我必须挨一顿揍，不过我已经习惯了。我知道你也会告诉的。"

说实话，我并不认为学生的所有错误都要告诉家长，于是我大声回答他："我不会告诉你奶奶的！你实在管不住自己，可以玩上几分钟，但老师会提醒你。"

第二天下课后，他又来到了我的跟前，直接问道："老师你看到我上课玩了吗？"我真诚地告诉他："你这节课玩的时间比上节课少了一些，我希望下节课再减少一点！你能做到吗？"当时的他调皮地笑了笑，并向我保证说："老师我会尽我最大努力！"没成想他还真的做到了！初三毕业的时候，他顺利地考上了本部的高中部，大学后到美国深造，现在还在美国工作。谁能想到这个常常要挨奶奶打的孩子，竟然成了国际优秀人才！

案例反思

人生有三把钥匙——自信有节、自省有度、自律有为，只有做到这些，才能从复杂经历中汲取力量、重塑自我。教师的人生应该如此，学生的人生更应该如此！

可以说，学困生更需要老师的宽容和理解！

案例3：把四个月的儿子放到讲台一角，上了一节理想课

孩子出生不到100天的时候，我就开始上班了。每天早上，我都要先把孩子送到妈妈家，再回到学校上班。然而，有一天早晨突然下起了瓢泼大雨。这样的天气我无法保证把孩子送过去能按时回来上课。看着外面的瓢泼大雨，情急之下，我把孩子裹到雨衣里面，一溜小跑进了教室。

无奈孩子还坐不稳，我只能用胳膊环抱着孩子开始上课。真没想到，当时的高三学生竟然那么理解老师，一节课下来同学们的学习效果竟然比平常还要好！竟然有一个同学走上来问我："老师，黑板上的内容我可以和你一起写吗？"就这样，我们一起上了一节富有成效的课！

教师，既要照顾小家，又要照顾学生群体，做好教书育人的事业！

案例反思

20世纪70年代，美国一个名叫洛伦兹的气象学家在解释空气系统理论时说，亚马逊雨林里的蝴蝶振动翅膀，也许两周后就会引起美国得克萨斯州的一场龙卷风，这就是蝴蝶效应。也就是说，初始条件十分微小的变化经过不断放大，会对其未来状态造成巨大的影响。

课比天大！这是教师的责任，也是学生的责任。作为教师，绝对不能因私影响课堂教学，同样学生也绝不可以无故缺课。教师的行为是对学生的无言的教育。

案例4：把六个月发烧的儿子放在桌下空格里，上了一节完整课

儿子六个月时，有一天发烧，双眼无神，还不时翻一下白眼。但这天我得上高三的第一节课，来不及将儿子送医院，又不忍心让妈妈跑过来，只好抱着儿子跑进教室，把他放进讲桌下面的空格里，开始了45分钟的课。

我告诉同学们：因为孩子不舒服，没有将他送到我妈妈家，请同学们原谅！我还告诉同学们，这节课是试卷分析，绝对不要因为有一个孩子在教室里而影响学习。至今，这节课仍历历在目。因为有这样一个生病的孩子在教室里，同学们好像一下长大了！成绩分析、错题分析效率明显提高，课堂效果也明显优于往常！也许这件事无形中给了全班同学一种动力，这个班高考英语成绩名列全市第四名！

下课了，我把上课材料交给课代表，抱起孩子冲出教室，向医院跑去！医生看了一眼，拿出体温计一测，竟然41.5℃。医生责问我："你怎么才送来？孩子发烧到这样的程度会丢命的！你是他妈妈吗？怎么连孩子发烧都不在乎？"我无言以对，感觉自己连呼吸都快停止了！

是啊！怎么做妈妈？如何在第一时间发现孩子不对劲？如何准确判断孩子的病情？如何解决这样的突发事件？接下来，我学会了抱孩子时先摸一下孩子的腋下，只要温度稍变，我就能判断孩子发烧了！有的时候摸一下脚心，也能很快判断出发烧与否！从那以后，我学习了与感冒发烧有关的知识。儿子长大后，我告诉他嗓子发干要喝水，喝水后继续发干，是感冒的前兆，一定要告知妈妈！有时候发冷，一定要尽快加衣服或者到温暖的地方。如果持续发冷，那也可能是感冒的开端！就这样，孩子学会了在大人忙碌的时候自己感受身体的变化，免得家长一发现就是感冒中期。

教学中，每次和学生在一起，看到有学生生病，我都会主动关心，提醒他们及时就医。

2012年，一模考完后，高三班上一个男同学考的比平时差了好多！我一问才知，他感冒20多天了，考试期间受不了，不知不觉在考场中睡着了！我和他聊了一会儿才知道他一直没有去医院，甚至连药都没有吃！当我问到他的家人时，他说爸爸妈妈在家具店工作，离家很远，平常不回家，很多时候放学后都是他自己一人在家里。听完他的话，我把他带到我的办公室，找出感冒药

和消炎药，让他当场服下，又给了他一些药并告诉他一些小病的日常预防和处理方法！

案例反思

生活中，我们每个人都会不同程度地遇到这样或者那样的事故。所谓事故，是发生于预期之外的造成人身伤害或经济损失的事件。伯克霍夫认为，事故是人（个人或集体）在为实现某种意图而进行的活动过程中，突然发生的、违反人的意志的，迫使活动暂时或永久停止，或者迫使之前存续的状态发生暂时或永久性改变的事件。当生活与学习中出现一些意外时，我们不能一味沉迷现状，沉沦下去，这样肯定会被时代所淘汰！我们要珍惜自己，珍惜当下，展望未来！要学会面对，不抛弃，不放弃！要学会解决问题的办法，不逃避，不躲避！

案例5：两次举手，在高考写作阅卷中突破

2012年3月的一天晚上，海淀区英语教研主任聂老师给我打来电话，让我尽快找一名老师去参加当年高考阅卷。可是在短短的几分钟之内，联系哪位老师呢？当时我们的英语老师中有一位是年级主任，他的母亲正生病住院；还有一位是班主任，可他母亲刚刚去世；第三位是年轻教师，第四位是刚刚生完孩子几个月的老师。他们谁可以去呢？还没等我想好，聂老师又打来电话问我人选确定了吗。于是我不假思索地说："我参加吧！"聂老师停顿了一下说："那也挺好，不过高考阅卷十分辛苦，你要是去的话，回来就在区里为高三做一场讲座吧！"

那一天，阅卷组在评卷。临近下午结束的时候，命题组和阅卷组组长把我们评卷老师召集在一起开会。当年的第二篇写作，学生们基本上都是按说明文来写作，也就是说描图为主（虽然2012年第二篇作文题目要求已由原来的describe改成了discuss，但学生仍然按照describe命题的格式来写），显然学生由于思维定式，没能充分审题或者充分训练，没能很好地完成由describe改成discuss的写作，更没能将多年一贯考的看图、解图和悟图类说明文改成议论文。

令我们没有想到的是，当命题组组长看了试卷和听了大家的评价以后说，本次考试的第二篇作文由于学生表达不够贴切，最高给12分（当时本题满分是15分）。听到这里，我真的有些着急了，当时来不及想太多，只是感觉这样的定义和结论对优秀生一定有很大的影响。想到这里，我举起了手，并一下子从座位上站了起来，请求命题组组长给我发言的机会。

命题组组长看我举着手，立刻示意我发言。我站起来问道："尊敬的专家，我想问一下，在高考前有关这种题型的变化有没有召开过各区教研员会议并把这件事情公布出来？"命题组组长对着我摇了摇头，我接着又问道："那有没有在大型的高三教师会上讲过高考写作题型在这一年（2012年）改变的情况？"命题组组长不假思索地回答："没有！"我接着又问道："那您是否在北京市大型的家长会上讲过这个问题？"命题组组长连忙说："那就更不可能了！"

就这样问题解决了。大家的想法慢慢地在讨论中达成一致，形成了一种合

力，那就是如果学生们其他方面表达很优秀的话是可以给高分的。

但让大家想不到或者更意外的是，此时我又举起了手。此番举手是因为一件我多年来一直压在心底而又特别想做的事情。这么多年来，北京的高考、中考英语一直没有满分，尤其是英语作文。每届高三的英语老师都会关注北京市高考作文的平均分情况。当时，第一篇20分的作文，市里的数据显示平均分在11分左右；第二篇15分的作文，平均分在7~8分。每届高三的英语老师都不免有一些茫然，无论大型考试还是月考，大家都会认真写批语，然后进行讲评，写二稿，再展示优秀学生的作文或者优秀句式，低分者写三稿留存，以备考前背诵。当我把这一切表达出来时，我感觉来自大学的老师们，以及命题组和阅卷组的组长对高三的英语教学有了更充分的理解。就这样，通过一周紧张繁忙的评卷、阅卷，最终2012年中考、高考都有了满分的英语答卷！

这是一次难得的突破，正是因为这次突破，北京高考第一篇英语作文有了100多篇满分答卷，第二篇作文也有了40多篇满分答卷；同年中考也有了数百篇满分英语作文。为了将满分作文保存下来，以便同学们能看到自己得满分的情况，我当时还将在现场抄写的满分作文发表到《北京教育》，以便老师和学生有机会关注交流！

● 案例反思

• 思考有多少，责任有多高！

美国教育学家克洛威尔认为：教育面临的最大挑战不是技术，不是资源，不是责任感，而是发现新的思维方式。作为老师、学校管理者，学生的思维方式反映了学生认识事物的立场和视角，也决定了他们解决问题的思路和方向。而目前学生思维方式存在的主要问题是对立化和封闭化。对立化的思维容易将事物之间的复杂联系割裂开来，将问题简单化和绝对化。所以，在平时的教育教学过程中，教师应注重引导学生多问"为什么"，引导学生从不同角度、不同立场分析同一个问题，挖掘不同问题之间的联系。正如通州校区一名物理老师所说："物理教学，除了在课堂上引导学生举一反三外，还可以用思维导图的方式，将知识点之间的逻辑关系找出来。同时，我还注重学生在课下发展整体性思维。每学一个章节内容，我都会让学生画出整章的思维导图，找出章节知识点之间的联系。开始学生会觉得困难，但是坚持下来，学生都表示收获很大。有个学生跟我说:'老师,每次画完思维导图,我感觉自己又明白了很多。'到现在,学生已经喜欢上画章节思维导图了。"

- **思考源于责任,责任扎根素养!**

素养是一个人的"行为习惯"。核心素养指的就是那些一经习得便与个体生活、生命不可剥离的,并且具有较高的稳定性,有可能伴随一生的素养。其根本特质不在于量的积累,而在于生命个体品质与气质的变化和提升。而这种素养直接体现在一个人身上,能够直观感受到的就是一个人的"行为习惯"。古语有云:"少成若天性,习惯如自然。"

一个人的素养的形成过程是各种良好习惯的形成过程,或者说,一个有教养的人是有很多好习惯的人。叶圣陶先生认为:教育往简单方面说,就是养成良好的习惯。习惯培养尤其重要,让学生养成各种好的习惯,学习将变得快乐、高效,学生也将迎来积极的正面的心理体验,学生整个的精神面貌也会焕然一新。

这一次高考阅卷的两次举手就说明这之前高考多年来一直没有满分作文是值得重视和关注的,是多年现实带来的深入思考引发的!笔者历历在目的是不知多少次把作文背回家,一份一份批改并伴随着有感而发的评语!这一切充满多少期待,多少向往!

- **素养激发创造,有创造才有突破!**

这件事已经过去十年了,写到这里,当时的情景仍然历历在目!什么事情需要体现一个人的素养?什么是高素养?高素养就一定要学会担当吗?笔者认为高素养应包括下列"三高三创"。

(1) 高阶思维。

高阶思维指良好的思想道德素质、坚定正确的政治方向和社会主义信念,坚守爱国主义、集体主义思想和为人民服务的人生观。它不在于一个人的年龄大小,而在于一个人思维的宽度和厚度!

(2) 高阶情感。

教育者献身教育建设要具有献身社会、报效祖国的理想和情怀,团结协作的精神和高度的责任感。没有责任心的人,是不可能有高度的责任感的!教育者要勇担重任、敢于奉献!

(3) 高超智能。

只有具有坚定的科学基础和较高的文化素养,崇尚务实,才会有勇于开拓和勇于创新的科学精神。只有科学的思考激起的责任感才有为他人、为事业而拼搏奋斗的热度和深度！

（4）创造"问题意识"。

首先要有强烈的竞争意识、创新精神和应变能力，特别是产生与众不同的"问题意识"，善于发现问题，提出问题。只有具有问题意识，才会萌发新思想、新方案，进行新创造。没有问题，何谈突破？

（5）创新"科学思维"。

科学思维包括创造性的逆向思维、辐射思维、超前思维，能打破常规、突破传统观念，敢于怀疑经典、挑战权威，具有敏锐的洞察力和丰富的想象力。只有科学的思维方式，才能给人们带来有益的成果，才能在一个又一个挑战面前有所突破！

（6）创建"知识结构"。

知识结构讲的是宽广而扎实的基础知识、开阔的视野，掌握吸收新知识的能力和利用已有知识探求未知世界的能力。只有建构丰富的知识，才能培养和创造一种公平合理、良性的竞争运行机制，即竞争氛围、竞争规矩和竞争评价。这样才能正确对待分析竞争过程中出现的新问题、新情况，才能实现更高目标，提高和发展自身的素质！

以上几个案例让我联想到2019年为青年教师作讲座邀请的一位中国科学院的老师，她给我们讲了《六顶帽子》的故事。六顶思考帽在工作生活中应该怎么应用？这位专家带领大家进入一个应用场景——决策。她先给出了一个待决策的议题："你们学校准备实施四天工作制，请决策。"

由于每个人都站在自己的立场发表看法，并希望很快得以实施，在讨论过程中，大家都抛出很多证据，但相互都无法说服对方，因此讨论了很久也没有得出结论。接下来，专家戴上了"蓝帽"（控制会议），并作出安排。第一步，让我们所有人先戴上"黄帽"，讲述四天工作制的效益，这时所有人都必须讲效益，于是一下子收集了十几二十条效益；第二步，让我们所有人戴上"黑帽"，讲述实施四天工作制的风险或者坏处，果然也收集到很多条；第三步，让我们所有人戴上"绿帽"，让我们针对每一条坏处，思考解决方案；第四步，让我们所有人戴上"红帽"，根据刚才的讨论，表决是否赞同此决议（由于看到有解决方案，这次赞成的人数明显增多）；第五步，根据表决，总结会议。

五步下来，大家不仅发现了很多问题，讨论出很多方案，而且收获了友谊，形成了团队的力量！

- **敢于挑战自己**

每个人一生中都会有无数个第一次、无数个困难，我始终相信，越努力越幸运，越勇敢越能改变。如果只做些力所能及的事情，将不会有所进步。敢于挑战，才会发现一个全新的自己。正如作家杨大侠所说："挑战才能成就大业。"

一个人学会面对自己：一是要学会应变创新能力。敢于面对挑战、抓住机遇，敢想、敢干、敢变。二是要培养交际协调能力。善于与上级、同事及其他人员交往，正确处理与上级、与同事的关系；要培养处理各种矛盾、协调各种关系的能力。三是要培养组织能力。对于自己的任务能够合理安排，聚集人力高效率地完成。四是要培养预测和决断能力。要培养全局观念，做到深谋远虑，防止目光短浅，能预测事物发展的趋势；要培养自己的决断能力，面对错综复杂、紧迫突发事件能够采取果断措施，解决问题。

一个人要学会面对挑战，保持良好心态，提升身心素质。一要注意克服不良心理影响，如自卑、自大、多疑、嫉妒等心理问题，保持宽阔的心胸，提高心理应对能力，对人要学会宽容，对事要学会泰然处之，不能长期沉迷；二要学会坚强，有意志，在遇到困难时能够不气馁、不灰心。要学会并做到得意不忘形、失意不失志。

案例6：守到黎明见花开
——我的督学故事

- **海淀区"第二期初中英语督学"活动侧记**

2016年1月19日上午，海淀区政府504室，人头攒动，声音阵阵。全区英语、政治近32名督学和区相关领导聚集在这里，举行第二期督学启动和培训活动。我作为初中英语总督学全程参与了此次培训活动，收获了许多难忘的督学故事。现摘取最令我感动、难忘的几组镜头。

镜头一："育鸿督学""北京市督学课题研究"联袂主持

时间的流水冲过岁月的彼岸，带不走的依然是心中最美好的期待；岁月之舟沉淀着美好的过往，记忆的双手总会拾起值得眷念的一切。2016年5月23日，在海淀区督导二科的组织和安排下，初中英语督学一行4人来到育鸿学校，先后听了彭晓利八（2）班和玛丽七（1）班的英语课。姚军科长带领大家进行了听课、汇评、研讨、访谈交流活动。

走进课堂、开展访谈，我们发现：教师的课堂教学热情对课堂氛围和教学效果有比较直接的影响，教师的情绪准备和学生的学习热情直接相关；教师的教材处理能力和引领能力制约着学生学习能力的发展；教师的专业素养、教学理念和学生的学科思维、学科文化密切相关。本次研讨的主要内容和方向让我们产生了不同程度的思考：我们能做什么？不同年龄层次教师的专业程度和提升点在哪里？关注不同层次的教师生理和心理的激励政策应是什么？在新政策和新方向的落实过程中多指导一些什么？培养校内学科带头人形成学科发展核心力，引进青年教师为学科发展注入新活力的思路有哪些？

这一次督学留给我很多思考：希望本次督学和课题组一起将关注点落实到更高一步的督学目标，将督学拓展成课题引领，为海淀教育发展、优质均衡搭台子，完善督学之路；希望将"点督"发展成"面督"，为薄弱学校的薄弱学科找路子，落实真正意义的办学均衡、公平，真正发挥督学的实效。

镜头二："人翠督学"青年教师更显风采

人翠督学，首先让人眼前一亮的是两位教师穿着统一的服装，给人一种能干、老练的印象。在接下来的课堂中，两位的才能与实力更是得到突显。他们举止大方、仪表得体，话语铿锵有力而又抑扬顿挫，举手投足间都显出优秀教师应有的素质与水平。他们在教学过程中关注学生情感、态度及价值观的引领，注重学生思维的培养，借助皇帝新装的故事设计一些引发学生思考的问题。青年教师对课堂自我发展都有较高要求，他们不满足于课本内容，借助知识的宽度和厚度补充素材，提供口语输出环节的支架，突显了教师在努力满足不同学生的需求方面所具有的开放性和前瞻性。

从现场授课、说课和访谈交流的表现可以看出，他们注重新课标的学习与实践，尤其对合作学习有自己的思考与实践。这一切都与学校的大教研、学校领导的大关怀、集团化办学的大优质效益分不开。当时我坐在班级的最后面，看到这两位青年教师就仿佛看到了整个教研组的教师风貌。我心里不免生出些许感慨：谁说普通学校没有优秀的教师，没有能干的青年教师？即使在市级示范校，这也是屈指可数的！

镜头三："海外督学"常规优秀事出有因

2017年5月17日清晨，我们学科督学一行三人来到了风景秀丽的花园学校——北京市海淀外国语实验学校。短短的半天就让我们感受到教师在课堂常规教学方面的优势和对英语教学的挚爱，无论是听、评课，还是学校英语教学工作交流，都能感觉得出老师们对学生的精心培养与引导，展现出老师们的教学智慧。

我们听了一堂听说课，老师先让学生通过听英语材料了解帝国大厦，再根据图片及老师提供的信息，介绍世界其他国家的一些地标建筑。整整一节课，信息量极大，活动紧凑，环环相扣。更可贵的是老师不仅娴熟地运用了小组合作评价机制，极大地调动了学生参与课堂活动的积极性，提问的方式和展示方式也多种多样，有横行进行的，有纵行开展的，还有小组轮换 Partner 互相提问和交流，让高效的课堂充满活力。在整个过程中，小组式活动是那么流畅，绝没有一个学生"旁枝逸出"，更没有一个孩子"你推我撞"。从孩子们那自信而又略带微笑的眼神中可以看出，他们仿佛是在享受一场美妙的知识盛宴。

课堂是师生共同成长的主阵地，课堂点评是促进教师引领学生参与学习活动的最有效评价，也是对学生思维和认识发展的正确引导，课堂评价的恰当与否直接影响学生学习的积极性与主动性。曾记得一位教育家说过，对孩子的教育，最好的途径是开展各种形式的活动。丰富的课堂活动，是对全体孩子最好最有效的教育与熏陶。来督学的老师都说，这儿的孩子常规行为与文明程度都很优秀，是我们教育者的骄傲！

镜头四："首师附督学"教师才艺不平凡

"让阳光洒满课堂，让才艺润泽生命"可以说是我们在督学展示活动中对首师大附中教师的直接感受。这里的教师能用自己的快乐去感染学生，培养出阳光的学生；能用自己的学识影响并引领学生，使学生富有创新精神，不时地产生新的知识体系和价值观体系；能通过很强的教学能力教授学科知识。他们给学生的不是一棵树，而是一片森林。

2017年4月19日清晨，海淀区初高中英语学科督学及教委督学二科领导、八里庄学区领导一行十多人走进了首师大附中，进行英语学科督学展示活动。学科督学老师听了蔡晶和马丽娟两位老师的初一英语听说课。两位老师对 Unit 6 I'm watching TV 进行了同课异构。她们充满激情，展示了良好的听说课教学基本功。在教学活动的设计上，两位老师均能根据附中学生英语学习程度较高的具体学情，设计丰富多彩的教学活动。如在猜谜游戏中，孩子们开动大脑，畅所欲言，充分调动大脑中储备的词汇知识，大胆猜测，信息量极大；在处理课本听力环节的过程中，老师们结合学生的特点，整合了教材，设计了有思维含量的听力任务，帮助同学落实目标语言，起到了良好的效果；在语言运用环节，两位老师设计了小组活动，要求孩子们相互介绍自己参观博物馆的学科实践活动，有一定的挑战性。

汇评中，督学组普遍认为两位老师能注重学科核心素养的培养，教学活动做到了知识与能力同步发展、认识与情感和谐发展，教材整合有宽度、有梯度，很好地体现了学生活动的生活化、人文化。参会人员还一起探究了今后的课堂教学如何进一步体现出学科的育人价值、语境的真实性和更科学的学习方式，让学生享受英语学习的快乐。

镜头五："学科督学" 爱校爱家爱督学

作为总督学的我，还想讲述一次次偶然而又必然的时刻，让督学充满勇气和智慧走进不同学校，从此一起开始挑战面对家庭、学校和督学交织在一起的日子！

2017年5月3日，这一天几件大事相遇了。一是这一天上午7:30—11:30按计划要到三所学校督学，这支队伍中有两人是新手，刚刚参加一次督学，显然本次最好不独立督学！二是我本人8:45要参加督导二科组织的总督学会议，这就意味着另外三位有着长时间督学经验的老师或者独自或者带领一位新成员下校。三是我家儿媳妇需要剖腹产，医生按常规在前一天通知我们手术时间定在了5月3日上午9:00。当时的我一听到这个消息，就急忙去找医生商量可否调到下

午，结果他们说下午不安排手术任务，原因是院里要统一开会。更让人揪心的是儿媳妇妈妈在病房里一遍又一遍地说："产妇在生产时无论顺产还是剖腹产都有可能会出现大出血。"听到这里，我未假思索拉着她的手说："姐，您放心！一旦有这样的事情发生，我的血型和儿媳妇的血型都是O型，无论需要多少，我都做得到！"

我首先将5月3日上午我的英语课调到了5月4日下午！三所学校督学计划不能改变，必须做好每一所学校的督学工作！我妥善安排了各位督学老师的任务。总督学会议，我决定请短假，哪怕还有半个小时我也要拼命赶过去汇报

工作，虽有遗憾但不耽误领导对这一块工作的了解！调课、开会等工作的事不能告诉家人，我要陪儿媳妇待产，我绝不能留下一辈子的后悔和遗憾！我眼睛紧紧地盯着手术专用电梯，担心电梯不在这层停下，担心孩子丢了，担心……

半个多小时过去了，这时电梯门一下子开了，推车的护士只问了一句"6号家属在吗"，接着，推着车子快速前行！那一刻正是我期盼的——无声是最大的安全，没有可怕的危险！那一刻我无任何语言，只是快速地跟着，不断地流泪！那一刻看着儿子忙这忙那，突然感觉他成熟了！手术非常顺利，整个过程用了40分钟！这时，护士把手术床送到婴儿室门口并将婴儿送交给另一位护士，只说了一句话"家属不得离开，需要1~2个小时观察产妇是否有危险"。就这样，儿媳妇妈妈、儿子和我三人在婴儿室外站着，等待着！我们唯恐有什么声音打破这时的宁静，又期盼着有一种声音安慰我们。终于10：30到来了，随着"产妇平安"四个字，我拎起包就往外跑，心想，打车一定能赶到会场！

来到会场门口时，一位总督学正在汇报，我悄悄地坐下来，打开准备的会议资料静静地梳理着重点内容。梳理完汇报内容后，我悄悄叫过了旁边的服务员，请她在我开始汇报前，帮我分发一下糖，希望大家分享我的快乐，也同时表达迟到的歉意。终于轮到我汇报了，站在我身旁的服务员快速打开糖袋，为每一位在场的人发喜糖。随着一声"抱歉"，我开始了汇报工作！

一个匆忙的上午过去了，但它留给我无限的欣慰。一起代课的老师给了我无限的友谊，关键时刻给予我无限的支持！一起督学的同仁给了我无尽的责任，重要场合让我不能懈怠，要尽职尽责！一个家庭新一代的出世，在给我带来幸福的同时，也让我扛起了担当！

开启心灵智慧，坚守育人

教育者不仅要有一定的职业素养，更要具备优良的教育素养。

所谓教育素养，是指以提高受教育者诸方面素养为目标的教育模式，它重视人的思想道德素质、能力培养、个性发展、身体健康和心理健康教育。它主要体现在师生关系和课堂教学两方面。

师生关系是指教师和学生在教育教学活动中形成的相互关系，包括彼此所处的地位、作用和相互对待的态度。师生关系在教育内容上是授受关系，在人格上是平等关系，在社会道德上是互相促进的关系。

课堂教学是教育教学中普遍使用的一种手段，它是教师给学生传授知识和技能的全过程。它主要包括教师讲解、学生问答、教学活动以及教学过程中使用的所有教具。

瓦拉赫效应

瓦拉赫效应：找到发挥自己潜能的方向，付诸有效的学习，就能取得应有的成绩。这包括三方面含义：一是不同的人存在着不同的潜能。人的潜能是多元的，但它只有通过适当的情境才能充分地激发出来。二是闪光点能及时发现并不断发光。家长和老师是否能创造条件，是孩子能否发挥最大潜能的关键。三是没有恨铁不成钢的家庭。要让父母信任，取得父母的信任，这是非常重要的。宽容的家庭环境是他走向成功的重要条件。

总之，教师要善于发现学生的闪光点，善于激发学生的潜能。不应该把学生的问题扩大化，应该从问题当中分析其优点，使其亮点化，这对学生的成长会有积极推动作用。"人生的成功就在于经营自己的个性长处，经营长处能使自己的个性、人生增值，否则将使自己的人生贬值。"

案例1：睡觉大王成了纪律检查委员

2008年新学年开学不久，班上有个叫×××的男生，经常在课堂上睡觉。三次练习后，我发现他与其他同学间的差距越来越大。对此，我约见家长了解情况："不好意思，让您在工作劳累一天后还要到学校来。今天请您来，主要是想了解一下孩子每天下午放学后到晚上睡觉前都在做什么？您是如何管理孩子的？孩子睡觉的时间通常是几点？"

听家长说完我才得知，这孩子每晚要很晚才能完成作业。如提前完成，家长还会另外给他布置一些作业，因此，刚刚开始的初中阶段基本上是晚上十二点以后才能睡觉。正是这样，孩子做作业养成了散漫拖拉的习惯。在这短短的述说里，这位家长掉了两次眼泪，我也动情地说："孩子让您揪心，我深深理解。您的孩子身体健康，喜欢运动，正义感强，特别懂事；就英语来说，一张报纸测试不会超过二十分钟就能完成。今天听了您的述说，我想请您和我共同做一件事，就是要想办法让孩子在十一点前睡觉，最好是十点。实在不会的题，第二天问老师或同学，千万不要熬夜。孩子写作业时请您计时，这是您和老师联手的任务，观察孩子的变化，交流其进步情况，好吗？"

不久，这个孩子上课不再睡觉了。每次上英语课前只要看见老师进教室，他马上站起来说："请大家不要说话，开始学习。"最大的变化是，由于极强的责任感、正义感，他竞选上了班委——纪律委员，在班里的威信也很高。他的考试成绩上升近二十个名次。

一个群体里永远的倒数第一与永远的正数第一同样可怕——缺乏竞争的信心。教师应找到学生的"症结"所在，助力其不断调整、修正，激发竞争向上的信念，向其不断反馈正向的强化。

案例2：打石膏的孩子改变了一生的学习习惯

2015年那年，我班上有一名学生，叫GJH，他智商高，是一名想学好但又懒于动手的学生。高二暑假的一天，他突然打电话给我说："老师，您能辅导我写创新作文吗？我一定背下来。"听到这里，我特别惊讶。当时真的不知道是什么原因让这个多年来不愿意背文章、写文章的孩子，有了这样的想法，并且主动给老师打电话。

我不禁问道："为什么呀？今天怎么突然想起来告诉老师这个呀？你昨天不是还说今天去首师大附中篮球场打球吗？怎么突然想起了写作文并且要参加大赛呢？"

电话的那一端停顿了一下，慢慢地说："老师，我的腿骨折了，打了石膏躺在床上不能动，我现在唯一的想法就是要参加您说的那个大赛，我向您保证，500多字的文章，我一定能背下来。"

可就在我打开视频与他通话时，他又面露难色说："老师，我能不能不背呢？"看到他因打着石膏的一条腿，只能躺在床上或直坐在床上的时候，我的心软了，回答他说："好的，你先听写作要求吧！"当时我给他讲的是一篇议论文，题目是《失败与成功》。我和他讲到了失败与成功的定义、意义，还有失败与成功的例子，以及面对失败与成功我们如何对待，并呼吁大家如何做好自己。可就在讲解结束时，他突然告诉我："老师，这篇文章我一定会背下来的。"

后来，听到他的背书声，我感觉到了他的变化，也预感到他今后在学习上一定会有一个极大的跨越。大家能想到吗？就是这样一名学生，因这样的一件突发事故，发生了改变，他的作文被当作范文。努力让他尝到了甜头，最终他以600多分考入了重点大学。

"谁都可以浮躁，唯独教育不可以！"这句话告诉我们，教育不能拔苗助长，教育也不能急功近利，教育更不能"强按牛头喝水"和"填鸭式教学"，教育要水到渠成，静待花开。高中阶段的孩子正处于人生观、价值观、世界观的塑造期，我们要从多方面、多渠道引导孩子树立健康向上的心态、积极乐观的人生观、坚强勇敢的人格素质，这些是任何都取代不了的。作为一个从业多年的教师，我真正感觉到，只有孩子的成长、成才才是教师价值的体现！

路径依赖定律

最初的选择往往决定最终的结果！人生一旦做出某种选择，惯性的力量会使这一选择不断自我强化，并在头脑中形成一个根深蒂固的惯性思维。如何突破惯性思维，或许是摆在每一个教育者面前巨大的挑战。

案例3：爸爸妈妈，你在孩子背后哭能代替管吗？

WH，在我的心中是一个聪明可爱、积极向上的孩子。然而，天有不测风云，人有旦夕祸福。在进入高三的时候，他突然发生了极大的改变，第一个学期期中考试前时常不来上课，期中考试后干脆不来上学了，整天躲在屋里叫外卖，不愿看到爸爸妈妈。他的这种情况一直持续到第二学期开学。

一天晚上9点多，我接到了他爸爸打来的一个电话，我感到很愕然，毕竟时间这么晚了。当他爸爸问到我在哪里时，我告诉他我10点多能回到家。可是他还是告诉我："我有事情想找您聊一聊，这么晚可以去您家吗？"于是我告诉他："只要您不觉得时间太晚，我没有问题。"

等我们见面时，我看到他爸爸一脸愁容，好像苍老了许多。他手中拿着两盒茶叶，我不解地问道："您有什么事吗？"突然间，他好像想哭又不好意思，不哭又憋得难受。我直接告诉他："你说吧，没事。"原来孩子的妈妈摔伤了，腿上打了石膏待在家里不能上班。小孩的姥姥因为和姥爷不和，离婚了，住在他们家里。从他们家到学校每天往返两个多小时。我不禁问道："你为什么不像其他家庭一样在学校附近租个房子，让孩子上学方便些呢？"

"租了也没用，孩子也不让租，租了孩子也不去。高考我们是不敢想了，也不会想了，只要孩子能活下去，别在屋里出什么问题，我们就觉得很好了。"看着这位无奈的父亲，联想到当初的孩子，我真的有些痛心，孩子短短的几年内发生了这么大的变化。接下来，让我措手不及的事情出现了，这位爸爸告诉我："马老师，我今天晚上来找您，是想请您帮个忙。能不能让孩子上您家里住一段时间？"我不假思索地回答："天哪，这个责任太大了，我不仅带着高三，家里还有一个一岁多的小孙子，我怎么能担当起这么大的责任呢？我真的无能为力。"

家长又一次强调说："只要他能待在您家，只要他能走出家门，我们就心满意足了！这一辈子会感谢您的。"我想了再想，我能承担得起这份责任吗？孩子还有不到100天就要高考了，这个时候孩子与父母的相互需要、相互理解、相互支持是何等重要啊！任何一个家长不到十分无奈的地步，谁舍得把孩子推出家门，让他到一个老师家住呢？

这个时候孩子爸爸又告诉我："如果您能接受，也一定不要告诉孩子是我找您的，是我想让他来的！您要让他感到是您想让他来的！"说真的，到现在想起来，我还有点后怕！我能用什么办法让他走出他的房间，走出他的家庭，走进我的家呢？万一在我家里出了什么问题，尤其是生命问题，我又该怎么办呢？当时的我确实左右为难，我想帮他，但责任重大。家长站在一边不断地说："马老师，您一定要想办法，您一定要想办法救救孩子！"这时，一个念头出现在我的脑海里，唯一的办法就是让他和班上的一个女生通过学习打擂台，或许这是让青春期的孩子走出家门的一个办法！于是我拨通了他的电话！

事情比我想象的要顺利得多。第一次拨打电话时，他说思考一下再回答我，可是整整一天过去了，我也没接到他的电话。于是我又打了第二次电话，我告诉他学习擂台打擂的具体时间，他终于告诉我，他可以试一试。就这样，WH带着几件换洗的衣服和鞋子来到了我的家里，开始了意义非凡的学习、生活之旅！最让人记忆深刻的是，每天早上我必须要大声地不断地喊"WH起床了，WH起床了"，几次下来才听到回应。最好笑的是，在临近高考的十几天里，我又一次大声地喊他时，他竟然告诉我："您再不使劲喊，以后就没机会再喊我了！"

一模成绩出来了，他考了302分，二模成绩出来了，他考了四百零几分，高考成绩出来了，他考了495分，考上了自己喜欢的大学！

现在的孩子大多是独生子女。有更多的溺爱。WH家长面对孩子的行为问题，长期以来选择自己躲在背后哭，在孩子面前不严管，听之任之，放之纵之，久而久之形成这样的局面！我想问问爸爸妈妈，您在孩子背后哭能代替管吗？这样的做法有用吗？

此时，我突然想到了国家开放二胎的另一个意义。每一个家庭都有两个孩子，不仅是国家人口政策的需要，也是孩子成长的需要。

案例4：爸爸妈妈，您给4斤的孩子留下什么？

2018年我接手了这届高三班——一群学习艺术的学生，开始了新的挑战。至今难忘的是班上一个女生，经常在上课期间背着书包回家，或者上课半天了才背着书包走进教室。观察几天后，我走到了她的桌子边，问她为什么这么做。她一脸淡然地告诉我："老师，您不用管我，我就这样。我一累就喘不过气。"看着我茫然的表情，她又继续说："我的这种情况爸爸妈妈都接受了，因为我出生的时候，在保温箱里待了好久才活下来。他们还说我能活到今天长成这个样子，已经是很了不起了。"

是啊，这样的孩子挺不容易的！很多时候自己待在家里，爸爸妈妈去上班，寂寞的她会干什么呢？身体不适的她又怎么样面对呢？难道她对未来没有任何向往和期盼吗？每个人的高三一生就一次，她的这一年该怎样度过呢？经过不断思考，我把她叫出了教室，悄悄地问她想不想到老师的办公室待着。"你可以和老师一起学习、一起备课。如果你感到不舒服，也可以在老师屋里躺一会儿，至少这样可以多和同学接触一下。"接下来的一周，她回家的次数减少了，在学校的时间也慢慢地变长了。

这个时候我又给她找了两本书，让她适当的时候读一读：一来可以提高英语理解能力，二来可以与她交流一下书中人物的情感变化。说实话，每当看到她待在教室里，作为老师的我，心中有一种兴奋，有一种向往，当然也有一种挑战！孩子的父母一生养育这一个孩子，帮助这个孩子顺利走出困境，是这个家庭的幸福。

罗森塔尔效应

教育实践表明：如果教师喜爱某些学生，对他们会抱有较高期望，经过一段时间，学生感受到教师的关怀、爱护和鼓励，常常以积极态度对待老师、学习以及自己的行为，学生更加自尊、自信、自爱、自强，诱发出一种积极向上的激情，这些学生常常会取得老师所期望的进步。相反，那些受到老师忽视、歧视的学生，久而久之会从教师的言谈、举止、表情中感受到教师的"偏心"，也会以消极的态度对待老师，对待自己的学习，不理会或拒绝听从老师的要求；其中的一些学生会一天天变坏，最后沦为社会上的不良分子。

案例5：英语老师教我的数学方法管用吗？

基于学科之爱

那是19年前，当时高二同学面临着分优秀班和差班的命运。班主任在教师成绩分析会上提到YCD同学，当时他的数学在班上排后三名，班主任就是数学老师。分析过程中，班主任谈到这个学生时说，因为他的成绩挺差，计划让他分到差班里去。作为英语老师的我感到很难过，因为当时这个学生在班里的英语成绩一直是第一名或第二名。如果让他分到了差班，不仅数学学不好，英语也会受到很大影响，他又是我的得意门生，我真的不愿意他走。作为任课老师，很多时候是无奈的，因为任课老师不负责班级管理。

接下来的几天，我一直在为此事愁眉不展。

一天下午放学的时候，我带着三岁的儿子回家，他从旁边走来，拿了一块糖给我儿子，我突然有了主意，我说："你到教室拿上数学书到我家吧。"这个学生什么也没有问，拿着书就跟着我一起往家里走。到家时，我告诉他："我要到厨房做饭，孩子在客厅玩，你就拿着数学书开始背诵数学例题。"

当时我给他指了5道数学例题，告诉他我做完饭之后就让他默写。一来，我的儿子在客厅里玩，我放心；二来，给他安排的任务，也许会有用。

做完饭后，我找了一张纸，让他在客厅饭桌的另一端开始默写例题。拿着他默写完的例题，我对着数学书一点一点地看，结果发现他的五道数学例题全默写对了。于是，我有了更大胆的想法，也就是每天下午放学后，他可以上我家里边看孩子边背诵数学例题，然后再和我一起吃饭、讨论学习。一段时间过后，期末考试来了，这个孩子竟然有了很大的进步，班主任感到特别惊讶，并且表示说如果再这样继续下去，他就能保住在这个班学

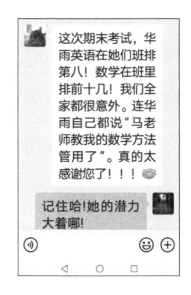

习的机会。就这样很快一年过去了，这个孩子高考时数学得了128分，考上了一所重点大学。大学毕业后他去了俄罗斯学工商管理，同时做起生意。后来他在山东烟台办起了一家公司。

基于学生之需

就是这一件事情让我想到，很多时候我们的学生学会了，但并不代表着他们会学了，因为新的内容会在很短的时间内忘掉。对于忘掉的知识，有的同学在乎，并知道怎么做；而有的同学虽然在乎，但不知道怎么做；还有的同学根本不在乎，当然更不知道怎么做。在2017年的一天，数学刘老师告诉我说HY同学在老师讲的时候都会，做题也会，可是等到班级做小测的时候，她竟然错了很多。

同样，因为这个孩子在英语方面非常好，听完数学老师的评价，我立刻联系HY同学妈妈并把数学老师的话重复了一遍，然后我告诉她说："您让她有时间的时候带着数学课本上我办公室里读数学例题吧。当然您也可以在家里让她把每天学的数学例题默写一遍到两遍。"接下来奇迹发生了，她的数学成绩由班里的倒数升到了班里的第11名，她的妈妈高兴地发微信，告诉我说："马老师，您教的数学方法真管用！"

说真的，从学会到会学只是一步之遥！如何从"学会"到"会学"，本章最后一篇文章会具体介绍！

案例6：我妈说，是男人就不能说不行

在哈佛大学、剑桥大学、牛津大学等名校诚挚推荐的世界百年家庭教育经典《卡尔·威特的教育》一书中，作者卡尔·威特认为："即使是普通的孩子，只要教育得当，也将成为不凡的人，孩子的教育必须与孩子智力曙光的初现同时开始。"他在书中这样阐述："孩子的天赋有差异，我们不能夸大这种差异，在我看来不要说生来具备非凡禀赋的孩子，即使是一般的孩子，只要教育得法也能成为不一般的孩子。"

卡尔·威特的观点是：一个孩子如果没有好的家庭教育，即便请最优秀的教育家做最悉心的教育，也收效甚微。只要进行正确的教育，绝大多数孩子都会成为人才。

众所周知，岩石的刚硬象征着阳刚的力量，坚不可摧；花草的秀丽体现出娇柔之美。是的，它们相互映衬，形成了一幅和谐美丽的图画。

40年的教育教学生涯是我一生的坚守，我甘愿做孩子快乐心情的守护者！作为教师，我从来不会推卸责任，我认为后天教育比先天禀赋更重要！

2018年一天下午，我们学术委员会组织32名骨干教师和青年教师到稻香湖景区开展培训活动。按照会议安排，本次会议需要用到一些资料和书籍，为此，我用买菜的小推车从办公室拉了两箱书。我正想着怎样从四楼走到一楼，我所带的高三（11）班同学ZXL走过来了，他毫不犹豫地快速接了过去，并且说："老师我来帮您！"因为这两个箱子很重，我不由担心地问了一句："你能行吗？"没想到ZXL竟然说了这样一句话："老师，我是男人，是男人就不能说不行！这是我妈教育我的。"阳光般的微笑出现在他的脸上。路过教室时，LBH看见我们也跑了过来。两个大男孩一起把两大箱书从四楼弄到一楼，又送到了大门口。

一路上ZXL同学的这句话给我带来了很多的思考！我原来一直认为他是不在乎课堂的，但他今天的这句话让我对他有了新的认知！

第二天开了一整天的会议，直到下午5：30。谁知，原来定好的大车联系人由于没有看到完整信息，竟然没有准时接老师回学校。待到大车赶回来时，原定当天晚七点到机房和大家一起听听力共同迎接第二天高考听力的事情不能按时完成了。于是微信联系、电话沟通……全班同学全留了下来做好最后的冲

刺！连续三套题，共计一个多小时，孩子们一直非常投入！听力结束时，ZXL等同学在教室的前面留下了这样的话："微笑和认真同在！明天高考必胜！We are sure to win tomorrow！"

卡尔·威特52岁得子，他在书中说到："说实话，在小卡尔的教育上，我并没有像别人那么悲观，尽管小卡尔的智力似乎不高，但想到他的将来我一直充满了自信，我坚信只要教育得法是可以改变这一切的，那些所谓的先天不足，是完全可以通过教育来补助。一个人的品质在很大程度上取决于他婴幼儿时期所受的教育，推而广之，一个国家国民的道德素质如何取决于这个国家的家长对孩子的道德教育如何，世界上不同的国家伦理和主张都不相同。"

这段话让我想到了如今我所带的（11）班，我坚信（11）班一定会赢，高考必胜，坚信（11）班是最棒的，是人生赢家！只有老师有这样的信心，才能有学生走向成功！我相信后天的教育，此时此刻（11）班老师的教育必定会产生这样的效果！因为无数个中午，无数个晚上，（11）班的老师们都和学生在一起！

比伦定律

"若是你在一年中不曾有过失败的记录,你就未曾勇于尝试各种应该把握的机会。"这就是比伦定律,它由美国考皮尔公司前总裁F·比伦提出。万象世界,成败相依。比伦定律辩证地认知"失败",把失败看作是成功的前奏、成功的机会。

中国有句俗语:"失败是成功之母。"太过一帆风顺从不犯错的人很难让人相信他会取得多么了不起的成绩。纵观全世界的领袖人物,无论是在商场上还是政界,成功的人无不经历过各种各样的失败和挫折,而能够从这些挫折和失败中不断爬起来的人都取得了成功。不要因害怕失败而犹豫不决,因害怕犯错而缩手缩脚,失败是一个走向成功的机会。

案例7：我从小就这样发音，改不了

我带高一时，班上来了一个名叫 LYL 的男孩。上课读英语课文的时候，给人的感觉就像舌头少了半截，总是发不清音，可是说汉语的时候呢，根本没这种现象。

比如，每当遇到英语字母 L 时，他的发音听起来无比别扭。我打算帮他纠音。他一听到我叫他就急急忙忙地打断我说："老师，我这个问题改不了，我是大舌头，说不清楚，从小学到初中所有老师都理解，也都接受我这种特点和问题。"

我告诉他："你说汉语一点问题也没有呀，为什么说英语会有这个问题呢？这个发音问题与你的生理一点关系都没有，而且你完全可以克服。"

他听完后一直不断地否定："这是不可能的，这已经是十几年的问题了，从小学到初中都没有人能帮我改过来，我觉得改不了了。"

我一脸真诚，平静地看着他说："孩子，你现在别着急承认自己的问题，也别着急认定自己就改不了，我们先试一试，你看行吗？"这个时候他的心里也平静了许多，看着我，慢慢地点了点头，"好吧，老师！虽然我自己觉得不可能，但是呢，我还要听你的话试一试。"

接下来，在课间、午休时间，我总是让他读文章。每次找他读文章时，他都有极大的畏难情绪，而且不想让同学听到他发音，因为这毕竟是高一刚开始啊！当然了，我也能理解他的心理。于是我把他带到办公室，让他跟着我一起读，看着我的口型，听着我的声音，看着我的表情，慢慢地模仿。过了很久，他的发音依然没有任何变化，但是我还是对他说："你只要练就会有收获，即便这个发音改不了，你的英语水平也是可以提高的呀。"

听到这里，他好像突然释放出了很多压力，轻松地吐了一口气，说："啊，老师你终于不在乎我这个发音了！"我肯定地朝他点了点头："那我们一起好好学英语总可以吧？""这个没问题，只要您不盯着我改这个发音，我一定能学好的，我会认真学，毕竟现在是高一，我可以抽出很多时间学英语。"在得到了我的信任之后，LYL 学英语的积极性有了明显的提高，几乎每天都到办公室学英语。

就这样坚持了一段时间，突然有一天他的发音有了一些变化。他一本正经、自然而然地读着英语，完全没有意识到自己的变化。我大声说道："LYL，你的口语提高了好多，你的口音也变化很大，真棒！"听到我的这番话，他一下子停了下来，想了半天说："老师，是真的吗？我真的一直不相信自己会改变，爸爸说是我出生时带来的问题。别的老师说这个问题无法改变，所以我就觉得自己会一直这样了。"

看到他一脸惊异的样子，我告诉他："是真的，你的发音基本上没有大舌头的感觉了，变得真好！现在的发音已经非常正常了，相信在接下来的日子你的口语也会很流利。"听着我鼓励的话语，看着我欣赏的目光，他认同了自己的改变。从那以后，他的英语口语变得更加流利了，再也不刻意避开同学、避开老师。有的时候他还在课堂上大声朗读，现在，他已经成了班里的英语朗读和写作标兵。

生活中，很多人遇到问题，常常默认是自己的命运，听之任之，其实不然。伟大的发明家爱迪生，一生的成功不计其数，一生的失败更是不计其数。他曾为一项发明经历了八千多次失败，但他并不认为这是个失败，他说："我为什么要沮丧呢？这八千多次失败至少使我明白了这八千多个实验是行不通的。"这就是爱迪生对待失败的态度。他不断从失败中吸取教训，总结经验，从而取得了一项又一项发明成果。失败固然会给人带来痛苦，但它能指出缺点与不足，能启发全新思考。

我们在教学生涯中都会遇到类似的事情。无视，会给学生带来一生的遗憾！正视，学生就会在不知不觉中发生变化！重视，我们就会培养出千千万万个祖国的栋梁人才！

案例8：一丝闪光，也能考上一本？

这是一个让我一生难忘的孩子，名叫YYH，他高中三年的英语成绩只有一次得了61分，其他都是20~30分，大多时候是30~40分，说实话，他考50分的时候都很罕见。他的家人、老师和身边的同学都没想到他会考上一本——北京工商大学，而且还考入了他一直向往的专业。

在这里，我特别想说的是他在学习期间的表现。那无数次的英语课上，他留给我的印象是一点也不在乎。高一、高二两年下来我觉得他唯一的优点，就是在45分钟的课堂上，或许能有15分钟集中精力学习。也就是这15分钟，给我留下了难忘的印象，也对他产生了期盼。15分钟，也许他就只能做4~5个完形填空题。当时的我总是这样安慰自己："少学也比不学强。"但是，如果他做的4~5个题目当中有做错的题，如果我讲完了他还不明白，他就会追问无数遍："老师我还不懂，您再讲一遍。"在他面前，我变得没有脾气了。因为他一脸真诚，一副刨根问底的模样，让我无法拒绝。

三年高中生活，YYH最大的快乐就是不断地换新手机。可是让他读英语，那真是比登天还难的事，更别说去背诵了。每次把他叫到办公室里让他背文章，他不仅不背，而且还眉飞色舞地介绍着自己新款手机的优点。有一天我突发奇想：为什么不让他用新手机去录音呢？想到这里我问起他："你的新手机录音功能好用吗？能录音吗？你会录吗？"听到我的一连串发问，他一改往日漫不经心的样子，眼睛一亮，马上回答说："可以呀，肯定可以。"

"那请你把这段优秀作文录到你的手机里，我看看你读得怎么样。"谁能想到，就是这一个刹那间萌生的念头，竟然让他喜欢上了英文朗读。他一句一句地练习，再一句一句地录到手机里，然后听一遍，只要有不理想的地方，他就删除再录一遍，直到自己满意为止。就这样，背诵的难题解决了。等他录了3~5遍时，我再问他："你读的是什么？"他抬起头来，看着我，竟然把整个录音内容全部背了出来。

转眼间，高三开学有三个多月了。一天，他突然告诉我说他特别想上北京工商大学。虽然我打心底感觉这个目标与他的实际情况有一定的距离，几乎有点不可能实现，但我还是告诉他："没问题，你一定能考上，老师和你一起努力加油。"这句话是我在高三后期对他说的最多的一句话。每次说完后，我就和他一起做题，分析错题，然后固化。久而久之，他的学习时间加长了，总分从当初的 100 多分慢慢地升到了 200 多分、300 多分。

6 月 4 日，离高考还有三天。他的妈妈找到了我，说她给孩子报了一个三本，但还是感觉困难挺大！听到这里，我一把拉着她的胳膊，认真对她说："孩子如果不在考场睡觉，应该能够考上一本——他的目标工商大学，这一点没有问题。"他的妈妈一脸无奈地说："唉，在考场上怎么还能睡得着呢！"我立刻告诉她："那您就放心吧，一本应该没问题。"他的妈妈听到这里一下子号啕大哭了起来。"马老师您知道吗？我三年来找了无数英语家教，没有人愿意带他，即便是带上几节课，慢慢地也就不来了，因为他不是睡觉就是不学。"说实话，对她做保证的时候，我心里也有一点虚，真的，一个"二模"只考了 379 分的同学，怎么能考上一本呢？差距太远了，但是我不想把这样的情况告诉他的妈妈，更何况孩子在旁边坐着呢。我真的不希望，在高考最后两三天，因为老师和妈妈的对话，把他的自信心一下子打到谷底。我也能看得出妈妈的忍耐和对孩子的态度，谁愿意在高考前两三天里对老师说给孩子报了一个三本呢！

我这样说，还有一个原因，这一年北京市出台了新文件，要提高 600 分以上的考生数量。这一点可以让学困生的发挥空间变得更大一些！

转眼间，高考成绩下发的日子来了。这天，我正走在大街上，YYH 突然打来电话。电话那端，那种兴奋的声音我真的无法用语言形容。"老师，我的高考分出来了，我进一本线了，比一本线高一分（当年高考一本线 575 分）。老师，我先给您在电话里鞠一个躬！"想象一下，这个孩子该是如何激动啊！那一年，他真的考上了北京工商大学，实现了他的愿望，放大了他在高中三年里的一点点优点，那就是问真求真。虽然时间短，但是结果很美好。

改宗效应

美国社会心理学家哈罗德·西格尔通过研究发现,当一个观点对某人来说十分重要的时候,如果他能使一个"反对者"改变其原有观点而和他的观点一致,那么他更倾向于喜欢那个"反对者",而不是一个从始至终的同意者。简而言之,人们喜爱那些在自己的影响下改变观点的人,甚于喜爱那些一向附和自己观点的人。显然,人们通过和某人辩论、使某人改变观点,而感觉到自己是有能力和有成就的。这一发现被称为"改宗效应"。

案例9：老师，下次作文我一定会提高

2018—2019年，我又接手了一届高三——我们学校首届艺术班。这个高三班的所有学生都是音、体、美比较优秀的学生。换句话说，语、数、外等高考科目的分数可能相对低一些。作为这个班的老师可能要改变我们平常的教育教学方式，放慢脚步、放低起点。

几天下来，让我没有想到的是，这个班里的学生人品特别好，没有个性古怪的同学，没有喜欢跟老师作对的同学。有的只是学习成绩上暂时不理想的同学，但是他们都特别愿意听老师的要求，对老师抱有一种欣赏的态度，当然对自己也抱有被欣赏的态度。

这个班的班长YHY，身高1米9多。我慢慢发现，这个班级之所以这么优秀，班长的功劳是非常大的。有关他的两件事让我至今难忘，且十分感动。

第一件事情就是每周面批作文。说实话，对于这样一个班的学生，每周的面批作文是最头疼的，因为他们的基础都很薄弱，他们写的句子可以说相对其他班来说错误更多。很多同学根本听不懂要求，写不对句子，还不想进行第二稿、第三稿修改。正是班长YHY把这个局面给打开了，突破了！他每周拿到卷子的第一件事，就是站起来和我约面批时间，即中午休息期间几点到几点给他讲作文。

讲作文的过程是这样的。第一遍，指出他的文章中出现的好句子，让他积累；第二遍，让他再读一遍，看一看句子中有没有要修改的地方，然后我再给出一个更恰当的修改方法；第三遍，限时写出二稿或者三稿，留着在大考之前复习备考用。

我总是想尽办法从他的作文中找好句子，肯定他的学习积极性。他是一名认真、严谨的孩子。他总是一字一句跟我讨论，并且认真地做笔记。最让人感动的是，每次讲完以后他总是这样说："老师谢谢您，下次作文我一定会提

高的。"

　　第二件让人感动的事情是他组织听力练习。有一天,他找到了我,说:"老师,我想给您做课代表。"听到这里,我不假思索地说:"可以,非常好!我特喜欢你能做我的课代表,但是你有时间吗?"他回答说:"没问题,我会做好的。"做课代表期间,他每天晚上七点都会组织大家做听力题。即便是发生了特殊情况,他也会在第一时间和我沟通调整时间。高考英语听说考试前一晚,我因为带着青年老师外出培训,联系的车辆来晚了,所以我没有赶上19点到校参加他们的听说考试。作为一个很有能力的班长兼课代表,他主动联系了电教室的老师,并且组织同学们按时进行听力测试。19:30 我背着旅行包直接走进听力教室时,他们已经听完了两套题。看到我来了,他站起来说:"同学们,老师很不容易,终于来了,我们一起再听一套,让老师对我们明天的高考听力更有信心,大家同意吗?"所有的同学纷纷表示愿意再听一套。那是一个难忘的晚上!我们在听完后一起照了一张合影,并且在黑板上写下了一句话:"Tomorrow is success."

　　可想而知,拥有这样心态的班长、这样负责任的课代表,高考一定会取得优异成绩。他最终进入了一所理想的重点大学。

　　我在55~57岁带的三届毕业班里,班长都是英语课代表。2017—2018 和 2018—2019 两届毕业班,是由班长兼任课代表!2019—2020 这一届,是 GRY 申请担任课代表后,又被推举为班长的!毕业时,他们纷纷称我为"最热心、最热情的老师""最有智慧、最关爱学生的老师"。

案例10：大雨天，迟到一分钟需要这样较真吗？

2019年高三后半学期，一天早读时，我正在班里和同学讨论，突然听见ZBY同学在教室外对班主任说了这样一句话："大雨天迟到一分钟，需要这样较真吗？"

说实话，这是我班上的英语尖子生，每次都考130多分，我特别希望他快点进入教室学习。为此，我立刻走出教室，让他给老师道歉。谁知他不仅不道歉，反而对班主任这样说："不就一分钟吗？你不想让我学，我就不进教室。"当时我不停地给这位同学使眼色，让他快点给老师道歉。

谁知他不仅不道歉，也不理我的眼色，就这样僵在外面，站在窗口。无奈之下，我调整了早读内容，下发了一套听力，让班里的同学做听力测试题，同时把教室的门打开，给了他一张试卷，以便他也能够及时练习。看着他认真倾听没有耽误学习，我的心稍稍放松了。

下课后我把他叫到办公室，并给他看了一篇文章——《闯红灯带来的悔恨》。文章讲述的是一位中年人，因有急事闯了红灯。一辆车来不及刹车，瞬间撞倒了他，就这样他永远离开了父母，离开了自己的妻儿。我和这位同学进行了深度交流，如果当时中年人不闯红灯，是不可能丢命的。红线对每个人都很重要，之所以叫红线就是为共同创建一个安定和谐的环境所创设的必要条件，是人人都要服从的。所谓红线，是每一个集体必须坚守的原则。国有国法，家有家规，没有人是纯粹自由人，没有人愿意回到自由度很大的原始社会。

人们常说："没有规矩，不成方圆。"在一个法治国家，要强调依法治国。一个企业，也应该依法管理，做到有法可依，有法必依。教师内部、学生内部都有一套行之有效的规章制度，这是一个有生机的团队的基本特征。

人们常说："勿以恶小而为之，勿以善小而不为！"这个道理大家都明白。没有人生来就注定要锒铛入狱，切记要防微杜渐，当然事情并没有那么严重时，我们也应该严于律己，一个难以对自己严格要求的人是很难得到别人的认可，并最终成就一番事业。制度，就像游戏规则。没有规则的游戏，不会有人喜欢去玩，而不守游戏规则的玩家也很容易被淘汰。

竞争优势效应

人天性倾向于竞争，然而合作更容易双赢。

有人说，人与人之间的竞争，不仅仅是实力的竞争，更是行动速度的竞争。这里有一个小故事：在非洲的草原上，当曙光刚刚划破夜空，一只羚羊从睡梦中猛然惊醒。"赶快跑！"它想到，"如果慢了，就可能被狮子吃掉！"于是，起身就跑，向着太阳飞奔而去。就在羚羊醒来的同时，一只狮子也惊醒了。"赶快跑！"它想到，"如果慢了，就可能会被饿死！"于是，起身就跑，也向着太阳飞奔而去。一个是自然界兽中之王，一个是食草的羚羊，等级差异，实力悬殊，但面临的是同一个问题：为了生存而奋斗！

古今中外历史表明合作能够产生更大的力量。对此，《古今贤文·合作篇》中有许多名句，如"人心齐，泰山移""独脚难行，孤掌难鸣""水涨船高，柴多火旺""三个臭皮匠，赛过诸葛亮"……雷锋也说过："一滴水只有放进大海里才永远不会干涸，一个人只有当他把自己和集体事业融合在一起的时候才能最有力量。"所以我认为合作才是最好的选择。

案例11：课堂走出一个哈佛女孩

2000年9月，我开始了新一届高一英语教学。第一节听力课就给我带来了极大的收获。班上有个叫JRX的同学，引起了我的注意。她反应快，做题神速，正确率高，表达能力很强。为此，课下，我把她叫到走廊里，把这节听力课上她的表现和她做了分享。接下来，就如何提高给她做了分析，并鼓励她说："这样三年下来，你一定能考上北京外国语学院。"这句话成了她高中三年拼搏的动力，三年来从未改变。也正是因为她有着清晰的目标，每一次学科考试都在年级前三名，从未到过第四名。转眼间，高考成绩出来了，班上的同学纷纷讨论着如何报考提前批志愿。当她问及我时，我告诉她提前批志愿一定要高于北京外国语大学，这样幸运的话，她可以考一个更好的大学，如果提前批没录取，也可以确保北京外国语大学的志愿能够如愿实现。同时，我跟她强调，要想确保北京外国语大学，最好不要报提前批。

谁知，她看到班里同学都忙着报提前批志愿时，也打起了自己的小主意，在提前批里填写了中国青年政治学院。结果可想而知，她以青年政治学院当年的第一名被录取了。当这所大学的招生人员打电话问她是否去时，她犹豫了，哭了！第二天她在班里宣布不上大学了，再复习一年。当时的政策是允许这样做的。学生再复习一年是一件很正常的事情，这样的决定在很多人眼里和很多同学的心中是无可厚非的。

可是她的爸爸说什么也不愿意让她复习，理由是她的眼睛已经近视900多度，他又不能在她的身边，再复习一年担心眼睛保不住了。二年级时，她的妈妈不在了，爸爸后来再婚去了一个较远的地方。三年的高中生活里她和奶奶相依为命。当她的爸爸找到我，说："JRX只听您的，如果您说一句话让她去上这所大学，她一定会听的。"

可听到这里，我真的作难了，670多分（当年是标准分制度）的成绩，在我心里也不想让她上中国青年政治学院。最后考虑再三，我还是找到了她。记得当时我是这样告诉她的："孩子，外国语大学里是外语专业，站在中国人的角度上，它是一种服务性行业，是为别人服务、为领导服务的。而中国青年政治学院虽然在高考收分方面低一些，但它是政治地位第一的。如果你去上，不仅作为中国人的觉悟要高，而且可以节省一年时间，早一点找工作。另外去中国青年政治学院的话，你每天只用半天的时间在这里学习，另外半天你可以去北京大学听课。"我给她进行了详细的指点。就这样她坚持了4年，每天只用半天的时间在青年政治学院学习，再用半天的时间在北京大学学习（具体做法：购买两个录音机，让同学帮着录课堂内容，每天晚上会把两所学校落的课听一遍录音，做好笔记，自己消化理解）。

很快4年的大学生活结束了。她用别人一半的时间完成了学业，且成绩优异。同时，用另一半时间完成了北京大学4年的课程，最终她考取了北京大学光华学院的研究生。第二年，学校派她去挪威深造，月薪一万元。在慢慢适应了挪威的半天黑夜、半天白天的生活后，她又一次获得优异的成绩，导师把她推荐到哈佛大学。后来她来我家时，我没有像她考大学、研究生时那样鼓励她深造，而是告诉她："毕业后一定要回国。"

很快，她在哈佛大学的学业完成后，回到祖国，并前往北京大学求职。因为一件事，她拒绝了当时优厚的待遇，又一次回到了美国。2019年，北京大学和中国人民大学邀请她来做讲座时，她又一次来到了我家，我们一起聊了很多，一起合影留念。

我还记得，她毕业的时候，送给我的纪念册上写下了这样的留言："永远无须提起，永远不会忘记！"这就是教师人生，不求轰轰烈烈，但求真实一生！每一个学生的未来都含有教师的叮咛和无限期盼！每一个学生的所获都是教师一生快乐的来源！

案例12：孩子，你决定为做英语课代表付出了吗？

2009年，高一班上有一个叫YML的学生，他主动申请做英语课代表。然而，他是学音乐的学生，英语基础很差。记得第一次期中考试，他是班里的倒数第一名。他一节课没有抬头，我也没有公布他的成绩。下课后，他跑到我的面前说："老师，我怎么样才能学好英语？"我告诉他说："从背单词做起。"说完，我也没有告诉他背哪些单词，怎么背单词，因为我知道他是学音乐的学生，我觉得说了可能效果不大。我没有想到他会真的把这件事当成一件大事。接下来的课堂上，他的变化非常明显，作文和翻译句子练习方面更是有了巨大的变化，我知道他记住了我所说的背单词的话，并且坚持这样做了。

高二开始时这个班换了一个班主任，他问起我："你的课代表是否需要换一下？"我耐心向班主任讲述了这个学生的故事和他的现状。他虽然不玩手机，但是他每天能够为了我带着手机，因为他知道我要找他布置作业，这使我很受感动。听我说完后，班主任说："只要你觉得他可以，就继续用他吧。"

高三"一模"后学校开家长会，他的妈妈焦急万分，不知道怎样管好自己的孩子，引导孩子成人成才。我和她分享了我教育孩子的经验，那就是放低自己的心态，放低自己的要求，和孩子平起平坐，以商量的口吻，让他感觉到你特别需要他。突然间YML进来了，很显然我不能再以这样的口吻讲述。于是话题一转，我问起YML："孩子，你知道妈妈有多么不容易吗？每一个家长在高三的后期都会跟你们一样焦虑万分。这个时候我们要把和你心情相同的父母拉到自己的身边，和你一起分享学习，分享你的困难和难题，创造一个和谐的家庭学习环境，这样一来你的学习或许会事半功倍。"孩子冲着我不断地点头。

我继续说："第一，你在家学习的时候要让你的父母陪伴，这样的话会减少他们的焦虑,你的学习效率也会提高。"我又对家长说:"你在孩子认真学习的时候不要打搅他,不要去送水果呀,水呀,最好是等他感觉到自己需要时,到客厅里自己去拿,这更有利于他的学习。"他妈妈听到这里频频点头。接下来的沟通,让我终于知道了孩子前期是怎么样学习英语的。他妈妈告诉我他每天都用录音机、手机收听外文节目,跟着学单词。他妈妈还说:"看着他这么投入,甚至着迷地学习单词,我感到特别担心,担心他学习别的科的时间少了。"

高考成绩出来后,YML 兴奋地打电话给我,说他的英语考了 129 分,这对 2012 年的高考来说真的挺不容易的,挺让我自豪!事实证明,当一个孩子有了好的学习习惯,不只能使一个学科的成绩提高,而且能使多个学科的成绩同时提高。因为他在高考的时候考入了非音乐名牌重点大学,后来又考上了国外的研究生,直至博士后。

班上的另一个英语课代表 JW,又有截然不同的学习习惯。说实话,每一个课代表都让我受益匪浅,因为他们的身上都有不同的优点。2010 年的高二,文理分科班级调整,原来的英语课代表调入文科班,JW 主动申请当了这个班的英语课代表。一天下午放学后,她来到我的办公室说:"老师,我来给您整理办公桌。"她的这句话让我非常愕然:我的课代表为什么要整理我的办公桌?她淡然一笑说:"老师,我每天下午过来,看着您的桌子没有变化,都不知道您是走了还是没走。因此有时候我会等您好久。"我明白了这种情况之后,说:"谢谢 JW 告诉我这个好习惯。从今以后,我一定会每天整理办公桌。"

过了一段日子,她告诉我她要当牙医。当然,我听完给了她很多鼓励,也给了她很多相关的资料,让她不断为了自己的目标而努力。可是她高三一年的成绩总是在 600~630 分。如果没有特殊情况,她的分数离北大医学部还是有距离的,需要不断分析,继续提高。

一天早上 6 点多,我刚准备去学校上早自习,她的妈妈突然哭着打来了电话,说:"马老师,您能不能想办法不让 JW 坚持报北大医学部?财经大学分数相当，而且专业也挺适合，JW心思缜密，善于琢磨一些精细的东西。"这时，她给我整理办公桌的景象又浮现在我的眼前，于是我立刻对她妈妈说："没问题，我今天找时间试一试。"上午最后一节是英语课，课前我买了两个大碗面放在办公桌上，下课后准备和JW一起在办公室边吃边聊。谁知下了课我刚准备喊她，她就急急忙忙向我走来，并主动问我："老师，今天中午您去餐厅吃饭吗？"因为有了思想准备，我没有立刻回答她，只是问了她这样一句话："你今天中午不想去餐厅吃饭了，对吗？"她对着我拼命点头。

于是我立刻回答她："我也不想去餐厅吃饭了，咱俩去办公室吧。"进入办公室后，我立刻拿出方便面，打开后倒上热水，边等边开始与她聊天。"JW，我想问你一个问题。"她说："老师您先别问，我也有一个问题，咱俩同时写在纸上吧。"写完后，我们同时放在一起，发现内容非常相同。第一，明天报考什么志愿？第二，如果北大医学部是第一志愿，那第二志愿想报什么？还是医学专业吗？如果这两所大学录取不上，你准备出京上大学吗？看到这里，她一边哭泣一边和我讨论问题。

讨论中，她告诉我，如果考不上两所北京的医科大学，她也不会出京，因为她不想让妈妈一个人孤单地留在家里。我继续问道："那你有没有想过改变专业呢？"这个时候的她哭得更伤心了。最终她以高分考上了中央财经大学，后来又因为有着良好的研究习惯，直接被录取到中国科学院硕博连读。

案例13：孩子，你的方法很高效

2016年高二分班，这一届我带的是文科班。就学生而言，他们的英语水平整体要高于理科班，班上也有一些十分优秀的学生。在这里，我想介绍一下胡晓林和詹笑微两位同学。

胡晓林，热情大方，善于组织和主持活动。课堂上，她总是把自己会的内容讲出来，让其他同学受益。几节课下来，我就感觉她会是一个优秀的比赛选手。于是，我组织她和几位同学参加了全国英语创新作文大赛，她一举拿下了全国一等奖，第二年高考考上了北京师范大学。而詹笑微是一个性格和胡晓林完全不同的同学，她文静优雅，不擅长和人打交道，但是她对课堂学习的内容几乎过目不忘，而且落笔高效，同年参加比赛也获得了全国一等奖，最终考上了北京大学。

今天在这里谈起她俩，主要是想聊聊会学的话题。会学指的是自己有一套成熟的学习方法，有一套行之有效的巩固知识的方法。她们每次考试都名列年

级前五名，于是我认真分析了她们的试卷，关注她们上课、听课的效果和方式。我发现，她们在听课过程中有疑问，会不停地在课上和课下与老师讨论。老师告诉她们的话，她们总是特别在乎、特别珍惜，甚至短时间内就能够把它们学得很透、很熟。对错题分析更是有特色，她们错一个选项，就要全面地了解与这个选项相关的词、句、文，过程中她们看到的不是单词，而是句子，因而她们注重的是文章的结构。她俩高效做题、高效出成绩，而这一切都源于她们高效的落实，也就是她们真的会学。

会学的同学从来不会让新学的知识和重点学习的知识停留在一知半解的程度，他们会在不断的巩固和不断的练习中对其进行强化，在强化了这些重点后又会进行系统的归纳，并且能够用联想创新想出很多方法。

一般来说，会学习的学生都眼神有力，眼睛灵活，透露着自信。有经验的老师都掌握了一个技巧，那就是根据孩子的外表和长相就能大概判断出孩子的智商水平。智商高的孩子，思维相对敏捷，而且平时非常喜欢动脑筋。

如果你的孩子平时就比较机灵，而且眼神很有力、眼睛非常灵活，那说明他喜欢思考、善于思考。而且在表达想法和意见的时候，他会先组织语言。这样的孩子，家长、老师、社会都愿意好好培养。影响孩子将来学习的因素很多，而那些成绩好、智商高的孩子都有一个特点，那就是上课注意力高度集中，并且能够在课堂上掌握绝大部分新知识。对于他们来说，课余时间是用来查漏补缺和巩固知识的。

不管是在学习中还是在将来的事业上，只有当我们足够专注、足够努力、足够坚持的时候，才可能有一番成就。专注的人往往很聪明，学习能力也特强。为此，家长和老师应注重孩子的关注力的培养。

 **蘑菇定律**

长在阴暗角落的蘑菇,只有足够大才能被人关注,这就是蘑菇定律。现引申为任何人都要接受苦难,忍受平庸,最后才能突出重围,拥抱卓越。

案例14：孩子，苦难阻挡不了你的飞翔

记得那是我带高一年级的一个下午，放学后我回到了家里。不久响起敲门声，我打开门一看是我们班的学生 XBH。我立刻招呼他进来。可他进来以后，无力地靠在门上站住了。这个时候，我回头一看，发现他的脸煞白煞白的。我急忙问："孩子啊，你是不是不舒服啊？你的脸怎么这么煞白呀？"

他回答我："老师我刚从班主任家里出来。""那他知道你的情况吗？""就是他看到我这样才让我来找您。"

"我看你应该赶快去医院。"那个时候因为老师大部分都住在学校里，我们的学校离医院又特别近，于是，我就带他匆匆忙忙到了医院。

谁知一检查下来，医生叫他立刻住院，并需要马上输血。那一年是1989年，不像现在人人都有手机。我只好让班里的一个同学骑着自行车去他家通知家长。幸好他有好几个叔叔在家，需要大量输血的问题解决了！出院后，我们找了一辆车把孩子送到家里，结果发现他家里条件特别不好，甚至没有房子，只能临时住在大队部里。

我们在学校里组织了一场捐助活动。学校里的学生、老师，还有医院的人纷纷给他捐来了钱和物，保障了他在生活上的最低需求，同时也帮着他渡过了难关，使他重新安心投入学习当中。XBH 在学习上十分刻苦，也有良好的学习习惯。

三年后，XBH 以优异的成绩考上了中国农业大学，后来在中国气象科学院工作，并有了自己的幸福家庭和一双可爱的儿女。

苦难对于不同的人往往会产生不同的效果，对于强者是机会，对于弱者是灾难。每一个想有所作为的人，一定不要忘记挑战与机遇并存，不愿面对困难，也就是不愿抓住机遇，世间的一切都可以一分为二去看。只有迎难而上，才会采撷成功的鲜花！

案例15：最温暖的老师——杨宏宇的一封信

老师，我在昨天给咱们班其他五位老师都写了一封信，但是给您的加了一份礼物。其实我第一个想写给的人是您，但是我一直犹豫，不知道是用英文写好还是用中文写好。我给其他老师写的都是一张纸，但是我要给您写的话，一张纸是远远不够的。我不知道，是写那种传统的冠冕堂皇的临别赠言好还是表达我的真情实感好。我还怕写完了，没有勇气送给您。我最后动笔给您写下这些。

高三（11）班班长　高考575分（文科）
2019年北京高考录取线480分，自招线559

其实我十分热爱英语，小的时候英语基础也算不错吧，但是高一高二就荒废了。曾经也努力过，高一的时候每天晚上中英文翻译，我翻译到凌晨三点，就是为了不落下，我的英语成绩一直不及格，每次都40多分（高考时104分）。

高三，我有幸遇到了您。您接手我们这个班。尽管我们班的学习成绩不是很好，但是您从来没有放弃过对我们的希望，没有放弃过任何一个人。我调皮捣蛋，您对我悉心教导。每天晚自习的时候,都能看到您弯腰给我们一个个辅导,您每晚都会出现在教室,守候在我们身边,您真的是我见过最敬业的老师!印象最深的那次"一模"大考,中午休息,您看见班上的同学们午睡。您怕同学们着凉了,为所有同学轻轻披上了衣服,让大家安心午睡。那个时候我还没有完全睡醒,看到眼前这一幕,真的非常感动。我记得,我当时跟邓玉说,虽然年龄上可能有差距吧,但真的感觉马老师就像妈妈一样。

马老师,您对我的好我全部都记在心里,谢谢老师。谢谢您,考英语的时候怕我犯困,去办公室给我拿来咖啡。谢谢您,一遍一遍批改我的作文,只为让我变得更好。谢谢您,无数个中午的答疑,晚上的解惑。谢谢您,……因为有了您的陪伴,我在这无比枯燥的高三生活中看到一抹亮丽的色彩。

写到这儿,我又不知道该说什么了,语无伦次,想说的太多,却没有丝毫的逻辑。我和邓玉之所以送您那盆植物,是希望我们化身为两株小植物,一直陪在您身边,还有就是您在我们眼中也像那两株生命力极其顽强的常绿植物,您一直照耀着、温暖着我们所有人。

> **最温暖的老师**
>
> 她用几十年如一日的认真教学态度追逐着教育的辉煌;忘不了晚晚自习她弓着腰逐个给同学讲题的身影,忘不了每天中午督促同学背书批改作文的尽责,她用智慧的光芒打造学生的天堂。她用她的温度感染着每个同学;忘不了休息时她轻轻给每位同学披上衣服,忘不了她给每个同学带的榴莲糖。她真的让我感觉像家人一样。求真理者智,爱智者乐。她让每一堂课成为永恒的真理,让智慧成为不变的追求。她就是我心目中最温暖最有智慧的老师——马成霞老师。

Finally, I would like to say that I am very lucky to meet you and it is a great honor for me to be your student.

2019 届　杨宏宇

# 习惯效应

任何想法只要不断加强,就会变成信念。在行为心理学中,人们把一个人的新习惯或理念从形成到得以巩固至少需要 21 天的现象,称为 21 天效应。这是说,一个人偶然的动作或想法,如果重复 21 天就会变成一个习惯性的动作或想法。

行为科学研究表明,一个人一天的行为中大约只有 5% 是非理念行为,属于非习惯的行为,而剩下的 95% 的行为都受理念支配,都属习惯性的行为。由此可见,理念、习惯在一个人行为中的作用是巨大的,这也是一个人成功的力量所在。因此,形成良好的新理念、新习惯就显得格外重要,千万不要忽视理念、习惯的作用。

案例16：阅读，陪伴孩子成长的最好礼物

首先，我们分享一下 HY 同学的泛读积累。她从高一到高二一共读了19本书。

HY 同学阅读书目

高一		高二	
1. Black Beauty	《黑骏马》	1. Wonder	《奇迹男孩》
2. Frankenstein	《弗兰肯斯坦》	2. Private Peaceful	《柑橘与柠檬》
3. White Fang	《白牙》	3. The Giver	《赋予者》
4. 20,000 Leagues Under the Sea	《海底两万里》	4. The Curious Incident of the Dog in the Night-Time	《深夜小狗神秘事件》
5. Jane Eyre	《简·爱》	5. To Kill a Mocking Bird	《杀死一只知更鸟》
6. David Copperfield	《大卫·科波菲尔》	6. Lord of the Flies	《蝇王》
7. The Lost World	《失落的世界》	7. Hamlet	《哈姆雷特》
8. Treasure Island	《金银岛》		
9. Wuthering Heights	《呼啸山庄》		
10. Stories of Sherlock Holmes	《福尔摩斯故事集》		
11. Macbeth	《麦克白》		
12. And Then There Were None	《无人生还》		

对自己读的每一本书，HY 不仅要写五六百字故事大意，还要对人物进行分析。

每次读书的时候，她总是手里拿着笔，把需要理解的生词一一记录下来。慢慢地，她由只会判断人和事、褒义和贬义提升到精确理解这些词的词性、词缀、词意和词形，并学会在语境中理解生词。这 19 本书读下来，HY 写英语作文时手到擒来。

同时她还有另一个极强的能力，那就是无论英语还是汉语，500～1 000字的文章，她总能在很短的时间内背诵并默写下来。记得那是高二开始的时候，高三一模成绩分析下来了，我让她把高三的满分作文抄下来，找时间背诵。谁知，她告诉我："老师，您等一下，我一会儿就把它背下来。"试想，哪一个老师不希望自己的学生是这样的，能够高水平要求自己，大量泛读外文材料！

所谓泛读材料，就是要读得广泛，读得多。量一多，语言现象重现率就高，精读学过的东西肯定能在不同场合反复出现，以达到巩固和娴熟的程度。泛读还可以扩大精读课上所学的内容。比如：词汇的多种意思，语法规则的基本用法和各类句子的变化以及长、难句的掌握。

精读中学过的单词最需要在泛读中得到巩固。孤立地记单词，既枯燥又不科学，不如让单词在泛读材料中通过一定的上下文反复出现。这样可以从各个角度加深对这些词汇的理解，久而久之也就记熟了。

就方法而论，其实任何人进行阅读时总是精泛并举的。泛读材料多，情景复杂，提供的语言现象也极为丰富，能获得大量的感性知识，这就最利于培养学习者的语言感。正因为学习者有了大量的语言感性知识，他才有可能在精读中进行对比、概括，从而认识一定的语言规律。这样，泛读实际上已为精读铺平了道路，成为进行精读的阶梯。

泛读，通常经过三个阶段。

初学阶段：应以精读为主，辅之简易泛读。基础阶段，不掌握一定数量的词汇、短语、句型等基本知识，就谈不上阅读。

中级阶段：精泛结合，适当扩大泛读量，一边巩固，一边提高，精泛穿插，巧妙配合，以得到最大的互补效益。

高级阶段：以泛读为主。此时因为学习者已掌握了相当数量的词汇和基本的语法规则以及英语知识，所以可以大量地进行泛读。只有通过泛读，才能接触到尽可能多的语言现象，以期获得更高一阶段的学习和运用英语的能力。

所以说，英文原版书阅读体系是一个项目，需要综合推进，不能简单地看成是一门课程。

案例17：拉钩，从全区第12 000名到第5 000名

GRP，一个喜欢学习，但更喜欢电脑的孩子。一方面他知道学习很重要，也知道必须得好好学，同时他也离不开电脑，于是跟妈妈达成了一条协议，那就是每天回家后做完作业，可以玩上10分钟到半个小时。一开始，这一协议使母子关系十分和谐，且保持了很长一段时间。

然而到了高三期末考试的时候，母子关系发生了极大的变化。妈妈发现孩子打游戏、玩电脑的时间越来越长，因为妈妈许诺只要完成了作业就可以让他多玩一会儿，于是他做作业的时间越来越短，速度越来越快，玩游戏的时间越来越长。开始的时候妈妈并没有在意，后来"一模"考试他一下子考了全区第12 000多名，妈妈这才着急了。

一天中午，这对母子当着我的面争吵起来。我很明白妈妈的意思，是想当着老师的面吵出来，让老师帮帮忙。孩子呢，却是另一个想法，不能当着老师的面被妈妈责备，他一定要据理力争。

当然，站在老师的立场上，不能让这样的局面长时间持续下去。我突发奇想，伸出了右手的小拇指，看着孩子说："孩子，请把你右手的小拇指伸出来。"这时他们停止了争吵，看着我，不知道接下来会发生什么事情。我举着伸出的小拇指，等待着。

猛然间，他伸出了右手的小拇指，使劲地钩着我的小拇指，那场面至今我还很难忘，仿佛这个小拇指钩住了，他就能考上好的大学。这个时候，我盯着他，心情无比的平静，慢慢地说："孩子，这一钩拉下去，你一定要坚守这样一句话。接下来的时间里，你要关闭电脑，远离手机。不就两个月吗？难道我们为了一辈子没有遗憾，就不能在这两个月停止玩电脑、用手机吗？"，我用无限期盼的眼神看着他。他最终下定了决心，很认真地看着我，长长地松了一口气说："老师我试试，我争取做到。"

这样一钩，带来了沉甸甸的责任。没有了电脑，没有了手机，孩子突然对学习有了极大的兴趣，效率也提高了。每天不仅把作业完成得很好，而且还主动想办法解决自己心中的问题。很快"二模"到了，他一下子从第12 000多名考到了全区的第5 200多名。年级主任让他在全校大会上发言，希望他能告诉大家这一个月是怎么学的。他找到了我，这样问我："老师，我能不能把和

你拉钩的事情讲出来?"看着他期盼的样子,我当时给他提了这样一个建议,"讲出来很好,但不用说出老师的名字!"他说:"老师,如果你不让我说名字,我可以把这件事写成是妈妈和我吗?"

"可以,你写完这份发言稿,我要一起分享,并且跟你一起修改,还要告诉你怎么样去发言。"说实话,他在学习内容和学习方法上动了很多心思。例如,他刚进高三的时候看不进去阅读题,老师就给他限时,只要到了时间做不完,他就随便写上一个答案,更别说做完阅读后进行知识积累和技能突破了。

定了目标以后,他首先深有体会地告诉我:"老师,我觉得我原来做阅读效率太低,结果太差,您能再告诉我一些好的阅读方法以尽快提分吗?""好啊,孩子,你现在最需要的是静下心来把一篇文章读完,用严谨的态度仔细审题、审选项,直到你能够高效找出选项。"就这样,他开始在阅读方面努力。试了一周,他告诉我:"老师,我发现阅读时,我要是先看题再读文章,就能克服我读不进去的缺点了,这样我感到特别有耐心,不再开小差,读得精准了,能够找到答案,读得明白了,也能知道我要积累哪些单词、短语。"

又过了两三周,他又找到了我,说:"老师,我发现阅读要想得满分,就要用您讲的'两快三精'的方法,即快速阅读题目,快速阅读文本,精准理解所找到的选项相关的文本,精准理解长难句,精准理解选项。而且把文章从头至尾全部读完再去做题,效果更佳,因为这个时候思路不被打破,能够更好地理解文章的主题。"

听着他的阅读感悟,我高兴地点了点头,说:"孩子,你终于找到了适合自己的方法,只有适合自己的,而且是自己找到的方法才能让自己高效地学习,并取得最终的成功。"听了我对他的评价,他感到更加自信了,读文章时也精准高效多了。从做阅读题的方法和技能入手,他不断思考,不断寻找适合自己的方法。可以看出这个孩子在"一模"之后离开了电脑,离开了手机,真的认真学习了,真的用心思考了!

最后的两个月让他有了飞跃发展,最终以627分考上了北京的一所重点大学。

日常中,大部分孩子成绩差的原因不在智商,而在于是否掌握学习方法。会学的孩子,30分钟做完作业,10分钟预习知识,20分钟拓宽视野;不会学的孩子,1个小时都在和作业死磕。在这里要强调一点,孩子的学习方法很重要,正确的学习方法可以让孩子在学习上事半功倍!

不会学,才导致学不会!学不会,才导致成绩差!

一位家长这样告诉我:"在一个关于孩子学习的讲座上,我认识了一位教育界的老师,这位老师在教育界是很出名的。在讲座上,我请教了这位老师孩子成绩老是不好的问题。老师分析说:'没有天生不喜欢学习的孩子,每个孩子都有渴望成功的心愿。他们不是不想学,而是想学学不会,想学学不好,慢慢地变成"差生";更多的时候从新学到学会,大部分学生会很有成就感;从会学到学会,大多时候孩子们缺少判断能力。为此,孩子很努力,成绩却不好,说明孩子的学习方法和技巧有问题!这些问题被教师、家长和学生忽视了!'"

我归纳了一个英文阅读"五部曲",只有把学生的注意力和兴趣吸引到课堂中,才能真正让学生进入有意义的学习中。这样,我们的同学在中考、高考中才能取得越来越优异的成绩。

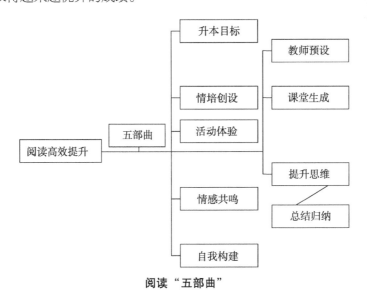

阅读"五部曲"

学生面临来自课堂外的诸多诱惑,因此如何将学生的注意力和兴趣吸引到课堂中、吸引到有意义的学习中显得越来越紧迫和重要。

作为教师,我们要相信理念、习惯是可以改变的,也是可以形成的。日常中,常有教师如此感叹"朽木不可雕也",我也常有"恨铁不成钢"的想法。大量实验与实践证明,只要不断重复,理念、习惯是可以改变的。当然,改变理念、改变习惯是一件让人极不舒服、极不情愿的事。但不管怎么说,人的行为是按理念、习惯行事的，不改变不良的理念、习惯，就可能产生不良的行为，其后果当然是不好的。因此，在改变理念、习惯时，不能因不情愿不舒服就放弃，必要时还要施加外在压力，特别是刚开始时更需如此。

俗话说得好："万事开头难。"因此，要记住，改变任何一个理念、习惯都要不断重复。相信，没有改变不了的理念和习惯。

 **相悦定律**

相悦定律是指人与人在感情上的融洽和相互喜欢,可以强化人与人之间的相互吸引。更简单地说,就是喜欢引起喜欢,即情感的相悦性。

相悦定律在人与人的交往中发挥着很大的作用,人们都喜欢那些能够给自己带来愉悦感的人。如果对方可以给自己带来快乐,就会有一种力量促使自己去接近对方。

"士为知己者死,女为悦己者容。"世界上最伟大的推销员——乔杰拉德,平均每一个工作日都会卖掉5辆车,被吉尼斯世界纪录称为"世界上最了不起的卖车人"。他的成功秘诀就是先让顾客喜欢自己,进而对他所推销的产品产生好感。为了博得顾客的喜爱,他每逢节假日都会给顾客送去问候的卡片,卡片的封面上写的永远是同一句话:"我喜欢你。"

案例 18：孩子，别把背诵当负担，因为你很聪明

班上有一个女同学，每次将英语作文修改好并形成优秀范文，要求她背下来的时候，她都会微笑着说："老师，我记住啦。"可是等抽查她时，她又有了畏难情绪，并说："老师，我还没背。""老师，抱歉，我一定好好背。"这样反反复复，一直也没有背下来。

可是每次面对她的作文，我总会发现一些句子、语序或者是动词、名词方面的小错误，让人感觉她不够严谨，当然她是很聪明的。有一天上课前，我把她从教室里叫了出来，我说："孩子，老师特喜欢你。你一定不要把背诵当成负担，因为你很聪明，一定能背得很好。"

她不好意思地看着我，并问我："老师，我真的能背得很好吗？""真的可以的，你拿着我刚给你批改过的作文，咱俩一块儿背，看谁先背下来。一起试试？"接着，我又跟她说："我背诵课本，都是从'三高一巧'背起，首先要记住句子开头的过渡词，通常是句子中的主语，尤其是动词的动作线，然后记后面的情感线。"我从这三条线给她讲起，然后，我们就开始了背诵作文的比赛。最后，她比我先背了下来。

"孩子，看看，你真的比老师强吧，背背作文不难吧！咱俩用了不到 5 分钟就把这么长的作文背下来了，下一次再找老师一起背，好吗？"

听了我的话，她立刻对我说："老师，不用了，我以后知道怎么背了，我一定能背下来。"从那以后，她不仅背自己改过的优秀作文，就连其他人的优秀作文也背了很多。高考的时候，她的语文和外语成绩都比平时提高了 20 多分。当然这也基于她有很好的书写能力。喜欢老师，跟着老师一起学，这就是学习的动力和学习的杠杆。

案例19：一个一下子买五份报纸的女孩

有一天，我正坐在办公室里，我们班的女同学 YY 匆匆忙忙背着包跑了过来。看着她抱了一大包材料，我立马主动过去帮她整理。在整理过程中，我好奇地发现她竟然抱了一堆报纸，有《北京青年报》《参考消息》《环球日报》《南方周报》《法制文萃报》。

"孩子，你怎么来得这么晚呢？"我问。她说："老师，我跑出去买报纸了。"我拍着她的肩，问："为什么买这么多报纸啊？"她说："老师，这报纸里边有很多好消息，很多知识，我特别感兴趣，我也喜欢看。所以我每周几乎都买一次，当然也不是固定这5种，其他的报纸要是好的话，我也会在报亭上买过来。"

说实话，一个女孩子在繁忙的学习期间，能坚持每周买 4~5 份报纸，在匆忙的学习中静下心来阅读，我觉得这真是太有意义了。接下来我让她坐在我的身边，说："孩子，你先看报纸，老师看看你是怎么看的，可以吗？"

我坐在她的身边，看着她拿起一份份报纸认真阅读，看着她认真的样子，我心里升起了一种钦佩之情。太难得了，在这个时候、这样的环境下，她竟然那么津津有味地认真地读着报纸，还不时在摘录什么，我不忍心打断她。说实话，她的这种行为真的让我感动，所以我想把这一个孩子的案例放在这里。

在她看完之后，我高兴地说："孩子，你刚才看报纸的神态很吸引人，我在这里都看着迷了。英语阅读材料你看得进去吗？能看得这样津津有味吗？"说着我拿出了一份英语杂志让她看。她看着看着不说话了，我这才发现她看的是一篇有关一个美国女孩的故事。接下来我用英语问了三个问题，Who is she? What is the passage mainly about? What can you learn from it? 随着我的问题，她认真思考着，并且快速地用笔圈点着相关内容，接下来她迅速回答了我的问题。当然，这三个问题是逐层深入的。回答第一个问题要抓住人物，回答第二个要抓住人物在文章中所做的事，回答第三个问题呢，是主要的人和事对你产生了什么样的启示。

就这样，我有时间就叫她一块阅读。她总是高兴地答应，并且沉浸在阅读中。

相悦定律告诉我们：要想让学生喜欢你，你就应该学会喜欢学生，因为喜欢是相互的，只有付出才会有回报。一个教师只想着自己，很难受到学生的喜欢。不要轻易说不好听的话，不要当众指责学生的缺点，更不要轻易讨厌一个学生。

  师生交往中有一种自然的吸引力，那就是师生都喜欢与自己喜欢和喜欢自己的人交往。你只要懂得尊重学生、认可学生、赞扬学生，你只要让学生明白你喜欢他，那他自然也会喜欢你。

# 角色效应

现实生活中,人们以不同的社会角色参加活动,这种因角色不同而引起的心理或行为变化被称为角色效应。即赋予人们适当的角色,当人们有所领悟和理解时,就容易按照角色规范来要求自己。

角色效应对班级管理具有重要的意义。由于不同的班级角色被赋予了不同的职能,因此这些角色无形中会对学生产生不同的影响。所以班主任要在班级管理中更好地利用角色效应,合理安排学生角色,适当抑制那些非正式的角色,使学生的个性得到最优发展。

有位心理学家通过观察发现:两个同卵双生的女孩,她们的外貌非常相似,生长在同一个家庭中,从小学到中学,直到大学都是在同一所学校,同一个班内读书。但是她俩在性格上大不一样:姐姐性格开朗,爱好交际,待人主动热情,处理问题果断,较早地具备了独立工作的能力;而妹妹遇事缺乏主见,在谈话和回答问题时常常依赖于别人,性格内向,不善交际。

是什么原因造成姐妹俩在性格上有这么大的差异呢?主要是她们充当的"角色"不一样。出生以后,她们的父母在对待她俩的态度上大不一样。尽管她们是孪生姐妹,但她们的父母就认定先出生的为"姐姐",后出生的为"妹妹"。姐姐必须照顾妹妹,要对妹妹的行为负责,同时也要求妹妹听姐姐的话,遇事必须同姐姐商量。这样,姐姐不但要培养自己独立处理问题的能力,而且扮演了妹妹的保护人的角色;妹妹则充当了被保护的角色。

案例20：班长：别人拎一捆书，我拎两捆

20世纪80年代末，女班主任挺少的。所以，当我走马上任的时候，大家送了我很多称号。看着我带着学生在校园里到处奔走，他们称我"万马奔腾"。看着我在早上带着学生跑步的时候，他们又称我"一马当先"。看着我在校园的身影比原来多了很多，他们又嬉笑着说"马不停蹄"，有的甚至开玩笑说"别马腿"。

很多时候班里都是男孩多女孩少。自然班里的班长、团支部书记在多数情况下都是男生。就在这个时候，作为学校当时唯一一名女班主任，我突发奇想，为什么不在班里培养一个女班长和女团支部书记呢？就这样，作为班主任的我，开始了我的规划。

很快，我的班级就开始改革，启用了女班长、女团支部书记。接下来，我们还开展了很多活动，其中一个令人难忘的活动就是发新书。刚上任的女班长主动请缨："老师，我带着大家去领书吧。"我说："很好，那请你组织好。"她先是组织学生分成三组，一组负责领语文和数学书，一组负责领其他学科，还有一组负责点数。同时她告诉大家："同学们，因为这些书很沉，一次拿一捆就行。"可当她自己走到书的跟前时，却一手拎了一捆。开始的时候她颠了两下，感觉实在是太沉了，拎不动。可是她硬是咬着牙把两捆书拎了起来，跌跌撞撞地走了。也许她从来没干过这么重的活，但是班长的责任让她有了主动做事、做重事的想法和行动！

谁说女子不如男？班长这一角色使她从一个柔弱的女孩子，变成了一个坚强无比的班长，并在接下来的日子里承担起了许多重任。三年担任班长这一重要角色，锻炼了她坚强的意志和坚韧的做事风格。大学毕业后她考上了研究生，之后开始了工作。由于感觉到工作离她自己的目标有一定的距离，她又开始了新的追求——成为一名翻译官。

提到翻译官这个角色，很多人认为是一个只需动脑动口的工作，其实它还有很多需要到处走动的时候，有的时候还要做一些体力活。在清华大学读研究生时，她与老公相遇，婚后一年生了一个女儿，三年后又生了一对双胞胎儿子。

这就是我的女班长，班长的角色、妻子的角色、母亲的角色都做得那么优秀，那么负有责任！这是我最自豪的！因为我是学校里的第一位女班主任，我的女班长又是这么给力！

心理学家罗杰说过："一旦真诚、对个人的尊重、理解学生的内心世界等态度出现时，激动人心的事情就发生了。所得的报偿不仅仅表现在像分数和阅读成绩一类事情方面，而且也在较难捉摸的品质上，诸如更强的自信心、与日俱增的创造性、对他人更大的喜爱。"这位心理学家十分明确地指出了心理位置互换这种教育艺术所产生的整体效应。在教育教学过程中，如果教师缺乏心理位置互换，教学效果将会适得其反。"感人心者，莫先乎情"，因此，教师应站在学生的立场上设身处地去体验、理解学生的各种感受，而且注意把自己真挚的爱传递给学生，使学生在心灵上产生感召力、推动力。教师的教育教学行为要充满爱。教师用心了解学生，对学生施以诚挚的爱。让学生了解到教师期望自己怎样做，促使学生形成与之相应的行为，从而使学生一步一个台阶地不断发展。

学生的性格形成在很大程度上是受角色影响的。发挥角色的良好效应有助于孩子的健康成长。在教育实践中，教师要不断创设情境，让学生能经常设身处地地站在他人的角度思考问题。比如，有的班主任尝试让每一个同学轮流担任班干部、团干部，让学生当小班主任，在实践中体验管理班级事务，学习管理班级的方法,学会与同学友善相处,学会帮助同学等。在这样的道德实践中,体悟、理解别人,要比许多空洞的说教更有效。

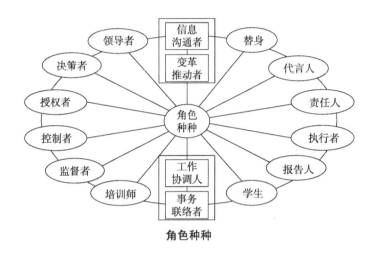

角色种种

案例21：孩子，你爸太懦弱了，但你不可以

这是不平凡的一年。这一年我带了高二的一个文科班、一个理科班。理科班上有个男孩叫YWJ。高二快结束时，一天，正在上英语课的时候，突然有人敲门，待我走出去一问，原来是YWJ的亲戚，要带YWJ回家，因为他的母亲去世了。三天后，这个孩子回来了，但是憔悴了许多。我记得很清楚，当时我告诉他："你的妈妈是因为身体不好去世了，所以你要好好锻炼身体，只有身体好了，健康了，你才能上好的学校。请你把对妈妈的思念放在学习上，切记不要总是哭！学不进去是妈妈最不想看到的，我相信你会给妈妈一个好的安慰。"从这一天开始，我密切地关注着他，恐怕他有学不进去或者不想学的念头。也许是命运的安排，也许是他的坚强，也许是老师的鼓励对他有了一些帮助，总之，他在接下来的日子里学习一如既往地认真，并且不停地问老师问题。看到这样学习的他，我的心里踏实了许多。两个月过去了，孩子没有因为失去妈妈导致期末考试成绩下降，反而还有两门学科的成绩有所提高，总名次也上升了。

不足半年，他的爸爸又上吊自杀了，因为他爸爸在他妈妈去世后太伤心了。爸爸孤身一人，在家特别痛苦，实在不想活了，就用一根绳子结束了自己的生命。YWJ又带着一身伤痛回家了。三天以后，他回到学校。这次我真的不知道说什么，也不敢再跟他说什么，只是默默地站在他的身边，抓着他的双手，好长时间一句话也说不出来。孩子也变得很沉默，眼含热泪默默地站在那里。就这样站着站着，我突然对他说："孩子，你爸爸太懦弱了，但你不可以。他还不到50岁，就因为你妈妈的去世而离开了你。这是一位不负责任的爸爸，你不要为他哭，也不要为自己哭。记着半年之后你一定能考上大学，一定要为自己的未来，为下一代的未来做一个好爸爸。"

一个突然失去了妈妈，又在这么短的时间里失去了爸爸的孩子，他的生活是多么糟糕，多么无奈和无助！此时此刻我无法用语言来描写这样的悲伤。作为任课老师的我，只能多找一些机会为他面批文章，多找一些机会给他解决错题，多找一些机会给他送一点吃的！

离高考还有三个月的时候，军校来选拔学生。军校招生是很严格的，有身高、体重、健康等各方面的要求。最后，这个军校生的名额竟然幸运地降临到

他的头上。我们常说上天关上了一扇门，还会给我们打开一扇窗。这句话真的很有道理，孩子又有了学习动力，又有了学习目标，接下来的几个月里顺利参加高考，也顺利走进了一所知名的军校。

生活告诉我们：把自己活成一种生活方式，活得没有时间和年龄，这是最美的行为。与光阴化干戈为玉帛，把光阴的荒凉和苍老做成一朵花，别在我们的衣襟上。

案例22：管闹钟，叫妈妈起床

转眼间，儿子要上一年级了。开学的这一天，我兴奋地告诉儿子："儿子，我给你买个闹钟，我每周有三个早读，平常特别不想起，现在你终于上学了，你可以用闹钟叫我起床啦！这样妈妈就可以有人管啦！"

儿子听到后感到特别高兴："好的，妈妈。从今天开始，周一、周三、周五的早上我一定会叫你的！"看着他很认真的样子，我朝他拼命地点头："太好了，这样我就有起床的欲望了！"儿子听到这里告诉我："好的，反正我每天早上都早起，我叫你吧！"

从上小学一年级起，儿子就承担了叫我起床的重任。说实话，我不是狠心，也不是真的不想起床。当时只是想给儿子安排一个任务，让他有管我的机会！

就这样，早上有的时候我醒了，也要等着闹钟响，等着儿子叫我！有的时候，我穿好了衣服也不忍心去开门，只等着叫声！当然有时候到点了，儿子的房间里依然没有动静，我就故意走向洗手间，把门弄得咔咔咔响。被吵醒的他突然大喊："妈妈！快起床吧！"还有的时候他睡迷糊了，闹钟响了也没听见。有的时候响过两遍，他还是没有起来。我也会用开关门的声音把他闹醒。他醒来的第一时间还是喊我起床去上早读。

后来我向学生家长讲起这件事，他们说他们也要这么试试！大家都认为这可以培养孩子的责任心。

大家知道"角色集"这个名词的意义吧！它指一组相互依存、相互补充的角色。角色集包括两种情况：一是多种角色集中在一个人身上，如一个人同时承担着母亲、医生、主任、工会会员、兼职教授等多种角色。它主要强调一个人的内部关系。二是不同角色的承担者由于特定的角色关系而联结在一起。如在医院里，医生、护士、病人、病人家属等聚合在一起形成角色集，旨在培养责任感。

案例 23：我的课代表，一年摔了 6 个闹钟

上一篇讲的是我给儿子买闹钟，本案例讲的是我的课代表为了做好英语课代表，弄坏了 6 个闹钟。由此可见，闹钟在我们的师生生活中是非常重要的。当然闹钟也代表着一定的历史性，因为现在我们直接用手机实现这个功能。

从 2011 年到 2012 年，为了确保在高考科目中孩子们的英语成绩不受影响，我一气找了四个课代表：YML 布置作业；LY 把每天课堂上所学的英语重要短语、单词编成 1～3 个句子，让学生放学后翻译并进行校对；JW 每天收发作业并提醒我上课；最后一位就是弄坏了 6 个闹钟的课代表 SSH，他是我的课堂阅读完形纠错课代表，也就是就学生的错题为学生答疑。这里，我主要想讲一讲这位答疑课代表。每天的阅读课，大家你一言我一语，各抒己见。一节课下来，我们的阅读课成了辩论课和讨论课。为了确保课堂效果，我在高三专门安排了一个答疑课代表。这位课代表身高 1 米 92，擅长体育，有极强的指挥能力。有一天上课的时候，我让学生举手做错题分析，他主动承担了阅读错题的三个分析。分析完后，大家给他的掌声十分热烈，经久不息！于是，我有了第四位课代表。为了让这位优秀的课代表做好自己的工作，我把整套考试的错题进行了分析，

并让他去讲解，同时进行了录课。看着他与同学们的互动，为同学们讲着各种各样错题的解析，作为英语老师的我感到无比的兴奋和自豪。我想孩子的潜力是无穷的！高考成绩下来，这位同学的阅读题没丢分，但是他的书写还没有达到优秀的水平，丢了分。看着他"一模"、"二模"和高考的英语成绩，老师们真的有点惊呆了。做老师的，一定要懂得每一个孩子都需要一份责任、一份信任、一份肯定和一份期盼的目光。正是这样，我的四位课代表都做得非常优秀。

高考结束了，我们一起坐在那里畅谈我们一年来的收获。正是这个时候，我的第四位课代表告诉我："老师，我这一年坏了 6 个闹钟。都是我睡觉时不

小心把闹钟从床上弄到地上摔坏的！"

当时的我听了非常愕然，做英语课代表跟摔坏闹钟有什么关系吗？面带一点羞怯，孩子告诉了我这里边的缘由！他不好意思地说："老师，因为第二天我需要给同学们讲错题，为了把大家可能会问到的问题讲好，我每天晚上做完作业躺在床上的时候，还想把第二天要讲的内容再看一遍，再顺一顺。有的时候看着看着就睡着了，半夜里我的胳膊不小心把闹钟给推到地上，就这样摔坏了！"

角色就是责任！对责任的理解通常可以分为两个方面。一是指分内应做的事，如职责、尽责任、岗位责任等。二是指没有做好自己的工作，而应承担的不利后果或强制性义务。学会为自己的过失负责任，知道自己的过失所带来的后果，就会尊重他人的劳动成果，不会轻易地去犯一些不必要的错误，日后也懂得挑起自己肩头的担子，为自己的生命负责。

承担责任的意义就在于能促进自己的成长，激励自己充分发挥个人潜能，克服种种困难，去实现自己的奋斗目标；承担责任，能赢得别人的信任，得到别人的帮助和支持；承担责任，能获得自尊和自信，在履行责任中增长才干，获得社会的承认和赞誉。角色可以改变对待工作的态度，而对待工作的态度，决定了你的工作成绩。我们在工作中一定要清醒，明确认识到自己的角色，履行好自己的职责，发挥自己的能力，这样，我们才会把工作由压迫式被动转化为积极主动，并享受工作的乐趣，取得成绩的快乐。

案例之后:"学会"到"会学"一步之差,你能迈过去吗?

认为课上能听懂老师说的话,或者说听得懂老师讲的课并能与老师保持沟通,这就算学习吗?

其实优秀的学习分三步,上面所说的学习充其量算一步。

第一步:从"不会"到"学会"。

造成不会的常见原因有:半途而废;浅尝辄止。因此要约束自己,不可随心所欲。

首先,要学会自律!

要自律,当然要有具体的要求。我们应该提高自己的素质,建立自尊、自爱、自强、自律的意识,有强烈的责任感并能正确处理日常学习和生活。

要自律,就要懂得培养自律的最好方法,即为自己建立一套体系和惯例。例如,为了提升写作和口语,定期把每天阅读的材料保存起来,以备将来参考。

要自律,就要养成一种有纪律的生活方式,即改正找借口的倾向。正如法国古典作家佛朗哥所说:"我们犯的错误几乎比用来掩盖错误的方法更值得原谅。"

要自律,就要明白自律不仅对我们的学习有好处,对我们未来的工作和生活也有很大的影响。

有一天晚自习班上进行了一个小测。小测结束的时候,班上的WRR恰好和我一同走出了教室,并且和我聊了起来。

到了办公室后,我们一起坐下来,对小测的几个不同困惑点进行了沟通。其中WRR有一个错题是非谓语动词doing的用法。接下来,我把doing/do做宾补的规律告诉了他,即"一感、二听、三让、六看"学习法。一感:feel。二听:hear、listen to。三让:make、let、have + sb + do,

> ask、tell、get + sb + to do。六看:notice, watch, see, find, observe, look at。同时还拓展了 stared at, glance at, gaze at, glared at, catch sight of, take notice of。WRR 认真做了笔记。
>
> 第二天上课,师生一起讲评试卷分析。讲到这个题的时候,我让他把这个规律默写到黑板上去。说实在的,连我都没有预料到,他竟然写的一点也没有错,并且还附了例句。
>
> 后来,期末考试年级分析的时候,年级主任说他已经连续两次数学得满分了。他有着如此自律的学习态度,成绩好不足为奇!

其次,要懂得认知规律!

(1) 形成良好的学习态度。

学生已初步形成一定的学习态度,并且随着主体意识的觉醒,随着自主、自律能力的增强,对学习、对集体的责任感进一步增强,同时逐渐形成对作业自觉负责的态度,开始认识到学习是一种义务,出现了意识较强的学习动机。

(2) 形成持久的注意力。

学生的有意注意逐步向主导地位发展,注意的集中性、稳定性、广度、分配、转移等方面都在发展。在记忆方面,有意记忆、抽象记忆逐步发展并占主导地位。

(3) 激发学习情感的发展。

学生情感的内容进一步扩大、丰富,他们能逐渐意识到自己的情感表现及随之可能产生的后果,控制和调节自己情感的能力也逐步加强。在道德情感方面,学生主要以具体的社会道德行为规范为依据,同时,开始出现以内化的抽象道德观念作为依据的道德判断。在意志方面,自觉性、果断性、自制性、坚持性有一定发展,但不显著。

(4) 培养自主个性的发展。

在自我意识方面,学生的自我意识逐步深刻,渐渐摆脱对外部控制的依赖,逐渐形成以内化的行为准则作为监督、调节、控制自己的行为的依据,而且开始从对自己表面行为的认识、评价转向对自己内部品质的更深入的评价。

第二步:从"学会"到"会学"。

《镜花缘》第三十回:"唐敖道:'九公不必谈了。俗话说的熟能生巧。'"

"熟能生巧"就是熟练了,就能找到窍门,形容做事非常熟练。首先我们一起来读一则熟能生巧的故事。

> 北宋有个射箭能手叫陈尧咨。一天,他在家练箭,十中八九,旁观者拍手称绝,陈尧咨自己也很得意。但观众中有个卖油的老头只略微点头,不以为然。陈尧咨很不高兴,问:"你会射箭吗?你看我射得怎样?"老头很干脆地回答:"我不会射箭。你射得可以,但并没有什么奥妙,只是手法熟练而已。"在陈尧咨追问老头有啥本领后,老头把一个铜钱盖在一个盛油的葫芦口,取勺油高高地倒向钱眼,全勺油倒光,未见铜钱眼外沾有一滴油。老头对陈尧咨说:"我也没什么奥妙,只不过手法熟练而已。"

熟能生巧,说明不管做什么事情,只要勤学苦练掌握规律,就能找出窍门,干起来得心应手。

(1) 具有持续的思维能力。

即在思维方面,学生逐步学会分出概念中的本质与非本质、主要与次要,掌握初步的科学定义,开始独立进行逻辑论证,但他们的思维活动仍然具有形象色彩。在想象方面,学生想象的有意性迅速增长并逐渐符合客观现实,同时创造性成分日益增多。

(2) 培养自我内化的学习能力。

也就是说,在内部做到心中有数,在外部做到行动一致,知行合一。"内化于心"是指从思想上归于所化,"外化于行"是指从行为上归于所化。"内化于心,外化于行"的真谛是要领悟到其中蕴含的深刻思想内涵,并把它内化为自己的行为指导。实现由"知"到"行"的转变,需要实际行动,重点要落实在"做"上。

(3) 养成自主迁移的思维能力。

一种学习对另一种学习产生积极的影响,称为正迁移;反之,称为负迁移。在教学中我们要着重培养学生的正迁移。知识迁移,触类旁通;方法迁移,授之以渔;角度迁移,避免僵化的学习定式;学科迁移,提高综合分析能力。

第三步:从"会学"到"会用"。

作为几十年从事教学的老师,我想与学生聊聊下面这几个成语的意义。

驾轻就熟,出自唐·韩愈《关石处士序》:"若驷马驾轻车,就熟路,而王良、造父为之先后也。"这里的意思就是赶马车。驾轻车，走熟路，比喻对某事有经验，很熟悉，做起来容易。会骑自行车的孩子和会开车的大人一定都明白这个道理！学习更应如此！

得心应手，出自《庄子·天道》："不徐不疾，得之于手而应于心，口不能言，有数存焉于其间。"意思就是心里怎样想，手上就能相应地怎样做，形容功夫到家，技艺成熟，做起来很顺手。同学们试想这是一种什么境界？大家在学习中达到这样的程度了吗？

笔走如神，是说写文章如有神仙帮助一样，很流畅，很有把握！

这几个成语概括了学以致用的最佳状态。

学习的过程

第三章　三尺讲台，深耕不辍

卡尔·雅斯贝尔斯说："教育就是一棵树摇动另一棵树，一朵云推动另一朵云，一个灵魂唤醒另一个灵魂。"

开启创造智慧，多元育人

中国特色现代教育考试招生制度，形成了分类考试、综合评价、多元录取

的考试招生模式。2018年教育部发布的《教育课程教材改革与质量标准工作专项资金管理办法》明确指示要"开展数字教材等新形态教材的研发、试点和推广"。

近年，随着"新中考、高考"改革的实施，对于学校教育提出了新的要求。新的考试要求：一是突出立德树人，把社会主义核心价值观和中华优秀传统文化考出来；二是突出主干知识，把课堂表现考出来；三是突出学科思想和方法，把实践能力考出来；四是突出学生特点，把创新精神考出来。

具体到英语学科来说，具体要求是：考查学生听说能力，培养学生英语应用能力，定位于语言的工具性和文化性；考查学生语篇、语境捕捉信息能力，培养学生英语应用能力，定位于语言的逻辑性和主旨性；考查学生写作能力，培养学生英语综合运用能力，定位于语言的国际交流性。

面对新的教学形式、考查形式，以及一些其他的教育要求，英语教师应该教给学生什么？

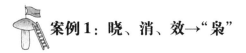 案例1：晓、消、效→"枭"

1. 晓：知晓阅读内容

阅读的最直接目的就是知晓文本知识。

文本知识即所阅读文本的内容。学生要在理解文本知识的基础上，正确作答相应类型问题。

①题目类问题。重点放在题目的关键信息上，捕捉文稿有效信息，即与选项相关联的内容。

②细节类问题。遴选有用的同义信息，为挑选正确选项提供重要参考价值。

③观点类问题。准确把握作者观点，根据相关内容判断，对选项进行取舍。

因此在平常学习过程中，要注意培养良好的阅读习惯。

①小声跟读。熟悉生词读音，确保注意力集中，培养语感。

②长难句逐字读。对一些复杂的长难句，可以逐字理解，但遇到生僻词，不必停顿单独理解，放在语境中理解。

③逻辑关系回读。对于前后有逻辑关系的内容，如不好理解，可来回移动，寻找先前读过的信息，确保获取完整的信息。

同时，针对英文阅读，要重视一些关键部分。

①细节部分。通过细节，看逻辑，表心情。

②中心句。关注各段首句和末句，尤其是说明文。

③文章主旨（作者态度）。关注应用文、说明文、议论文首段；关注记叙文四要素，即人、事、时间和地点。

2. 消：消除阅读障碍

在某校的一节英文阅读课上，一名初三英语老师让学生一句一句朗读、画出生词、说出词义，找出短语、写出汉语，然后整句翻译。试想，如果不认识单词，英文阅读能明白吗？单词量是英文阅读的重要一关。如 What is the genre（体裁）of the passage? A. Argumentation. B. Exposition. C. Narration. 大家看看，这样一道文体考查题，仅仅选项里的三个词，就难倒了三分之二的学生。可以说讲什么文体，练上多少篇，如果不认识选项里的单词，一切都枉然。

在英文阅读中，要把握主题语境。如

"Mom, I hope Steven can take me to the park next week." I said. "Sorry, Lucy," Mom said, "Your brother is volunteering next weekend to help __13__ a house for a family." A. build   B. find   C. clean   D. buy

如果只认识选项，不理解主题语境，要想做对也是枉然。但是如果注意主题和主题语境（Building our community），不费吹灰之力即可选出正确答案 A。当然，如果看到下文也能轻松选出答案…first told me about the community home-building project. He was good at building and fixing things, so he was __14__ to do something…Now that he was __17__, he was finally old enough to take part in it.

3. 效：采用有效阅读方法

在完形填空中，首句挖空，要关注整段，尤其是结尾句；段尾句挖空，是段中细节的总结，是首句的结论，更要关注其后；遇到生词要猜词。例如"It's not __15__" I complained, "Steve can change a family's life, but what can I do? I'm only 10." Mom put on his serious look. "Don't think about it like that, Lucy," she said, "people make a __16__ by thinking about what he can do, rather than what he can't do." 很明显，以下生词和短语是理解本段的障碍。complain：What is said when feeling something unhappy，抱怨。rather than：instead of/not doing it，而不是、代替。make a difference：be successful，成功。英文阅读，一定要结合具体语境理解掌握。

After I explained my idea in class, Mr. Branson raised his hand, "My uncle owns a T-shirt shop. Maybe he can print some T-shirts that we can __19__."

A. show   B. wear   C. sell   D. give

本段主要人物是 My uncle，主要的事是 owns a T-shirt shop…print some T-shirts，故选 C. sell。从下文 Our Saturday sale was a success. We earned $125 after the sale…也能得出此处答案。有些阅读信息是跨段的，需要前后文结合。

By Friday, the T-shirts had been printed, and I had posted details about the sale on our class Web page. Our Saturday sale was a success. We earned $125 after the sale, we sent to the community center. I __20__ handed over the money.

A. honestly   B. proudly   C. bravely   D. secretly

当段尾或者尾段选项是形容词或者副词时，就要关注整段和段中动作，重看首尾段。从 Our Saturday sale was a success. We earned $125 after the sale…归纳可得出答案是 B 选项。

4. 枭：形成阅读能力

希腊神话智慧女神雅典娜的爱鸟是一只枭，它代表着智慧和能力。

英文阅读注重整体化、主线化、主题化，所以要时刻注意整体文章结构。因此阅读教学中整体化教学很重要，阅读教学不能碎片化。

例如，阅读的方法多种多样，阅读目的不一样所用的阅读方式也是不一样的。例如，快速默读可用来找主旨大意、四要素（中心人、物、事件和话题）等；大声朗读可以分为全班分段朗读、齐读或一部分人读一部分人听等方式。在阅读的过程中，要同时关注文章的首尾段、段落中心句，以及表达作者态度及目的内容。

教师每次给出的阅读任务不在 PPT 上说明去哪段找，而让学生根据文章结构和每段的主旨自己判断去哪段寻找答案，这样做的好处在于让学生时刻关注文章整体结构。

教师也可根据教学内容设置半开放性问题,直接进入讨论,或升华阅读主题,或分享自己生活中的故事提升学生综合运用语言能力。

教师也可组织学生复述课文。学生根据文章结构和提示的关键词进行复述,加深对文章的理解,内化文章结构、内容和语言,提升综合运用语言能力。

案例2：发现体育生的优点

在大部分人眼里，体育生是一群上课不好好听讲、吃零食、睡觉、开小差，课下不按时完成作业，爱打架惹事的"坏学生"。他们并没有注意到体育生上课睡觉是因为每天超负荷运动量造成的疲惫；不能准时完成作业是因为每天训练完就已经很晚了；经常"惹事"是他们那种直率性格的体现。思维的惯性让我们的尺子带了偏见！

在笔者的眼中，体育生拥有三大优点：唱歌声音洪亮，写字有力大方，为人处事仗义。为什么体育生拥有这些优点呢？这与他们长期接受的训练和生活方式是密不可分的。长年的有氧训练练就了他们强大的肺和超乎常人的肺活量，使得歌声洪亮有力。大量的力量训练，铸就了他们坚实发达的手臂，更容易操控纸上的笔杆。而从小接受着"奖励一起得，困难一起扛"的教育，成就了他们豁达的性格。

在体育生眼里，被教练罚是一件稀松平常的事。训练时开小差聊几句，会被罚跑十圈八圈，而一个人挨罚，其他人常常自愿陪跑。"没事，咱一起"是常听见体育生说的话。这源于他们自幼"独木不成舟；十指总比一指强"的训练环境的熏陶，他们懂得团队的强大。他们紧密团结在一起，相互扶持，共渡难关，形成了强大的凝聚力！

体育生，无论教练怎么罚怎么骂，都不会记恨。教练时常对他们说一句话："总之我希望你们只从我这儿听到骂声。"他们与教练朝夕相处，教练于他们而言，亦师、亦父、亦友，他们尊重、爱戴教练。感恩，同样蕴藏在体育生体内。

在一些人眼中，体育生是一群"怪类"，被与头脑简单、四肢发达画上等号。一次体育课后，年级主任李老师刚进楼道就看到一位同学在走廊里拍着篮球跑但很快就消失在人群中。后来年级主任查问此事，那位体育生主动承认此事是他所为。体育生同样有担当，能够知错就改。

体育生拥有强大的内心和精神世界。体育生在领奖台上无限风光，但他们场下的心酸与痛苦、汗水和泪水、坚持与勇气、抱负和野心、方向和梦想、挑战与征服有多少人知道？游泳运动员叶诗文在接受专访时说"练体育，就意味着分离"。她七八岁开始进入体校，没有家人的陪伴，每天重复着使人筋疲力尽的训练，每天伴着擦不完的汗水，忍受着肌肉酸痛，静静度过无数个想家的不眠之夜。她从没想过放弃，在心里一遍又一遍地告诉自己，梦想并不是遥不可及。在赛场上，即使遇到比自己厉害好几倍的对手，她也从不畏惧，因为她知道，这是站上领奖台的必经之路。

体育生同样需要自律、自理、自立。没有经过一丝不苟的训练，没有长年累月的重复，没有克服万难的勇气，怎么会踩在最美的云端，收获不一样的精彩？

老师的手中，应当有这样一把尺子：于情充满温暖，于理凸显公平，于法彰显正义。

案例3：互联网背景下教师育人方式创新思考与研究

1. 思考：未来学校会变成什么样？未来教育会怎样？

著名教育家、新教育实验发起人、全国政协副秘书长、民进中央副主席朱永新认为：现在的孩子必须到幼儿园、学校上学；未来的孩子可能会在不同的地点用不同的方式学习，也可能会对老师提出适合他自己的学习方式和学习内容。因此作为老师也许拿着一本教材上课是远远不够的，为什么呢？

现在打游戏要挨家长骂、老师嫌，以后"打游戏"可能就是正儿八经的学习。现在进校园不准带手机，即使带来了也必须关机，你想过未来学生带手机进校园、进课堂成为日常吗？

现在学习主要靠学校、靠老师，但未来则未必，家庭越来越成为教育的重要组织。在家上学先不说，政府买单暂且不谈，但网络化真的能打破学习的时空限制。

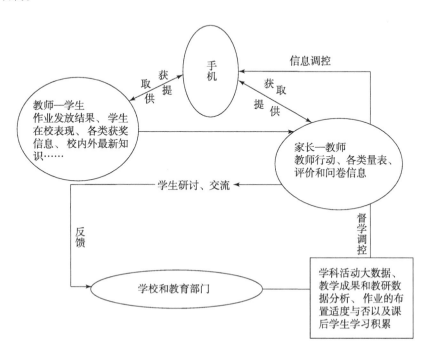

网络学习简易模式

2. 探索：互联网背景下教师育人方式研究和创新点是什么？

（1）学校会成为学习共同体。

未来，学校真的会消失吗？也许作为场所的学校会消失，但是作为概念的学校，一定不会这么快消失，因为学校成为学习共同体啦！

同时网络和学习会进一步一体化，会由著名的教育品牌和机构来重新架构，与现在的教育集团完全不同。

当前，北京市教委在各学科骨干教师中开展"智慧学伴"网上授课和答疑活动。"智慧学伴"是一个连续 IES 云端补救学习平台，串联了课前预习、课中学习以及课后补救各个环节。

智慧型行动装置的普及，大数据技术的成熟发展，推升了智慧型教学。通过智慧学伴 App，学生可以紧密地连接 TEAM Model 智慧教室课堂端的教学辅具，以及 IES 云端补救学习平台的各项资源，形成在线（Online）和线下（Offline）的一个 O2O（Online To Offline）整合运用学习模式。

互联网背景下教师育人方式研究点从何做起？这些信息应该在不同程度上引发我们思考！

（2）上学和上课将会没有固定场所。

未来，你可以选择去同学家学习，可以自己在家独立学习，可以到机构全程学习，当然还可以在比较理想的学校学习，这一切完全根据需要去选择。

即便同学龄段的孩子，也可能心智发展不一样，或者说不同的孩子，有不同个性。有些孩子独立能力远远超过同龄人，而有些孩子则可能达不到平均水平；有的喜欢独处，有的喜欢结交朋友，还有的喜欢团队生活。用统一的学习方式去教育孩子，不科学，也不人道。

真正的因材施教，就是让每一个个体得到充分发展。喜欢团队生活的孩子可以到机构或者学校上学；家庭条件许可的、喜欢交友的，可以采取家庭式联盟学习方式。未来，性别、个性、身体，都应该成为孩子获取适当学习方式的考量因素。即使在学校，也不会有固定的场所、固定的老师和同学了！

试想，真是这种局面，我们老师需要做好哪些改变呢？互联网背景下教师育人方式创新点如何紧跟这些形式呢？

（3）学习形式定性和弹性方式融合化。

2016 年，北京市政府先后两次因雾霾实行了停课不停学行动计划。这在一定程度上预示着我们的学生可以随时走回家中，有计划有条理地学习。一位当年高考的同学曾经这样感慨："我在高考前的一次因雾霾天居家学习中收获很大，我把高三以来所学习的内容，尤其是疑点、难点和错点利用这三天彻底梳理了一遍，太有用了！"

未来，学生可能不必每天早晨准时准点赶到学校。学习中心可以终年无休，没有暑假、寒假的概念，学习中心是随时开放的，每个学生可以根据自身情况自由选择。想去上课就去上课，想放假就放假，这不是小伙伴想象中的天堂吗？真的能实现吗？想想就很激动呢。

如果这样的日子很快到来，作为教育者的我们，应如何调整教育视角？应如何改变教育教学方式？

未来，教育是私人定制的教育，充分满足个人发展需求。

（4）教师的教书育人方式和角色多样化。

教师应积极转变学习方式和教学方式，即改变以往过于注重知识传授的倾向，强调形成积极主动的学习态度，使获得知识与技能的过程成为学会学习和形成正确价值观的过程。也就是传统学习方式的"被动性、依赖性、统一性、虚拟性、认同性"向现代学习方式的"主动性、独立性、独特性、体验性与问题性"转变。

从根本上来说，教师应更新观念、转变方式、重建制度，即更新教与学的观念，转变教与学的方式，重建学校管理与教育评价制度。

未来，教师不再是现在政府的公务人员而可能变身自由职业者，甚至优秀教师可以组成课程公司。比如，我是数学老师就组成数学公司，由政府来采购我们的课程。课程内容的定义：第一，课程内容即教材。第二，课程内容即学习活动。第三，课程内容即学习经验。

未来文凭会被课程证书所取代，未来的用人单位根本不要名校毕业生，而是要求你在各种名校学过的课程等级证书，注重的是人才的知识结构和能力，而不是没有用的证书。课程证书显得越来越重要，品牌竞争也很重要。未来的学习中心一个很重要的能力是很强的鉴别力。它得知道哪个中心的课程最棒，哪个大学的课程最优秀，如何选择最优组合，帮助学习者做最好的整合。

未来的学习中心，一方面要有自己独特的课程，不可替代的竞争力，同时还要具有课程整合能力和识别课程优劣的能力。另一方面，学习中心将小规模化。如同现在的学校并不是自古就有，是随着英国的工业革命开始的，它是为了提高劳动者的教育水准，而设计的一种现代班级社科制的教育制度。未来的学习中心也会随着社会发展，逐渐小规模化。

总之，未来大规模的教育机构会逐步消失，小规模化将会是学校的根本和机构的发展趋势。

教育课程指向生命和真善美。未来的课程，到底应该学什么？教育是为生命而存在的，教育将拓展生命长宽高，解决生命根本的问题，在这个生命之上用真善美重新整合课程体系。

（5）网络学习更重要，育人方式更有特色。

如斯坦福的一所线上学校在全美排名第二，在这所学校里，学生组成各种各样俱乐部，每周只有两天在网上学习网络课程，其他时间学生自己线下组织。

海淀区一些学校也开展了学生互联网络线上学习和教师线上授课活动，大部分学生学习变得游刃有余。教育更注重个人进步、自我建构知识体系和能力体系的有机统一。

未来互联网会更加社区化，囊括线上线下的学习。互联网将会连接一切，网上有海量的课程资源、方便的互联网工具，学习将无处不在。如很多理工类的大学课程已经游戏化，用游戏、挑战的方式来学习，今后将成为重要的可能。

（6）考试评价从鉴别走向诊断。

现在考试评价是选拔性的，随着互联网大数据的到来，未来考试评价是诊断性的。大数据会记录你的整个学习过程，记录在哪些方面、哪个点上有问题，然后给你提供技术支持，它更多是做诊断而不是做鉴定。舍恩伯格的《与大数据同行》里面就提到大数据在教育应用中的三个功能：反馈、个性化学习、预测。有了大数据，考试压力真会小很多！

总之，人的生命有三个维度：物质的生活、社会的生活和精神的生活。我们目前的教育更多的是教会孩子在物质生活中竞争的能力，并没有教会他们过一种真正意义上的精神生活。其实最好的教育是让被教育者真正拥有属于他的精神生活。怎么帮助每个人成为自己呢？学校应该成为汇集伟大思维的中心，要把人类最美好的东西汇集起来，让不同的孩子与不同的老师相遇，在相遇中找到自己、发现自己、成为自己，这是检验教育的最重要的标准。

案例 4：积极模仿，提升新任教师再造性和创造性科学素养

1. 积极模仿的内涵

（1）什么是模仿？

模仿，英文是 imitate/imitation、copy、model oneself on，是指照某种现成的样子学着做的过程，是初学者学习的重要形式之一。新任教师初入教坛，其动作、语言、技能以及行为习惯、品质等的形成和发展都离不开积极主动的模仿。

（2）什么是积极模仿？

积极模仿，英文是 active imitation。现代教育学者、诗人、文学家胡适曾这样说过："凡富于创造性的人必敏于模仿，凡不善于模仿的人绝不能创造。"著名教育家叶圣陶也曾说过："艺术的事情大都始于模仿，终于独创。"笔者在这里将其理解为模仿产生独创，独创丰富思维，思维拥抱艺术特色和艺术风格！

2017 年新课程标准明确提出：落实立德树人根本任务是教师施教的根本需要。各学科课标凝练了学科核心素养，旨在将党的教育方针关于人的全面发展要求具体化、细化到各学科课程之中，增强教书育人与实践育人的意识和能力。

由此可见，积极模仿就是积极学习。学，就是模仿和效仿；习是指操练和实践。"学而时习之"，是指把你学来的东西、效仿来的东西不断地积极地运用于你的生活中去，从而使一个外在的标准成为一个内在的需求。孔子和他的弟子朝夕相处，耶稣和他的门徒也是如此，老师到哪里学生就跟到哪里。所谓真正的学习是要谋求榜样的力量，是要谋求精神的导师。精神导师会用行动告诉你平庸和伟大的区别。

积极模仿就是不断发展。任何人的发展成长都需要经历一个过程，这也是新课程的基本学习理念。新任教师的成长首先要从积极模仿开始，要从研究别人的教学模式开始，逐步学会自己构建教学模式，进而实现创建教学模式。新任教师要把自己的起点设置在追求理解教学设计上来，从规范备课、规范上课中积极模仿专家、积极模仿名师开始。

具体来说，新任教师该如何开展积极模仿的教学行为呢？新任教师要坚持三次备课。第一次，不借助任何资料，阅读原教材。将所教授教材的内容从第一个字读到最后一个字，包括注释，然后给出自己的第一理解、第一认识，并且针对如何展开讲授、如何设计教学环节给出自己的方案和意见，即对于一节课的教学要有自己的想法，坚守"我"的根。第二次，查阅教学参考资料，包括一些期刊。主要是看别人如何设计，是什么思路，坚实"我"的底色。第三次，参照别人的思路，思考、修改自己的方案，然后落笔，坚持"我"的设计风格。作为新任教师，同课异构也好，参赛也好，一定是在第一次备课的时候明确自己的思想，使一节课带有自己的基因。

这一做法真正阐述了积极模仿的内涵，即新任教师发展成长是一个循序渐进的过程，就是要不断经历再造性模仿和创造性模仿，从而提升自身学科素养，乃至不断发展学生的核心素养。

2. 创新模仿的源泉

（1）源于坚守读书学习一辈子。

理工附中集团联盟和项目校共享读书著书故事，可以说是从2011年12月成立学术委员会以来逐步发展起来的。从最初的上交文章零份获奖、2012年首次突破但不到20份读书论文，发展到如今市级获奖一年两次，每次200多份。这一切告诉我们做教育必须读书学习一辈子。

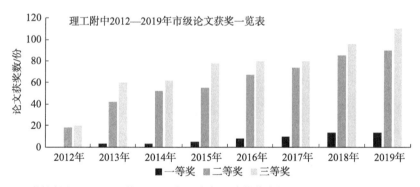

学校教师"反思·学习·沉淀"读书活动荣获市级优秀论文成果一览表

（2）源于坚守精准学习，跨学段探索。

尼古拉斯·卡尔在《浅薄》一书中写道："长时间全神贯注地读书为人们开辟了一片安静的空间，他们在这片空间中展开自己的联想，进行自己的推论，做出自己的类比，形成自己的思想。"《时间简史》告诉我们霍金是继牛顿和爱因斯坦之后最杰出的物理学家和思想家，在其147次预测中，115次完全正确，12次基本符合，17次部分符合，只有3个结果错误，其预测准确率达到86%，他被世人誉为"宇宙之王"。霍金21岁因患卢伽雷氏症（肌萎缩性侧索硬化症），被禁锢在轮椅上达 50 年，这并没有阻止他成为国际物理界的超新星。他超越了相对论、量子力学、大爆炸等理论而迈入创造宇宙的"几何之舞"！可以说，积极模仿来自读书学习！没有读书学习就没有积极模仿，没有积极模仿就不会有再造性和创新性素养，更谈不上教学特色和教学风格。

3. 勤学善思提升学科素养——再造性模仿

再造性模仿适用于初步踏上教坛的教学新手，并且应该先以局部模仿为主，有选择地采用，尽量做到扬长补短、为我所用，借鉴但并不失自我，然后逐步向"名师"的整体风格发展。

再造性模仿侧重于教学方法和教学思路，是完全不加改变的模仿，是模仿的初级阶段。再造性模仿通常包括整体模仿和局部模仿两种。

（1）整体模仿。

整体模仿就是整堂课的教学结构、指导方法和设计思路都没有变动（有时进行局部的个别调整），全搬照抄，是彻头彻尾的模仿。

以我校的课堂教学为例，在我们的"发现课堂"核心要素量表中，"问、思、论、察、效"是实施发现教师的最佳体现。"发现课堂"的教学模式就是致力于建设一种新型的高效课堂文化，即"让学生的智能得到全面发展，让学生的潜能得到充分开发，让学生的人格得到充分尊重，让学生的思维得到充分提高，让学生的能力得到充分锻炼，让学生的自信得到充分培养，让学生的幸福得到充分保障"。

这个量表的目的是进一步引导新任教师从单纯的学科知识教学和机械的学科能力训练中超脱出来，透过知识表象看到学科本质，真正理解"学科核心素养"应该如何落实在日常课堂教学中，从而帮助学生从单纯的知识学习、记忆做题中解脱出来，增强学科能力和学科素养，同时培育"发现素养"，进而提升"学生发展核心素养"，完成"立德树人"的根本任务。

"发现课堂"核心要素量表

要素	内涵	解读
问	优质问题	基于教学目标的问题，能激发兴趣，有思维容量，难度适中，引导揭示学科本质
	机智层进	"刺中穴位捻提插"，敏锐准确地发现思维亮点，及时恰当深入追问

续表

要素	内涵	解读
思	精心探究	有充分思考的时间和个人想法存在的空间，鼓励质疑问难、小组合作、动手操演
	独立见解	形成"独立思考与探究"的意识、习惯和品质，获得相应的学习成果
论	对话交流	要面向全体，有完整逻辑表达，思想碰撞，多元互助
	深度发掘	全体对所学内容的理解程度或对研讨问题的认知水平呈现"螺旋上升"良性态势
察	察觉察悟	基于独立思考和讨论共识的新感觉、新发现、新领悟
	揭示本质	"淘尽泥沙始见金"，发现关键，领悟内涵，提升学科核心素养
效	达成目标	很好地实现本课堂应有的教学目标
	发现素养	秉持和培育善于"察、悟、掘"的发现意识和素养

（2）局部模仿。

局部模仿就是指整堂课的教学结构、指导方法和设计思路大都是自己的原创，只是在某些教学环节中，采用"名师"的教学思路和指导方法。

多年来，学校依据新任教师成长需要，不断探索"青蓝工程"活动有效机制。每年开展一系列"五个一"工程基本功比赛活动，即开展一节展示课，做好一次教案设计或案例，举行一次说课或演讲，撰写一个课例研究，参加一项课题研究活动。其中一项内容是撰写一份案例。在阅读这些案例时，笔者颇有感慨，比如新任教师刘莹在局部模仿中收获颇丰。

清华大学博士生新任教师刘莹这样说："第一稿是我在阅读了教材和做了近几年高考题后的初次设计；第二稿是在与老师们初步讨论和学习了一些大学本科课程的公开课视频后重新做的设计；第三稿是与王磊教授深入交流，与陈颖老师、艾涛老师和组内其他老师反复讨论以后在第二稿基础上的完善。"

刘莹老师三次教学设计对比

设计对比	初次设计	重新设计	完善设计
教学设计主线	**情境主线**：引入汽车燃料 → 比较液氢、甲醇热值，评价新汽车燃料优缺点 → 计算汽车尾气处理反应的反应热 → 开发新能源可能要考虑的因素 **认识主线**：认识常见的新型汽车能源 → 理解键能与焓变的关系，书写热化学方程式，应用盖斯定律 → 利用键能计算焓变；利用键能判断物质稳定性 → 能源的选择	**情境主线**：一片面包是否具有能量 → 设计方案，获知25 g葡萄糖可以为人体提供多少能量 → 判断两个化学反应是否适合用于除去污染气体 → 燃料电池提高传统能源的利用率 → 开发新能源可能要考虑的因素 **认识主线**：物质具有能量，化学反应伴随能量变化 → 化学反应过程中能量变化的宏观体现和微观本质。获知反应热的方法 → 从物质和能量两个角度看化学反应；应用反应热判断反应进行的方向 → 化学能转化有多种形式 → 能源的合理开发利用	**活动主线**：引入 → 25 g葡萄糖能为人体提供多少能量 → 计算葡萄糖氧化反应的焓变 → 两种方法算出焓变有差异的原因 → 小结 **认识主线**：认识化学反应的视角 → 多角度理解焓变 → 从微观和宏观角度理解和计算焓变 → 物态变化伴随焓变，盖斯定律的应用 → 对焓统摄、对化学反应与能量的认识
情境	优点：以能源的选择利用为情境 缺点：各环节的小情境间缺乏必要联系	缺点：情境跳跃	优点：情境连续，贴近生活，各环节步步深入
知识	优点：知识内容全面 缺点：知识的简单重复再现，缺乏联系和系统性	优点：开始注重知识间的联系 缺点：缺乏系统性	优点：注重知识间的联系，有一定的系统性。凸显本章节的核心概念
方法	缺点：就题论题的方法归纳，缺乏对模块学科思想方法的提升	优点：开始有学科思想方法 缺点：学科思想方法不够外显，挖掘还不够透彻	优点：突出学科的思想方法，即认识化学反应的物质和能量角度，焓对于能量认识的统摄作用
情感	缺点：学生被动地接受信息，像做题一样完成任务	优点：开始有学生主动设计和思考 缺点：由于情境的跳跃，学生的感受也是跳跃的。由于教师对知识的处理缺乏系统性，学生对模块的认识也难以有完整系统的体验	优点：学生主动设计探究，激发学生对化学反应与能量的兴趣。发展学生对本章系统全面的认识

续表

设计对比	初次设计	重新设计	完善设计
学生认识发展	缺点：学生在新课的习题中遇到过类似的问题。学生的真正问题是缺乏认识问题的视角和系统认识。此设计不能真正解决学生的问题	优点：对于学生的障碍点有所涉及 缺点：思想方法不够外显，不能有效发展学生的认识	优点：针对学生缺乏对化学反应的认识角度和对化学反应与能量多角度的系统认识的两个障碍点设计教学，解决学生的问题，发展学生对化学反应与能量的认识

在专家们的指导下，经历了三稿教学设计以后，刘莹老师在备课中对学科本质、教学设计以及课堂操作等方面的认识都有所收获。

4. 明察独创发展核心素养——创造性模仿

（1）创造性模仿创新个人教学特色。

创造性模仿是指模仿时不拘泥于细节，而是从整体风格方面去模仿，结合个人的教学实际情况，从语言风格到课堂结构、设计思路等进行创造性的改革，力求体现个人的教学特色，是模仿的高级阶段。

著名作家陈安之这样说："创新性模仿就是要不断研究成功者的想法、策略和行为习惯然后加以改良，因为我们不可能靠模仿别人而超越竞争对手，要超越竞争对手，我们就一定要创新。"

自2016年以来，笔者主责基于"发现教师"，探索教师成长共同体，旨在培养新任教师发现自己、引领骨干教师挑战自己、激励名优教师辐射团队。

首先是培养新任教师发现自己，即发现学科教师，开展研究性学习共同体。这主要从四个方面打开校本研修的渠道：如何进行学科建设；如何对学科内新任教师展开规划和培训；如何引领骨干教师挑战自己，利用集团化高端平台展开打造小初高平台，促进有效衔接的学科建设和集团化校级"粉笔画"培训与自主创新发展相结合；如何融合并积极参加"中国好老师"六大模块探究行动（模块1. 教师如何有效进行心理调适、提升职业幸福感具体问题研究模块；模块2. 如何有效开展家校合作，形成育人合力；模块3. 如何关注和帮助有特殊需求的学生群体研究模块；模块4. 如何提升学生的自主管理能力研究模块；模块5. 互联网下教书育人方法创新探究；模块6. 名师工作室）。

其次是激励名优教师辐射团队，基于"发现课堂"主渠道，开展育人型学习共同体。发现课堂理性，发掘理念要素；发现课堂韧性，体现价值追求；

发现课堂人性，营造课堂场域。

最后是基于特色育人课程，发现联盟场域，创建链条式学习共同体，开展联盟品味角色换位故事、五校联盟讲述我的教育故事、域外联盟分享我的评价故事。

（2）创造性模仿促成个人教学风格。

创造性模仿必须具备的条件是教师的再造性模仿积累到了一定时期，教师掌握了娴熟的教学技巧和名师的教学风格，具有举一反三或触类旁通的能力。积极模仿可谓是做好教师最有效的捷径。

法国思想家、文学家、哲学家伏尔泰曾说："所谓独特的创立就是经过深思的模仿。"法国作家夏多布里昂还说："风格独树的作家并不是不模仿任何人，而是任何人也模仿不了他。"这些名人名言无不在告诉我们长期的创造性模仿所带来的不是一时一事的成功，而是风格个性化。创造性模仿告诉我们人与人的差异多在于思维，人与人的差距更在于思想！

近年来教育积极推进"跨学科、跨学段"教学探究。集团化办学无疑成就了这一平台，学校 stem 课程是集语文、数学、英语、物理、化学、生物、美术等学科于一体的系列课程，先后成了区级示范校、市级科研校乃至全国范围内的交流平台。

学校"发现教师"之"发现课堂"主题活动引领许许多多的教师形成了自己的教学风格。英语教师在实现为理解而教的教学目标时通过积极模仿形成最佳教学设计的 WHERETO 要素：W——学习方向（Where）和原因（Why）；H——吸引（Hook）和保持（Hold）；E——探索（Explore）和体验（Experience），准备（Equip）和使能（Enable）；R——反思（Reflect）、重新考虑（Rethink）和修改（Revise）；E——评价（Evaluate）工作及进展；T——量身定制（Tailor）；O——为最佳效果而组织（Organize）。

案例5：教师应该如何处理"棘手"事件？

笔者先从一个案例来谈起。

这要从2018年高三毕业的学生谈起。"说起赵忠祥级的人物，让老师最难忘的应该是我的声音！有几次上课时，引起老师注意的都是我。"这是实话，高二刚分文理班时，孟逸阳经常在课上和其他同学说话。开始的时候，我会看着他，只要一看到我的目光，他就会立刻停下来。过不了多久，他就又和周围的同学聊了起来，聊到兴奋时竟然不自觉地转动身子。我制止过，也与他沟通过，可他还是一次又一次地控制不住自己。后来，一次谈话中他脱口说出了这样的一句话引起了我的思考："老师，您为什么只听到我一个人说话呢？"正是这一句发问激起了我无尽的反思。刹那间，我在想："什么？该不该告诉他的家长？"

第二天上课时，他真的担心我会做些事情为难他。就在他担心时，突然间听到我的说话声："同学们，我们班有一位非常著名的人物，大家能猜出是谁吗？"于是，大家七嘴八舌说了起来："马云？"接着我又限制了范围，"是著名主持人。""倪萍？董卿？周涛？""是赵忠祥，赵忠祥最有魅力的是他的声音，猜到了吗？我们班谁是赵忠祥级的人物？昨天孟逸阳的追问让我明白了一个道理，他的声音雄厚、穿透力强！我一次次阻止他说话，竟然差点扼杀了他最大的优势！"听到这里，他情不自禁第一次向我伸出了大拇指！

正如辛意云教授所说："要想平缓学生的情绪，首先要平缓自己的情绪！"

高二学习第八模块时，我让班里学习最好的同学回答一个新学的难点，连续三个同学都没有回答出来。轮到孟逸阳回答时，我也觉得回答问题时间过长，于是，顺口说道："那就算了吧！孟逸阳也别回答了，反正大家都不会，用时太长了！"接着，我让大家翻开课本，正准备再让他们看着课本理一下思路时，我看到孟逸阳拿出了数学书。我低头问："你怎么拿出了数学书？""反正您认为我不会。"他小声嘟哝。

我这才意识到自己伤害了他的自尊心，赶忙说："抱歉，老师错了，那请你回答这个问题。"虽然有些磕绊，但他不知为什么竟然回答出来了。虽然不是很完善，但这样的结果连我自己都觉得实属难得。看到我有些惊喜的样子，他竖起一个大拇指对着我发出了善意的理解。这时我意识到应该做些什么。于是，我走到前面，对着全体同学说："同学们，老师做了一件不合适的事情。今天我向大家，更向孟逸阳同学道歉。老师不能有思维定式，应该再给会的同学一个机会。"听到这里，孟逸阳又一次竖起了大拇指，那份目光让我永生难忘！

当时作为一个从教37年的老师，这一情景留给我无尽的思考：如果老师面对上英语课拿出数学课本的同学无动于衷，如果老师一味地制止学生而不去反思此事，如果老师只想着维护课堂的尊严而无视学生的言行，又会发生什么？

虽然孟逸阳才刚上大学两年，但作为他的英语老师，我深信孟逸阳今后一定会是这一代最有才华的人，是赵忠祥级的人物！因为他是我的班里唯一一位上课针对老师的责备能发出反问并连续两次对老师竖起大拇指的人！

在教学中，我们面对的是一群聪明而又富有个性的学生，对于所学习的知识有自己的看法或观点，因此在课堂教学中，教师难免会遇到这样或那样的突发状况。这些突发事件如果处理不当，就会直接影响到整堂课的教学效果，有时还会影响到教师在学生心目中的形象。因此，怎样化解课堂突发事件，不仅是一种教学技术，更是一门教育艺术。

教师应该成为处理"棘手事件"的机智型教师！

苏联教育家马卡连柯曾经说过："教育技巧的必要特征之一就是要有随机应变的能力。"教师具备了这种能力，就能根据教学的实际情况，灵活巧妙地组织教学活动，使课堂教学具有某种艺术魅力。教师在课堂中对"突发事件"能否妥善处理，说实话是一个非常棘手的话题，也就是教师的应变技能的体现。应变技能是指教师对课堂上学生听课情绪的变化、突然发生了不良行为或出乎意料的偶发事件，本能地迅速做出反应，并快速地巧妙地予以解决，使讲课和听课的思路和感情始终保持一致的策略艺术。它是一种具有独创性的艺术，不仅是语言性艺术，更是教师性格的真实体现，是教师对待学生突发情境别开生面的巧妙的有机融合，是教师情感与才华的结晶。它由事件、应变、解决三部分组成，三者相互依存构成一个统一体。

教师应该成为处理"意外发生"的互育型教师！

叶澜教授曾说："课堂是向未知方向挺进的旅程，随时都可能出现意外的通道和美丽的图案，而不是一切都必须遵循固定线路而没有激情的行程。"课堂教学是开放的、动态的过程，经常会出现一些偶然的、意外的突发事件，形成课堂教学的一个短暂的"缺口"，这无法避免。"发生意外"指"突然发生的事情"，并有广义与狭义之分。广义的有两层含义：一是事件发生、发展的速度很快，出乎意料；二是事件难以应对，必须采取非常规方法来处理。狭义的是指突然发生的重大或敏感事件，前者指自然灾害，后者指恐怖事件、社会冲突、丑闻包括大量谣言等。课堂意外一般指对教师规划课堂的"超越"。

学生管理是教育教学的重要内容，课堂教学管理是学生管理的重要方面，而艺术地处理好上课过程中出现的"突发事件"，也是课堂教学管理中非常重要的应变能力。作为一名教师，要想完美地处理好这些"突发事件"，保证教与学始终在师生的最佳情绪与最佳状态中进行，达到教学效果的最高境界，就必须充分地利用和发挥好自己的教育机智，运用一定的策略，艺术地应对这些"突发事件"。

案例6：互联网促全学科"不停课"，誓为防疫学生"不停学"导航

教师不停课、学生不停学为疫情中的教学提出了新挑战。教师需要做的是系统规划，整体设计，重点研究突破点，在关键环节中做到科学设计，有效实施，力争线上线下同高效！

疫情期，教师不停课，学生不停学

1. 微课全程化，让学生"不停学"

教师，习惯了走进教室为学生上课。师生，习惯了面对面答疑解惑。然而，在疫情期间，老师们开始学习做微课。从原来偶尔做一个用来展示，到现在天天做微课，制作微课突然一下子成为教师教书育人的日常工具！漏一个词、错一个字推倒重来，备课、做PPT、做微课三位一体、步步推进。

微课做好了发给学生，这之间需要一定的默契。微课形式丰富多彩，有PPT带录音类型的，有画中画类型的，有专题讲座类型的！短短的寒假，教师变成了专业学科知识全面、信息技术必备的双面手！

面对着做好的微课，教师一遍遍推敲、修改，因为他们一次次发问：直接发给学生效果如何？学生学得透吗？学生打开后会插播听力和视频吗？学过之后能自主找出答案吗？需要交际的地方，学生没有场所了怎么办？怎么安排好区里和市里的空中课堂？教师希望线上教学能达到与线下同样的效果。

"离校不离教，离生不离岗！"众志成城抗疫情，不出门、不添乱，不停课！虽然问题重重，但一定办法多多！

2. 教学多元化，让学生"学中搏"

确保课堂效果，要做到教与学的目标指向清晰，有明确的主题和适当节奏。如何关心学生？怎样做到认真耐心坚持通话？如何联系家长？怎样了解学生学习状况？如何把握学生学习效果？怎样帮助学生树立正确的人生导向？如何让学生科学备考？怎样帮助学生理清知识的脉络和学习的思路？线上教学的问题接踵而至。

"四个如何、四个怎样"一下子摆到每一位教师的面前。微课社区、教研平台、云课堂、云端课堂、百度网盘、校内通、微信客户端，调动一切可利用的网络资源；上传文件、设立讨论区、发布作业、批改作业、学生答疑，全方位保障与学生的交流互动。做微课需要时间，上传、下载文件更是需要时间。遇上网络好了，一个文件半个小时可以做到上传和下载成功；若遇上不顺畅的时候则是打不开、传不上、下不来。教师利用自己的业余时间完善各环节，以保证课堂正常教学。

教师是多面手，创造多元化课堂。他们深入思考，谋划线上教学可操作的方案；深度探索，做好线上授课的技术保障！

"延期不延教，停课不停教！"教坛上下，凝心聚力提质量，严谨教学提效果！和谐家校做保障，市、区、校一体全都忙！

3. 腾讯超前化，让师生"零距离"

"腾讯会议"从预定会议和进入会议给微课带来了巨大变化：师生同堂，步调一致。腾讯会议助力远程学习，高清流畅、便捷易用、安全可靠，让师生随时随地高效上课。师生互动，生生互动，积极的课堂氛围顿时呈现！听课时，鸦雀无声，偶尔在限时做题时，听到家长以为下课时的说话声音，换来的是学生的一声"嘘"！这样的环境，锻炼了学生独立学习的能力；这样的氛围，增添了学生成人成才的色彩！

"线上不停课，线上互动多！"英语课上，从教材到学习材料，从微课内容到听力视频，无不透着快捷、高效！教师可以随时把关注连到任何一个学生，没有嬉笑打闹；教师随时把每一个难点聚焦，没有漫不经心。学生可以及时提出困惑，无声无息发到教师的微信上。

4. 班级小程序，让评价"价更高"！

疫情威胁大，班级有管家。"班级小管家"微信小程序，是针对家长与学校日常沟通教学管理的一款神器。疫情期间，班主任和任课老师目标一致，使用"班级小管家"微信小程序可以实现发送通知、上传成绩、发布作业、发布图片、回复家长留言以及其他教学管理功能。

面对疫情，"班级小管家"开发了新的课程体系，作业管理课程化，居家实践评价化，凸显了课程的实效性、应用性和广泛性。

"答疑显真情，让解难不限时"。"班级小管家"过程评价化、作业管理项目化、评价机制化，而且容易操作，体现了过程性和发展性的评价思想。

互联网，让教师能力创新高

1. 防疫，打造了一支"善研究，善实践"的互联网教师团队

疫情期间，北京市实现了高效资源整合，构建了特级教师、市级和区级教师"三位一体"的网络"空中课堂"实践性团队，基于"研、教、学一体"的学习优势，发挥来自一线优秀教师的引领作用，探索出了一条"跨学科、跨校区、跨学段"的"实践性教学链条"。

"居家不停课"虽有人研究过，但还没有长期性研究，也就是说它是一个新颖有意义的课题。

2. 居家，构建了一套"专业化，模块化"的学科网络课程体系

居家学习期间，教育系统全面建立了体现实践性的学科课程体系结构，建立了体现互联网特色性的课程体系结构，为早日实现网络化教学打下基础。

"无处不上课，无时不学习！"这就是"互联网+"时代的提前到来。教育领域每天每时都在发生变化，"无处不在的学习""没有教室的学校""一人一张课程表"等创新实践的出现，极大地改善了"防疫不妨事"的运行规则。

3. 闭门，形成了一个"多维度、立体式"的网上教与学方式体系

在市、区、校三位一体的通力支持下，教师实现了"多维度、立体式"的教与学方式建模。一是基于专家引领，主题讲坛，团队合作，现场观摩，互动生成。二是基于核心要素的探索，情境学习，问题探究，创意分享，目标探索，相互交融。三是基于教研功能的课堂观察，研究热点，辩论激励，焦点评析，设计答辩，现场观摩，处处育人。

4. 避疫，开展一次"延伸性、递进性"的互联网交流跟踪任务

网络化教学从小学到高中实现了跟踪性系列性学习机制。学生版和教师版学案服务的"跟进式"机制，注重讲学后的成果评价任务，满足了学生自主独立进一步研究和发展的需求。

网络教学平台赋予教学系统、教学资源、教学软件、教学视频等全新的内涵，为教师树立了先进的教学理念，改变了传统课堂教学手段，大大提升了教师教学素养。

5. 战疫，探索一个"多层次，周期式"的互联网运转模式

无声无息的防疫战斗让教育者重新审视了实践性教学的理念内涵、核心要素和价值要求与不同项目的目标定位，加大了实践课程、研讨课的展示，有序开展了专家讲座、互动探究课例研究，逐步构建了聚焦课堂的"多层次，周期式"运转模式。

这种运转模式体现了目标价值层次、服务价值层次、使能性实体层次，三个层次相互交叉，推动互联网不断前行，并越来越大地发挥其价值。

开设创新途径,全心育人

推动文化发展,基础在继承,关键在创新。

创新是一个民族进步的灵魂,是一个国家兴旺发达的不竭动力。

从教育的角度讲,创新是通过教师行为促进教与学的双向发展,创新的关键是教材,创新的阵地是课堂,创新就是在教学过程中不断产生新视角、新思维、新方向。

创新的根本途径是立足社会实践。创新的重要途径是推陈出新,革故鼎新。

教育创新就是要立足教育目的,开展学科实践,课堂实践。具体来说,教师要根据学科特色,营造学科氛围,充分挖掘教材,发挥课堂阵地效用,创新教学模式,培养学生创新能力。

案例1：完形填空，晓之以理
——完形填空技巧与思维品质的探究

完形填空是品格和思维素养的一种体现。学科核心素养是每一个学科通过教学去实现的目标。完形填空是学生日常英语学习的重要项目。其过程是品格和思维方式的一种重要体现。

核心素养是超越学科本身的，是更"上位"的理念，是一个人究其根本应该具备的品格和能力。"考生毕业离开学校，可能会忘记了各个学科学习的知识，但是通过学习这个过程，他具备了一些作为一个人的优良品格，具备了一些关键能力。这就是核心素养。"

"英语教学，虽然首先考虑的是语言教学，但一个人的语言和品格是密不可分的。"人和人之间的交流不仅是语言的问题。

知识和能力是解决问题的前提和基础，方法和技巧则是解决问题的关键。考生应该根据老师的指导，结合自己的学习实践，归纳、总结出适合自己的方法、技巧。

1. 巧解完形填空，培养思维素养

（1）研读首尾抓主题，在话题中培养思维品质。

通常情况下，很多文章会按照"总一分一总"的思路来写。首先提出主题，接着对主题进行分析、叙述，最后进行归纳、总结，得出结论或提出建议。因此，一般根据文章的首句及尾句就能抓住文章的主题。但是，主题句不总是在文章的开头，有时在这类文章的段尾和文尾，因此，考生在做题时一方面要快速通读全文，另一方面应注意连接词，如 but，however，yet，though，therefore，otherwise 等，它们的前面一句或后面一句就有可能是主题句。

考生抓住了主题，就等于掌握了整篇文章的逻辑大意，就可根据主题顺藤摸瓜选出正确答案。考生在阅读完形填空时抓住了作者的情感并受到了极大感染，即在思维中提升自身的文化素养。

（2）上下联系寻信息，在逻辑中收获思维方式。

高考英语完形填空的文章，句与句之间、段与段之间紧密相连、浑然一体。因此，完形填空经常会出现前面的信息为后面的空白提供暗示，而后面的信息有可能是前面空白的答案的情况。这时，考生切不可死盯空白不放，而要联系上下文，寻求信息以确定答案。

动词的上下文关系的秘诀就在于上下文动作的层进性、发展性，更重要的是挖掘动词的三层含义，即本身意义、抽象意义和情感意义。还要有"三大关注"，即熟词生义、词缀变义和词性转义，为此，在完形阅读中应不断提升考生的思维转化能力和思维迁移能力。

名词的逻辑关系的秘诀就在于上下文主题的分类性、发展性，更重要的是挖掘主题的含义，即如何巧妙地发现正确的主旨，人物的特征、人物的关系和人物的发展，基本话题的目的意义，因此，在完形阅读中应不断提升考生的思维主题化和思维品格化。

（3）左顾右盼找搭配，在完善中形成思维体系。

英语完形填空中，有些单词词义相近，而句型结构及跟其他词的搭配却截然不同。考生不能单从词义上去辨析，而应审查空白前后的名词、动词、介词或非谓语动词等，比较与各选项的搭配关系，然后确定答案。

Game after game, I wanted to beat my father even more. I started to study chess books and play against a chess computer to __44__ my skills. One weekend, I finally checkmated（将杀）my father on a ferry ride, which made me feel __45__ (overjoyed).

44. A. teach   B. sharpen   C. choose   D. invent

在做本完形填空的 44 题时，可依据前面的动词短语 study chess books and play against a chess computer 和后面的名词短语 my skills 等确定答案 B。

（4）思前想后觅逻辑，整句突破表达思维重心。

逻辑是作者的行文方式，主要包括并列、转折、条件、因果、递进、让步等。它们之间有的通过连接词来表达，关系非常明显；有的隐含在句与句中，关系比较隐晦，尤其要把握一些长难句、复杂句。考生应该根据前后信息进行思考，拨开迷雾，准确理解上下文间的逻辑关系，进一步确立本句的完整逻辑意义和逻辑关系。

With little __52__ (time) left, he started to make rapid moves. __53__ he could make the final decision, he ran out of time. Honestly, as his clock flag fell, I jumped up out of my seat and kissed the floor out of excitement. Of course it was not the most sportsmen-like __54__ (behavior), but I could not control my emotions.

53. A. Once   B. Until   C. Before   D. Unless

许多考生在本完形填空的 53 小题丢分。其原因是对 before 用法不清，

before 放在句首表示"没来得及"。 __53__ he could make the final decision, he ran out of time. 整句逻辑是"他没来得及做出最后的决定,就没有时间了。"

(5) 语境分析辨词义,在运用中积累语言素养。

词不离句,句不离篇。考生做完形填空时必须从句子的语境出发,根据文章的中心、上下文的意思,确定空白处的意思,然后选出合乎语境的单词。

Mr. Johnson was quite angry at first, but he began to __46__ (soften) as he realized how miserable Brian was. "Brian, painting graffiti on school walls is a very __47__ (serious) matter. We have to call your mother, and, of course, you will have to clean and __48__ the walls." Mr. Johnson paused. " __49__ (But), I must say, those paintings are quite good. Did you have any __50__ (help) with them?"

48. A. repaint   B. hide   C. build   D. repair

大家可以看出,48 小题就是一个辨析题,许多考生错误选择了 D. repair,但是在此语境中 repair 无法解释,因为画了涂鸦的墙不需要修理,而需要重新画新的内容。考生应该关注从文章开始的"景"到文段细节中的"境";有的考生忽视了前缀"re",并把 repaint 看作生词,理解错了意义。

(6) 集中精力破难题,在结尾中发现思维品质。

每篇完形填空 20 道题,其中有 2~4 道题的难度较大,考生可能在短时间内很难确定答案。此时,考生应该在完成全文后,集中精力对其进行分析、综合,作出决定。必要时,大胆相信第一感觉。

Mr. Johnson was quite angry at first, but he began to __46__ (soften) as he realized how miserable Brian was. "Brian, painting graffiti on school walls is a very __47__ (serious) matter. We have to call your mother, and, of course, you will have to clean and __48__ (repaint) the walls." Mr. Johnson paused. " __49__ (But), I must say, those paintings are quite good. Did you have any __50__ (help) with them?"

...

"Really?" Brian hesitated, __53__ (unable) to believe what he just heard.

"Yes, but this project will be hard work, and you'll be expected to complete the job on time. We can consider it part of your __54__ (punishment)," Mr. Johnson said, trying to hide his __55__ as he picked up the phone.

55. A. regret   B. anger   C. smile   D. pride

本次考试，许多考生的最后一题选择了选项 B。该错误的产生是考生读到选项 46 小题前面的信息 "Mr. Johnson was quite angry" 产生的想法，可是忽略了信息后面的 "but he began to ___46___ as he realized how...", 更糟糕的是忽略了从选项 46 到 55 这一部分的信息的内在含义。事实上只要关注了 "but" 的用法和其后这一信息的思维发展过程，就可确定该题答案应是 C。

本文大意是：一名学生在球场的墙上涂鸦，校长通过谈话了解学生的情况而采取的爱生行动。考生做题时一要读出这名学生在墙上涂鸦的想法，尤其是提醒老师和领导面对这样的状况需要深入了解并不断思考，采用保护学生、关爱学生兴趣和爱好的一系列思维活动和善后行动。本题跨度大，思维空间广阔，作者的态度、主人公的思想和行为变化都为考生的思维能力和品格带来发展空间。

（7）回读查补漏洞，将景、境、情融为一体。

做完之后，再用 2～3 分钟的时间将全文联系起来进行回读，查看所填单词或短语是否跟语境相符，是否与逻辑相悖。这样，通过查漏补缺，使答案万无一失，提高得分。

2. 巧思完形填空，有效提升思维能力

日常中，考生一方面要加强英语阅读，培养正确的阅读习惯，掌握正确的阅读方法和技巧，绝不能一词一句地细嚼慢咽，而应全方位把握短文的主要内容和精神实质。另一方面要学会根据关键信息快速理解句子的意思，要能跳过不熟悉的单词和短语，而不应该被生词或短语绊倒。

（1）有效提升快速阅读的素养。

近几年来，完形填空题的题材通常是夹叙夹议的记叙文类的文章，词汇量不断提升，如 2019 年全国卷一的英语完形填空约 459 个单词，挖空 20 个；2019 年全国卷二的英语完形填空约 472 个单词，挖空 20 个；2020 年全国卷三英语卷的完形填空约 466 个单词，挖空 20 个。这就要求考生必须具备较强的阅读能力和较快的速度，否则，在规定时间内完不成任务。

（2）不断提升揣摩作者意图的能力。

文章是作者的心声，字里行间无不流露出作者的爱憎情感，无不体现出作者的目的、意图，因此做完形填空时，考生不仅要具备理解表层含义的思维能力，也必须具备理解文章深层含义的思维感知能力。

（3）循序渐进提升词语辨析能力。

词语的辨析和应用是高考完形填空题的难点，也是学生在高三后期需要突破的瓶颈。它主要包括近义词之间的细微差别、形近词之间的差别、词语在语境中的意义区别。因此，考生一方面在平时的文本阅读中不仅要注意对阅读能力的培养，更要注意词汇和短语的比较与积累，掌握词汇本身的意义；另一方面要学会根据具体语境正确理解词汇意义。考生只有具备了对词汇的辨析能力才有可能选出正确的答案。

（4）积极培养逻辑推理判断能力。

对逻辑关系的考查是完形填空设题的一个关键点。逻辑关系主要包括并列、条件、让步、原因、结果等。它们有的比较直接，有的比较隐晦，因此，考生必须在正确理解语意的同时，把握整个长难句子、意群、语篇之间的逻辑关系，做出正确的选择。

（5）训练灵活运用词汇搭配的能力。

正确理解句子结构是做好完形填空题的重要前提。考生首先要熟悉、掌握各种句型及句子的各种成分、主从句间的关系，判断句子中心要点；其次要不断积累，掌握动词、名词、形容词及介词等之间的意义搭配、习惯搭配和固定搭配；同时，考生更要学会根据具体情况灵活运用。因此，考生应训练对词汇搭配的理解能力、转换能力，这样才能做好完形填空题。

（6）广泛提升观察生活、运用常识的能力。

完形填空题的一个重要特点就是要求考生进入角色，结合生活中的一些常识对问题进行分析判断。许多考生正是由于缺乏生活常识，无法身临其境而屡屡做错题并备感苦恼。

新的学科核心理念告诉我们："新的教育教学思想，如果只谈理念，不能体现在具体的文本体系中，教师们依然无法付诸实践。"为此，要深入探究学生学习体验完形填空的感想、收获和困惑，并细心观察他们的行为习惯，提升学生综合能力。完形填空与大部分教材的本质区别在于，不仅从掌握语言的角度去进行设计，还要考虑学生通过语言学习能培养哪些方面的必备品格和关键思维能力。完形填空在一定程度上引领考生面对未来的机遇与挑战，考验考生的理念、心态和创造性思维。

案例2：活动设计，重在育人

活动课的特点与目标落实

活动课的特点与目标落实	
英语活动课的特点 自主教育：突出学生的自主性与参与性 品行教育：突出学科活动的趣味性与形成性 人文教育：拓展学科知识基础性与多元性 主题教育：体现中西方文化的多样性与灵活性 创新教育：发挥师生在英语活动课中的多角色与多维度	**活动课概念解读** 《普通高中英语课程标准（2017年版）》对英语教学的要求：英语课程内容是发展学生英语学科核心素养的基础和载体。 核心素养的组成：学习能力、语言能力、文化意识、思维品格。 六个要素：主题语境、语篇类型、语言知识、文化知识、语言技能和学习策略。 （结合课例） 六要素整合的英语学习活动观是指学生在主题意义引领下，通过学习理解、应用实践、迁移创新等一系列体现综合性、关联性和实践性等特点的英语学习活动，使学生基于已有的知识，依托不同类型的语篇，在分析问题和解决问题的过程中，促进自身语言知识学习、语言技能发展、文化内涵理解、多元思维发展、价值取向判断和学习策略运用。这一过程既是语言知识与语言技能整合发展的过程，也是思维品质不断提升、文化意识不断增强、学习能力不断提高的过程
自主教育 突出学生的自主性与参与性 **英语学习活动的概念** 新课程标准对于英语提出了语言语境、语篇类型、文化知识，课堂其中一个话题让学生根据自身经历用英语进行讨论，如： "trying to shed light on a journey that you like so much, and what you had done before starting off?" 更多话题，如： "Mainstream mindsets about journey notes such as Ctrip（携程旅行）and Tuniu（途牛旅行）increased the people's interests of travel, leading to the travel boom across the world. Do you agree or disagree with the above statement?"	自主教育 突出学生的自主性与参与性 1.小组交流分享 　让学生在小组学习和交流中多使用英语，在互通中相互交流思想和学习经验，产生大量的语言输出和输入，使学生进一步在参与讨论中获得学习英语的兴趣 2.分层次体验 　根据学生的个体差异实施分层教学，其教学设计既要考虑到全体学生的学习进度，同时还要兼顾英语基础薄弱学生，实施因材施教策略。分阶段设计教案，让每位学生都能在课堂上有所收获
自主教育 突出学生的自主性与参与性 **Activities** Listening&speaking	自主教育 突出学生的自主性与参与性 1.1st impression remember 4 facts of one classmate after introduction introduce your group members to the other group (1 to 1) T checks the information WANTED (pic, reward, information)
自主教育 突出学生的自主性与参与性 2. Predicting similarities 3. Greet each other 　new friends 　long time no see 　reluctant to greet each other	自主教育 突出学生的自主性与参与性 4. Are you a/an adj person? late&early, mountain&valley, fire&ice, forest&city...

续表

活动课的特点与目标落实

自主教育 突出学生的自主性与参与性	5. Name the category (pic) - name each category - rank them/put them in order - explain the reason 
自主教育 突出学生的自主性与参与性	6. Who wants to be a millionnaire? 7. SIRI-check pronounciation 8. Read in different tones. predict relationship why who where 9. Would I lie to you? 4 true 1 false 10. 4 corners debate say sth. to attract or convince people agree / disagree agree a lot / disagree a lot
品行教育 突出学科活动的趣味性与形成性	Types of restaurants: noodles/ dumplings/pancakes…. Things sold in the restaurant: foods/ drinks/others…
品行教育 突出学科活动的趣味性与形成性	七下：U10: Welcome to the Northeast Dumpling House
品行教育 突出学科活动的趣味性与形成性	Welcome to the Northeast Dumpling House **Dumplings** pork and pickled cabbage dumplings ---- 1 yuan each mutton and carrot dumplings ---- 2 yuan each **Drinks** green tea ---- 5 yuan **Others** egg tomato soup ---- 6 yuan (small), 8 yuan (large)
品行教育 突出学科活动的趣味性与形成性	Write an ad. for your restaurant. Welcome to our dumpling restaurant Would you like to eat dumplings? At our dumpling house, we have … We also have… for… Would you like… ? You can also… It's/They're really cheap and delicious!
品行教育 突出学科活动的趣味性与形成性	Sample Welcome to my dumpling restaurant Would you like to eat dumplings? At our dumpling house, we have different kinds of dumplings. We have pork and pickled cabbage dumplings for one yuan each. We also have mutton and carrot dumplings for two yuan each. Would you like something to drink? If you are thirsty, you can have green tea for five yuan. What's more, would you like a large bowl of egg tomato soup for eight yuan or a small bowl for only six yuan. It's really cheap and delicious!
人文教育 拓展学科知识基础性与多元性	Video-watching: Sherlock **identifies** everything about Watson at the 1st sight 
人文教育 拓展学科知识基础性与多元性	Free Talk ➢ What do you think of the job of police artist? ➢ Do you think being observant and the ability of reasoning are important in real life?
人文教育 拓展学科知识基础性与多元性	The devil is in the details. 细节决定成败。 Pay attention to details and accomplish great things. 处处细留心，方能成大事。

续表

活动课的特点与目标落实

17. Alphabet Games

① 选择一个字母
② 根据例，找出以该字母开头的单词
A girl's name
A fruit   ③ 用一句话解释这些单词
A sport   或语词成句
An adj.
An animal   ▶ 单词的英文释义
A verb   ▶ 定语从句的练习
......

主题教育 体现中西方文化的多样性与灵活性

18. "Paparazzi"

1. 由学生随意选择一个字母 "M"
2. 收集由 M 开头的物品的英文名称
3. 展示小组的收集成果/组间竞拼

主题教育 体现中西方文化的多样性与灵活性

19. Sentence level task

teenager parents radio their cows coffee
football a in on to we had I green
fat rich quickly dancing is eat was say
think the classroom happy go play quick

1. 分组
2. 包含x个词的句子/x个词/x个词……
3. 采取词数越多，可以难度增加
4. 语法、句式结构的练习

主题教育 体现中西方文化的多样性与灵活性

20. Dictogloss (合作听写)

① 普通听写: accuracy/stressful/individual
② Dictogloss: 以小组为单位
  1) 播放/朗读 听力材料   听两遍
  2) 学生不拿笔记，抓取材料的大意
  3) 组内成员合力组织语言
  4) 再次呈现听力材料，学生记录准确信息
  5) 小组呈现，最接近原文的获胜

Meaning --- Form; Collaboration; Less stressful

主题教育 体现中西方文化的多样性与灵活性

21. Drama in classroom -- 角色扮演

① 呈现图片（选择主人公）
② 选择x个不同的词
   (name, place, household object)
③ 在限定时间内编故事内容，
   故事中必须呈现选定的词汇。

• 用 iPad/手机中带音软件对口语活动录音
  在故事发展过程中存在障碍的词汇可以跟
  进解决；
  为口语活动的延伸提供可能性

主题教育 体现中西方文化的多样性与灵活性

22. Reading Circles

1. 同一篇文章，每个学生/小组承担一个角色进行阅读
2. 读后活动——从不同的视角解读文章
3. 可以参照中学生能力差异予以分配角色
4. 可以由学生自主选择角色

主题教育 体现中西方文化的多样性与灵活性

23. Reading Puzzles

Student A/ Group A	Student B/ Group B	Student C/ Group C	Student D/ Group D
文段1	文段2	文段3	文段4

1. 读自己拿到的文段
2. 与所拿文段相同的同学讨论并总结文段大意
3. 与不同文段的同学交换信息
4. 根据所得信息归纳出文章大意
5. 教师给出整体文章，学生核准

理解文章大意——归纳总结——语言表达——听力抓取
分析信息——归纳成段

主题教育 体现中西方文化的多样性与灵活性

24. Treasure Hunt 夺宝奇兵
--- 文化传承

问题导引：
有关学年建筑、学院历史由来
建筑用途（授学位、师生校礼）
学院的一些规定

学生过程中：
1. 询问同伴
2. 通过自己的查找，了解其文化
超越年级学生面对学校的了解
以英文为介绍

主题教育 体现中西方文化的多样性与灵活性

Learning Objectives

By the end of this class, you will be able to:
- describe your idol with target language;
- explain why you like your idol.

创新教育 发挥师生在英语活动课中的多角色与多维度

Background

Your school is holding a "introduce your idol" speech contest,
you are invited to introduce your idol. You should talk in 3 aspects:
1. What does he/she do?
2. What does he/she look like?
3. Why do you like him or her?

创新教育 发挥师生在英语活动课中的多角色与多维度

续表

活动课的特点与目标落实

 A PIONEER FOR ALL PEOPLE 	学案 创新教育 发挥师生在英语活动课中的多角色与多维度	Read a passage and learn more about the pioneer 1. Who is he? 2. What is he like?=What does he look like? 3. What is he? **A PIONEER FOR ALL PEOPLE 造福全人类的先驱者** Although he is one of China's most famous scientists, Yuan Longping considers himself a farmer, for he works the land to do his research. Indeed, his sunburnt face and arms and his slim, strong body are just like those of millions of Chinese farmers, for whom he has struggled for the past five decades. Dr Yuan Longping grows what is called super hybrid rice. In 1974, he became the first agricultural pioneer in the world to grow rice that has a high output. This special strain of rice makes it possible to produce one-third more of the crop in the same fields. Now more than 60% of the rice produced in China each year is from this hybrid strain.

idol	Yuan Longping, a scientist and educator
birth	September 7, 1930
looks	sunburnt face and arms, slim, strong body
education	graduated from Southwest Agriculture College
hobbies	listening to violin music, playing mah-jong, swimming and reading.
achievement	rid the world of hunger got the First National Special Prize for Invention in 1981 is honored as "Father of Hybrid Rice"
Dream	To produce a kind of rice that could feed more people To export his rice so that it can be grown all over the world
personality	doesn't care about being famous, cares little for money...

创新教育 发挥师生在英语活动课中的多角色与多维度

Sample 1:

My idol is a Chinese doctor named Zhong Nanshan.

He is 85 years old. He is tall and strong. He has a round face and eyes full of wisdom. He has short straight grey hair and wears a pair of glasses.

I regard him as my idol because he has made great contribution to the society especially during the epidemic. He tries his best to save more people, which has moved people in China. Also, I think he is very disciplined, he keeps doing exercise year after year. That also explains why he is energetic even though he is quite aged.

His selfless and devoted spirit encourages me and I want to be a doctor like him in the future.

Sample 2:

My idol is not a scientist or an athlete. He is just a bus driver. He is my dad.

He is in his early 40s. He is of medium build and a little short. He has a big nose and small eyes. He has black short hair. In my mind, he is the most handsome man in the world.

My father is my idol for the following reasons. First, he is very humorous. He always makes us laugh even though we're in trouble. What's more, he does well in his job. He is a proficient driver and always gets prizes for his driving skills. I'm so proud of him. Finally, he works hard for the family. He is always there to help me when I need him.

That's my idol, an ordinary man. But he sets a good example for me and I hope I can be a person just like him.

英语学科
活动课的特点与目标落实
活动相对应的教学环节设计目标及案例

与英语学习活动观三类活动相对应的教学环节设计目标

学习理解类活动
基于语篇：感知与注意、获取与梳理、概括与整合

应用实践类活动
深入语篇：描述与阐释、分析与判断、内化与运用

潜移创新类活动
超越语篇：推理与论证、批判与评价、想象与创造

基于英语学习活动观的阅读课教学设计

课程目标

1. 描述英语学习活动观的概念
2. 通过分析案例，归纳如何在课堂教学中实施英语学习活动观
3. 基于英语学习活动观设计英语阅读课

如何基于英语学习活动观，设计一节英语阅读课

Module I Unit 5 Reading
Elias' Story

04 活动设计是途径
03 教学目标是落实
02 主题引领是关键
01 文本解读是前提

续表

活动课的特点与目标落实

感知与注意

Unit 4: Reading
A world guide to good manners
How not to behave badly abroad

The Joy Luck Club: What's wrong?

在阅读课A World Guide to Good Manners的导入部分，播放电影 The Joy Luck Club中的一个片段（外国姑爷去中国家庭做客，在吃饭时由于文化差异引发的笑话）。

基于英语学习活动观的阅读课教学设计案例分析

英语学习活动的设计要注意的问题

- 情境真实
- 工具多样
- 思维递进
- 交际得体
- 活动分层

Draw a picture to show how the purifier works

- However, things may be changing soon. This September, Beijing will test its first ever Air Purifying "Towers" in public parks around the city. Essentially, the towers will ionize (使离子化)airborne smog particles, absorbing and storing carbon atoms (which are most harmful to our health) before releasing clean air back into the atmosphere.

课程的研究和实践基础、课程亮点和特点

- 01 教学实例
- 02 联系课标
- 03 教学相长
- 04 形式多样

21世纪需要的技能

- Communication 沟通交流
- Collaboration 合作
- Creativity 创造性
- Critical thinking 批判性思维

如何在课堂活动中渗透

- Personalized tasks 个人化的活动
- Make it fun 趣味性
- Information gaps 信息差
- Challenges & safety 挑战与安全感并存

体会与感悟

抵触 → 适应 → 反思

体会与感悟

充电	洗脑	反思
•更新语言知识	•教学理念	•工作状态
•更新教学方法	•教学思想	•工作热情

案例3：发现问题，忠于教育
——中学英语"发现问题"教学设计课例分析

"君子学，必好问。问与学，相辅而行者也，非学无以致疑，非问无以广识。好学而不勤问，非真能好学者也。"由此可见，问与学紧密相关，教师正是设计问题的核心要素，能否引发学生好问、好思、好学，教师这一角色起着重要的作用。

陶行知先生说过："发明千千万，起点是一问。禽兽不如人，过在不会发问。智者问的巧，愚者问的笨，人力胜天工，只在每事问。"作为教师，不仅要"问"，而且还要"善问"，只要经过自己认真思考过后的提问，才能变成自己的真问题。

1. "发现课堂"情境导入设计分析

情境设问是课堂导入的核心表达，通过情境创设，学生的注意力可迅速集中，顺畅地关联学科知识和重点问题，激发求知兴奋点，围绕困惑的问题展开自主学习、合作探究，任务指向明确，目标重点突出。

问题情境：导入问题设计分析。

问题情境与教学目标密切相关，能引起学生注意，激发学生的兴趣。在创设问题情境时富有情感，能感染学生，引起学生思考，引发学习激情，时间把握得当。

方法：问题的障碍情境；问题的发现情境；问题的解决情境。

问题情境创设须真实。好的情境设问一定能吸引学生的注意力，但切记不是为了表现情境而设计情境，这个情境一定要关联课堂的学习内容，具有开启后面教学内容的作用。

问题情境创设须衔接知识。问题情境能唤起学生相关的已有知识，包含将要学习新知识的核心问题，新旧知识之间有内在联系，可引起学生认知冲突。

因此，创设问题情境时，可从旧知识中引出新知识，从已有的生活经验中发现新问题，从实验现象中展现新知识，在情境中激发学生感受新知识。

恰当的问题情境，可关注学生的问题并解决问题，即要把有价值的问题转变成学习任务，有利于后面学习活动的开展。

教师在创设问题情境后，课前应通过一定的方式确认，看看是否强调学习目标，对实现学习目标的方法和途径能否指引，学生可否做到心中有数，形成学习期待。

不论是导学案上的描述，还是板书、PPT 的呈现，都需要使学习者确认，在心中明确：通过本节课的学习，我要到哪里，获得什么，怎样获得。

直观教学情境设计示例

因此，教师要注意抓住有效环节创设情境，使学生一心向往并能够全身心地投入学习活动中。教师要利用直观教学创设情境，吸引学生兴趣。如课堂的主题：Could you please tell me where the restrooms are? 其突破点首先是句式"Could you please..."，再就是生词和主题语境。

2. "发现课堂"问题导学设计分析

什么是有价值的好问题？

好的问题必须具备如下特点：兴趣性、实效性、交际性。例如本节课的主题：Could you please tell me where the restrooms are? 可以进行如下设计。

问题导学设计示例

有价值的好问题来源于学生的作品、现实生活，它可以是师生共同发现的问题，也可以是学生自身发现提出的问题。充分利用问题的价值来引导学生观察—了解—理解—把握问题，践行任务，逐步形成目标任务和任务目标的深度学习。

（1）问题导学的设计要点。

①聚焦问题：不管是课前的学生作品分析、导学案的批改、教师联系实际寻找，还是课堂上的问题生成单、学生讨论选出的问题等，都是诊断、发现、生成的真问题，是存在于学生学习时的真问题。

聚焦问题的目的就是了解课堂目标。

所谓"了解"，课前导入部分包括三个层次：一是知道大致内容；二是说清基本内容；三是记住主要内容。

问题导学聚焦问题设计示例

②任务驱动：围绕学生学习的真问题，把问题转变成具体的学习活动任务——让学生干什么？关注问题解决的过程，即以学生为中心，师生互动、生生互动，合作探究。即便有教师的讲授，也应有学生的参与，要留给学生思考的时间。

任务驱动的目标是理解课堂内容。

所谓"理解"可分三个层次：一是观察关键词，能说出几个关键词之间的关系，并用自己的语言准确复述相关知识的内涵；二是观察清楚知识的来龙去脉，能正确表达知识的产生、形成和发展过程；三是观察相关知识的条件，能用相关知识解决相应的问题，并能归纳相关知识运用的一般规律。

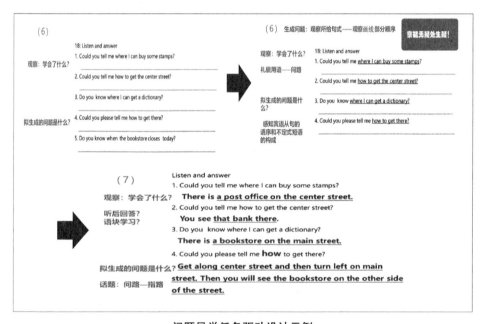

问题导学任务驱动设计示例

③深度学习：运用问题导学的任务驱动，组织学习活动，把学生的学习从浅层学习引向深度学习。一般一节课的问题不能太多，要由几个问题形成问题链/问题串。这几个问题之间是有逻辑的，符合认知规律，有内在的联系。在教学中，要关注问题的层次性，促进学生高阶思维的发展。

深度学习的目的是把握课堂内容，也就是实现创造——生成和重构。

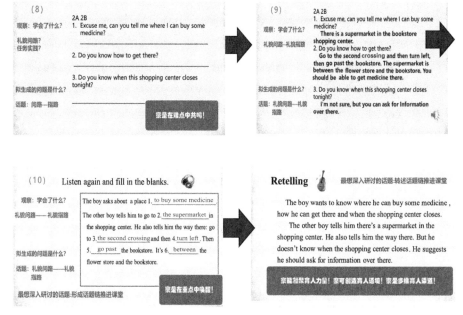

问题导学深度学习示例

所谓"把握"有以下几个层次：一是能比较知识列表，并与相关知识进行联系和区别，根据已知知识联系解决1~2个问题；二是能搞清同类知识的异同以及不同类知识的联系，总结知识形成规律；三是能运用相关知识解释生活中相关现象和学习中出现的新现象、新问题，能够根据相关知识改编相应的对话，并根据规律创编主题活动。

总之，课堂的最高要求就是学生带着问题走进课堂，课堂中也有问题的生成，通过课堂的任务驱动、深度学习解决问题。同时还可以有问题的延伸、问题的迁移，使学生带着问题走出课堂，进一步探索，真正实现自主学习。

（2）问题导学的评价导向。

①聚焦问题：围绕着学生学习的真问题展开教学，有价值的问题是诊断出来的、选出来的、现实存在的、发现的，乃至生成的。总之，不是老师凭经验想象预设的，不是老师脑子中的学生的问题。如设计贴近学生生活的问题：

Ⅰ.Excuse me, can you tell me where I can buy some medicine?

Ⅱ.Do you know when this shopping center closes tonight?

②任务驱动：问题的解决是学生们自主、探究完成任务的过程，在做的过程中，经历和体验这个解决过程，教师不能代替学生去做。如具有交际性的问题，通过日常体验而聚焦：

Ⅰ. —Excuse me, can you tell me where I can buy some medicine?
—There is a supermarket in the bookstore shopping center.

Ⅱ. —Do you know how to get there?
—Go to the second crossing and then turn left, then go past the bookstore. The supermarket is between the flower store and the bookstore. You should be able to get medicine there.

③深度学习：一节课，深度学习的有效性突出表现在知识理解、学习体验、思维与能力发展等方面的增量上。在解决问题的过程中，加强学生对知识的深度理解，强调运用知识解决问题的能力和创造性思维的培养。如日常主题情景对话：The boy asks about a place 1. ＿＿＿＿＿＿＿＿＿＿. The other boy tells him to go to 2. ＿＿＿＿＿＿ in the shopping center. He also tells him the way there: go to 3. ＿＿＿＿＿＿ and then 4. ＿＿＿＿＿＿. Then 5. ＿＿＿＿＿＿ the bookstore. It's 6. ＿＿＿＿＿＿ the flower store and the bookstore.

3. 情境·问题·导学的意义

(1) 引领学生发现问题，培养学生解决问题的能力。

叶圣陶先生说：学语文主要靠学生自己读书，自己领悟。自主学习强调的是自由、自主创新。语文教学应立足于促进学生的发展，为他们的终身学习、生活和工作奠定基础。自主学习就是为学生获得终身学习能力和发展能力打好基础。把学生作为主动的求知者，在学习中培养他们主动学习、主动探究、主动运用的能力，使学生真正成为课堂的主体。课堂是学生发展自我、展现自我的舞台。英语学科也同理。

巧设情境问题，促进导学的引领性。例如出示贴近主题、贴近学生的图片，让学生自由理解，并把自己读懂的内容大胆地说出来，这样可以培养学生学习的自信。通过新问题"学习礼貌问路—礼貌指路"，让学生自主学习。小组合作，交流认识，为学生提供自主学习的空间，并有合作学习的机会。设计一个真实情境，让学生对话交流，将学到的知识迁移到交际和写作中去，逐步实现知识迁移、读写结合、训练能力。这样，学生在课堂中不是消极地受教，而是主动地探求，既激发了他们自主学习的兴趣，又培养了探究能力。

(2) 引导学生质疑解疑，培养学生自主探索精神。

古人说：学贵知疑，小疑则小进，大疑则大进，有疑问，才有学习的内驱力。人类的思维活动往往是由于要解决当前面临的问题而引发的。课堂上要让学生思，必先教有疑。

在"礼貌问路—礼貌指路"教学过程中,通过医院、电影院以及学生感兴趣的景色,扩宽了学生的视野,培养了思维能力,使学生对文本理解更深刻,记忆更清晰,在复述内容和对话交际时有条有理、形象具体。这有利于培养学生思维能力、想象能力和自学理解能力,让他们感受到"礼貌问路—礼貌指路"所描绘的美景,使幼小心灵迸发出热爱大自然、热爱伟大祖国的激情。

(3)调动学生主动参与教学,提高学生主体能力。

教师是学习活动的组织者和引导者,应重视学生主动积极的参与过程,充分调动学生主动学习的愿望,发挥其学习的主动性。教学时导学、启思、质疑等环节要突出学生的主体地位,强调自主,讲究教学方法。

组织复述和小组会话的环节,更使学生激动不已。他们都精心准备,全身心地投入,主体参与性极高。这样就激活了学生的内驱力,他们自觉而主动地参与到课堂的学习中,变要我学为我要学,由被动地学转为主动地学,真正体现了教学的艺术不在于传授本领,而在于激励、唤醒、鼓舞。自主学习是课程改革的一个方向,是将课程改革融入课堂的一把标尺。

"问题设计"课例分析

续表

当代好课堂

1）教师要注意教学情境，抓住有效环节、创设学习情境，使学生一心向往并能够全身心地投入学习活动中。

2）教师要利用直观教学创设情境，吸引学生兴趣。

本节课的上题：Could you please tell me where the restrooms are?

本主题的突破点：首先是句式"Could you please ...?"，再就是生词和主题语境要吸引学生注意力

创设主题艺术设问

生成问题：
Could you please tell me where the restrooms are?

What is it?
Where is the restroom?

1、由已学知识到激发学习的背景知识创设环节艺术设问
2、采用直观图片艺术旨在创设主题任务的艺术设问

观察：要学什么？ Section A

拟生成的问题是什么？

当代好课堂　生成问题：贴近主题

1.兴趣性，突出特点是直观高效

Where are they going?　Going to the west.　　The loin is lost. Where is she going?

当代好课堂　生成问题：Brain storm—direction and related vocabulary

2.实效性，主要特色是体现实效设问

Words for directions: west, east, one way, right/left, limit time, Do not enter./closed...

当代好课堂　生成问题：《问题生成单》

3.交际性，信息顺畅，情感交流

视频导入
Jack:Excuse me, is there a department store near here?
Jack:请问，这附近有没有百货商店？
Jack:Yes, there's a department store in Wang Fu Jing.
梁:有，王府井教有百货商场。
Jack:Where's Wang Fu Jing?
Jack:郎郡王府井又在哪儿？
Jack:It's to the east of Tiananmen Square.
梁:在天安门广场的东边。
Jack:Thank you.
Jack:谢谢。
Jack:You're welcome.
梁:不客气。

创设直观艺术设问

当代好课堂

本课堂问题来源教师交流材料

1.预设问题来源：源于主题学习，源于话题任务驱动
　　导出问题：引发思维提升、促进语言学习、促进语言运用。
　　提出问题：课堂导入的教学背景要与本课的教学主题聚焦

2.设问方法：要引领学生聚焦最想深入研讨的话题：话题链推进课堂

续表

02 任务驱动问题分析
了解——识记任务目标语言设问

（1） 生成问题：图片—观察问题和要点　　Where can we ...?

supermarket　department store　　　Mall 购物商场

get a pair of shoes

生成问题：图片—观察问题和要点　Where can we ...?

daily department store　　　buy snacks

（2）　　　　　Where can we ...?

观察：要学什么？　　　　　　　　　post office

拟生成的问题是什么？

buy some stamps
and post a letter

生成问题：图片—观察问题和要点　Where can we ...?

观察：已学什么？　　　　　　　　post office

拟生成的问题是什么？

buy some stamps
and post a letter

（3）　　　　　Where can we ...?

观察：要学什么？　have dinner/drink coffee/rest

Could you please tell me where we can ...?

拟生成的问题是什么？　restaurant

生成问题：图片—观察问题和要点 Where can we ...?

观察：已学什么？　restaurant

拟生成的问题是什么？ Could you please tell me where we can ...?

have dinner/drink coffee/rest

（4）　　　　　Where can we ...?

　　　　　　　　library

观察：要学什么？　borrow some books
get some information about the town

拟生成的问题是什么？ Could you please tell me where we can ...?

续表

生成问题：图片—观察问题和要点 Where can we …? 观察：已学什么？　　library 拟生成的问题是什么？ Could you please tell me where we can …? borrow some books / get some information about the town	（5） 生成问题：观察PPT的播放顺序 Where can we …? 观察：要学什么？ 　　　　　　　　　bookstore 　　　　　　Could you please tell me 　　　　　　where we can …? 拟生成的问题是什么？ get a dictionary get some books/postcards
生成问题：观察PPT的播放顺序 Where can we …? 观察：学会了什么？ 　　　　Could you please tell me 　　　　where we can …? 拟生成的问题是什么？ bookstore get a dictionary get some books/postcards	Where can we …? get some magazines buy a newspaper Could you please tell me where we can …? 创设环节艺术 *newsstand*
质疑无疑处生疑！ 察是在重点中唱歌！ 察是在难点中共鸣！ 创设环节艺术、创 设主题艺术、创设 直观艺术 察能凝聚育人力量！ 察可创造育人语境！ 察是多维育人频道！ 察	所谓"了解"课前问题导入可以包括3个层次，并形成递进性。 　　一是知道大致内容，尝试表达本义 　　二是说清基本内容，逐步学会大意 　　三是记住主要内容，精准运用目标语
设计恰当的问题一是体现教学目标所给的特征，二是来源研究和实践，我们发现教学设问主要体现在以下几个方面： 一、强化思维加工 　　具有讨论性和探究性的开放性问题，可提升学生核心概念、基础知识、生活阅历。 二、激发探究欲望 　　能够培养学生深度思维的设问，或者说引发学生高水平思维的设问，才能激起学生的探究欲望。 三、抓住内容实质 　　通过设问能够让学生透过现象看本质，聚焦某一个主题或者某一个任务的核心问题。	03 **任务层进问题分析** **理解**——跟进层级任务目标设问 

续表

(6) 生成问题：观察所给句式—观察画线部分顺序　索疑无疑处生疑设问！

观察：学会了什么？
礼貌用语—问路

拟生成的问题是什么？
感知宾语从句的语序和不定时短语的构成

1 B: Listen and answer
1. Could you tell me where I can buy some stamps?
   _____
2. Could you tell me how to get the center street?
   _____
3. Do you know where I can get a dictionary?
   _____
4. Could you please tell me how to get there?
   _____

观察：学会了什么？

拟生成的问题是什么？

1 B: Listen and answer
1. Could you tell me where I can buy some stamps?
2. Could you tell me how to get the center street?
3. Do you know where I can get a dictionary?
4. Could you please tell me how to get there?
5. Do you know when the bookstore closes today?

---

(7)

观察：学会了什么？
听后回答？
语块学习？

拟生成的问题是什么？
话题：问路—指路

Listen and answer
1. Could you tell me where I can buy some stamps?
   There is <u>a post office on the center street.</u>
2. Could you tell me how to get the center street?
   <u>You see that bank there.</u>
3. Do you know where I can get a dictionary?
   There is <u>a bookstore on the main street.</u>
4. Could you please tell me <u>how</u> to get there?
   <u>Get along center street and then turn left on main street. Then you will see the bookstore on the other side of the street.</u>

---

(8)

观察：学会了什么？
礼貌问路？
任务实践？

拟生成的问题是什么？
话题：问路—指路

2 A 2 B
1. Excuse me, can you tell me where I can buy some medicine?
   _____
2. Do you know how to get there?
3. Do you know when this shopping center closes tonight?

索疑在难点中共鸣！

观察：学会了什么？
礼貌问路——礼貌指路

拟生成的问题是什么？
话题：礼貌问路——礼貌指路

2 A 2 B
1. Excuse me, can you tell me where I can buy some medicine?
   There is a supermarket in the bookstore shopping center.
2. Do you know how to get there?
   Go to the second crossing and then turn left, then go past the bookstore. The supermarket is between the flower store and the bookstore. You should be able to get medicine there.
3. Do you know when this shopping center closes tonight?
   I'm not sure, but you can ask for Information over there.

---

(9) Listen again and fill in the blanks.

观察：学会了什么？
礼貌问路——礼貌指路

拟生成的问题是什么？
话题：礼貌问路——礼貌指路

The boy asks about a place 1 <u>to buy some medicine</u>. The other boy tells him to go to 2. <u>the supermarket</u> in the shopping center. He also tells him the way there: go to 3. <u>the second crossing</u> and then 4. <u>turn left</u>. Then 5. <u>go past</u> the bookstore. It's 6. <u>between</u> the flower store and the bookstore.

最想深入研讨的话题:形成话题链推进课堂

索疑在重点中唤醒处设问

所谓问题的"理解"，可分3个层次：
一是观察关键词，能说出几个关键词之间的关系，并用自己的语言准确复述相关知识的内涵；
二是观察清楚知识的来龙去脉，能表达知识的产生、形成和发展过程；
三是观察相关知识的条件，能用相关知识解决相应的问题，并归纳相关知识运用的一般规律。

索疑无疑处生疑！ 索疑在重点中唤醒！ 索疑在难点中共鸣！

04
话题设计探究设问
把握——创造、生成和重构设问

续表

Retelling 1.话题转述设问:Now you are asked to retell it to the class. The boy wants to know where he can buy some medicine, how he can get there and when the shopping center closes. The other boy tells him there's a supermarket in the shopping center. He also tells him the way there. But he doesn't know when the shopping center closes. He suggests he should ask for information over there. 宗旨凝聚育人力量！宗可创设育人语境！宗是多维育人渠道！	2.重构话题设问:Now, you are new here, how to ask others for your way out? **Make conversations about the other places in the picture in 2a.** A: Excuse me, do you know where I can get some postcards? B: Sure. Go to the second crossing. There's a bookstore between the bank and the supermarket. 本节课在这里结束引发问题探究
3.创设话题设问:Now you are lost, how can you find your way? A: Excuse me. I'm **afraid I got lost.** Can you show me the way to the station? B: I'm walking that way. Let me lead you the way. A: Excuse me, Where am I on this map? B: We are here, bus station, we are in the heart of the city. A: Oh! I think I'm lost. Can I go from here to the railway station? B: Head straight up the street about two blocks then turn left. A:对不起,我迷路了,请问您能告诉我去车站怎么走吗? B:我正朝那边去，让我给你带路吧！ A:对不起,请问我在地图上的什么地方? B:我们在这里,汽车站,我们现在在市中心。 A:噢！我想我迷路了。我能否从这里到火车站呢? B:顺这条街一直走过两个街区,然后左转。	4.创作话题设问:Now you are wrong parking, how can you find your way? 假如你是Dale,现在正停在公共车道,想开车去故宫博物馆,碰巧遇见Nancy，请写出一组情景对话 Dale : Excuse me. Could you tell me how to get to the Palace Museum? Nancy: You can take Bus 5. The driver will tell you where to get off. Dale : Yes, but I'm driving my own car. Nancy: Oh, then you drive along this street, turn right at the third crossroad, then take the first left. Keep straight on until you see a road sign that says "Palace Museum", and then you follow the sign. It will direct you to the Palace Museum. Dale : Drive along this street, turn right, turn left, keep straight, and then I'll see the road sign? Nancy: That's right. Dale : Are you sure that I won't bump into any one-way streets? Nancy: Well,...I don't think you will...I don't see any car around here. Where is your car? Dale : I parked it over there. You see? Nancy: Oh, no. You'd better move it before a policeman sees you parking there. Dale : Why? I don't see any "No Parking" signs. Nancy: But you're parking in a bus zone. Dale : Here comes a policeman. I'd better run....Thank you, miss....Oh, by the way, how long will it take for me to get to the museum? Nancy: About half an hour. Dale : Thanks again. You've been very helpful. Nancy: Hurry up, or you'll get a ticket.
5.续写/表演话题设问:Now you are lost, how can you find your way? A: Excuse me. I wonder if you could help me. I'm looking for the Museum. B: Boy, you are lost. It's across town. A: ... B: ...	6.故事创作设问:Now you are lost, how can you find your way? One day, Bill has to go to New York. It is his first time there, and he doesn't know his way around the city. He has a meeting at 10 o'clock, and he wants to be there on time. The meeting is in the Peters Building on 34th Street, but Bill doesn't know the way. At that time Bill meets two men and he asks them for directions. "Excuse me!" he says, "Can you tell me how to get to the Peters Building on 34th Street?" "Sure," answers one of the men "You can get there in five minutes. Go to the next corner and turn left. Walk three blocks and there you are." But the other man says, "Don't listen to him. There's a better way. Get on the bus here at this corner. It stops right near the Peters Building." Then the first man says, "Oh, that's on East 34th Street, not West 34th. It's quite a distance from here. You must take the subway." But the second man tells Bill, "No, don't go by subway. Take the crosstown bus." Bill looks at his watch. It is almost ten o'clock. "Thanks a lot," he says, "I think I should take a taxi." He gets into the taxi and leaves. But the two men are still arguing and pointing in different directions. Next time he needs to ask directions, he should ask a policeman!
	所谓设问"把握"有以下几个层次： 一是表层：能比较知识列表，并与相关知识进行联系和区别，根据已知知识联系设计1～2个问题； 二是同层：能搞清同类知识的异同以及不同知识的联系，为总结知识形成规律设问问题； 三是深层：能运用相关知识解释生活中相关现象和学习中出现的新现象、新问题，能够根据相关知识改编相应的对话，并根据规律创编主题活动。
	 That's all. 主讲人：马成震

案例4：生命教育，奉献祖国

——中学英语"情境教学"课例分析

新课标明确指出：让学生学习生活中的英语，感受英语与生活的密切联系，并且能够用英语知识解决生活中的实践问题。因此通过观察感受有益的体验积累非常重要。

好的情境设计就是激发探索的欲望。苏霍姆林斯基曾经说过："在人的心灵深处都有一种根深蒂固的需要，就是希望自己是发现者、研究者、探索者。而在儿童的精神世界中，这种需要更加强烈。"学生的创造性思维，只有在积极主动的学习过程当中才能得到最好的发展。因此教师要善于创设一些特定的情境，激发学生的好奇心和解决问题的强烈愿望，诱发学生的创造动机，使学生积极投身到创造性的学习中。本文通过情境设计的"聚焦""包括"表现其价值和意义。

1. 聚焦

情境设计主要聚焦学科融合。新课程基本理念告诉我们要软化学科边缘，实现学科的整合教育要以人的发展为目标，关注学生的持续发展，培养全面发展的综合性人才。

（1）合适得当。

情境教学能帮助激活学生原有的情感认知能力和情境创造与知识提示密切联系的能力，要遵从相关性原则，目的性和针对性原则，直观性和启发性原则，教育性及趣味性原则。

例如《牛津版·实用英语·Just One of Those Things, An Accident》，一开始教师出示一把手枪，这对中国学生来说更直观，同时让学生一下子明白本节课的学习内容与手枪有关，这样让学生在很短的时间内产生了关注力，也突出了本课的主题学习内容，相比用语言交代可起到事半功倍的效果。

学生很快集中注意力，对接下来的故事情节很感兴趣，很想知道手枪事件的原因、后果。为此，赋予情境一个完整的故事情节，引领学生亲自体验，从不知其奥妙或者带着好奇参与进来，在获取意识驱动下，逐步形成想知道秘诀的冲动和愿望，形成初步的意识，从而解决问题所产生的作用和威力。

（2）创意高效。

好的情境能促使学生多讲，从而讲出高效。要想让学生在课堂上张开口，就需要组织一些活动课，通过参观、调查、表演、模拟等新颖的活动，创设活动的情境、活动的情感以及活动的情趣。

再如《牛津版·实用英语·Just One of Those Things，An Accident》一课阅读学习，在阅读文本的基础上，组织了"假如……他就会……"系列活动，通过学生在不同角色下的模拟、体验，恰到好处地学会了如何保护自己和他人的生命，在真实的情境中完成了虚拟语气的学习。

再如《如果他做了……，他就会……》

—Now, if you were Timmy, would you tell us how to escape the death?

—If he had done..., he would have...

创意情境设计：首先组成主题学习组，学生以不同的访客角色完成任务条、展示卡、讨论卡、公平假，逐步形成"思维碰撞卡"；然后把"思维碰撞卡"在小组之间相互交换，相互批注小组的思考、建议；最后传回原来的小组，进而激起本小组对该问题的二次探究。这样小组之间"知己知彼""唇枪舌战"的展示、必定精彩纷呈。

（3）过程体验。

所谓体验就是亲身经历。开展小组活动、活动课等正是基于这一价值创造的！只有参与活动才能拥有体验；只有不断参与活动才能拥有个性化和主观性的体验，更好地克服日常体验的不足。正如毛泽东主席曾经说过的"实践出真知"。

再如《牛津版·实用英语·Just One of Those Things，An Accident》，"I do wish that they didn't play with guns！我真希望他们不要玩枪！"形成了学生发自内心的愿望，表达出自身的真实情感，让生命教育活动达到了更高一层的情感交流。

这样的体验式学习，是真正把学生作为学习的主体，学生置身某种情境或场合，以一切感官作为媒介，用全部的心智去感受、关注、分析、评价等，从而获得某种知识、技能、情感，或加深对原有知识、技能情感的认识，进而影响其态度、价值观。

2. 包括

（1）"情境教学"——从"情"到"境"，寓情境体验中。

"情境教学"对培养学生情感、启迪思维、发展想象、开发智力等方面确有独到之处，是对学生进行生命教育的机制。

《牛津版·实用英语·Just One of Those Things, An Accident》主要想从生命教育的角度，帮助学生认识生命、尊重生命、珍爱生命，促进学生主动、积极、健康地发展生命，提升生命的质量，实现生命的意义和价值，最终树立正确的人生观，领悟生命的价值意义，进而以个体生命为着眼点，在与自我、他人、自然建立和谐的关系过程促进生命和谐发展！

情境教学示例（一）

（2）"情境教学"——从"情"到"辞"，寓文本体验中。

师生根据课文所描绘的情境，创设出形象鲜明的投影图画片，辅之生动的文本语言，再现事件所描绘的情境，引导学生学会生存。

- 情境对比点1：聚焦问题——Is Timmy Black killed by the gunman? 引发思考的语境和问题——死亡前后！

- 情境对比点2：聚焦文本——Police said the bullet almost missed Timmy, it flew past his face but ricocheted off metal in the ceiling and struck him in the head. Timmy died instantly. Police ruled out suicide, foul play and brought no charge. 体验枪击事件的景象转述——语言"心理场"！

（警方表示，子弹几乎没有击中蒂米，它飞过了他的脸，但弹回到天花板上的金属上，击中了他的头部。蒂米当场死亡。警方排除了自杀和谋杀的可能性，也没有提出指控。）

- 情境对比点3：文本生成——枪击事件的悲惨局面！

Ⅰ. What was Timmy Black at school?（蒂米·布莱克在学校是干什么的？）

Ⅱ. What happened to Timmy and Mr. Black on the last day?（蒂米和布莱克先生在最后一天发生了什么事？）

Ⅲ. What changes were on his family after Timmy's death?（蒂米死后，他的家庭发生了什么变化？）

情境教学示例（二）

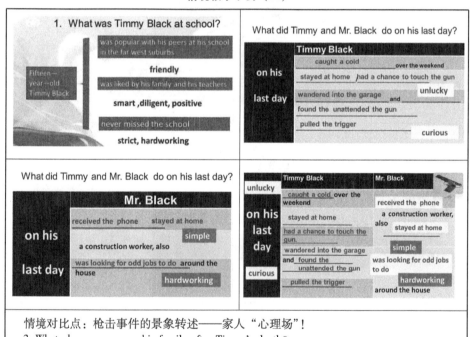

情境对比点：枪击事件的景象转述——家人"心理场"！

3. What changes were on his family after Timmy's death?

His family still won't talk about that awful day. His young sister never smiles and the twinkle in her eyes has gone.（蒂米死后，他的家庭发生了什么变化？他的家人仍然不愿谈论那可怕的一天。他的妹妹从来不笑，眼里的光芒也消失了。）

当今世界瞬息万变，我们要让学生用与时俱进的眼光看到周围社会环境的变迁，不断学习，不断充实，不断更新，让生命不断顺应变革的社会，珍爱生命，并有能应对突发灾变的能力。

（3）"情境教学"——从"情"到"理"，寓换位体验中。

情境教学是以生动形象的场景，激起学生学习和练习的情绪和感情的体验，通过教师的语言，把情感寓于教材内容之中，在课堂上形成一个广阔的"心理场"！

主要聚焦换位思考，生命教育形成"心理场"。

- 情境对比点1：枪击事件的景象转述——主题重现！

Can you think of another title to replace the one with your sentence?

Just One of Those Things, An accident—A Young Man Accidently Killed Himself with His Father's Gun—A Kid Accidently Killed by Gun—An Killing Accident—An Accident

- 情境对比点2：枪击事件后角色"心理场"！

现在，如果你是蒂米，你能告诉我们如何逃脱死亡吗？如果他做了……，他就会……

—Now, if you were Timmy, would you tell us how to escape the death?

—If he had done..., he would have...

情境教学示例（三）

Timmy wandered into the garage and found the unattended the gun. 蒂米溜进了车库，发现了那把无人看管的枪。	If he hadn't caught a cold, he wouldn't have stayed at home. 如果他没有感冒，他就不会待在家里了。
	If Timmy hadn't had a chance to touch the gun, he wouldn't have been killed then. 如果蒂米没有机会摸到枪，他就不会被杀了。
	If Timmy hadn't wandered into the garage, he wouldn't have found the unattended the gun. 如果蒂米没有溜进车库，他就不会找到那把无人看管的枪。
Timmy Black pulled the trigger and he was killed. 蒂米·布莱克扣动了扳机，结果被击毙。	If Timmy Black hadn't pulled the trigger, he wouldn't have been killed. 如果蒂米·布莱克没有扣动扳机，他就不会被杀了。
The telephone rang and Mr. Black received the phone. 电话铃响了，布莱克先生接了电话。	If the telephone hadn't rung, Mr. Black wouldn't have received the phone. 如果电话没有响，布莱克先生就不会接电话了。
Mr. Black cleaned his gun and Timmy had a chance to touch the gun. 布莱克先生擦干净了他的枪，蒂米有机会摸了摸枪。	If Mr. Black hadn't cleaned his gun, Timmy Black wouldn't have had a chance to touch the gun. 如果布莱克先生没有清洗他的枪，蒂米·布莱克就没有机会摸枪了。
Suppose you were friends or neighbors of Blacks, what suggestions should you make? 假设你是黑人的朋友或邻居，你应该怎么建议？	I suggest that we should do... 我建议我们应该做……

生命教育就应该寓于换位体验中，先后通过阅读和重构题目、阅读和换位思考帮助学生理解尊重生命的多样性，懂得关心人类的危机，创造人类美好的未来。

（4）"情境教学"——从"情"到"全面"，寓文化体验中。

主要聚焦文化差异，知、情、意、行融成一体。

情境对比点：枪击事件引发学生自主发展"心理场"！

情境教学示例（四）

1. I suggest that we should be careful with our daily life, valuing our lives, especially the life of the people around us!

2. I suggest that we should carefully value our life, showing our deep love to the people around us!

情境教学的宗旨：教会学生生存，教会学生自主管理！

①认识与体验相结合，生命教育就要对学生进行知识的传授。

②引导学生贴近生活，体验生活。在生活实践中融知、情、意、行为一体，丰富人生经历，获得生命体验，拥有健康人生。首先课堂通过创设情境，教育学生不要玩枪，不要玩危险的物品，以免丧失自己的生命，永离家人。然后以通知的形式让学生深入文本，在情境体验中感知生命的价值！最后借助格言，让学生在读题目、读文本、练写作、解谚语，反复读、反复思、反复换位中思考人生的意义，生命的意义。

情境教学示例（五）

VI. Suppose you have a lot of friends or neighbors of Blacks, what wishes should you offer? 假设你有很多黑人的朋友或邻居，你应该提出什么愿望？

I do wish that they didn't play with guns! 我真希望他们不要玩枪！

How I wished Timmy Black could be brought back to life! 我多么希望蒂米·布莱克能起死回生啊！

How I wish Timmy Black could come back to life!

我多么希望蒂米·布莱克能活过来啊！

续表

你受学生会委托为校宣传栏"英语天地"写一则通知，请大家观看英语短片《Just One of Those Things, An Accident》，内容包括： 1. 短片内容。 2. 放映时间、地点。 3. 播放短片的理由。 注意：1. 词数100左右。 　　　2. 可以适当增加细节，以使行文连贯。	Love yourself! Never let it go off! 生命是单程路，不论你怎样转弯抹角，都不会走回头，你一旦明白和接受这一点，人生就简单得多了。——穆尔 Life is a one-way road, no matter how you change, which will not go back. Once you understand and accept it, life was much simpler.
Love your family! Never let it go off! 爱你的家人！永远不要让它爆炸（消失）！	把每一个黎明看作是生命的开始，把每一个黄昏看作是你生命的小结。 ——罗斯金 See every dawn as the beginning of life, see every evening as the summary of your life.
Love your motherland! Never let it go off! 爱你的国家！永远不要让它爆炸（消失）！	生命很快就过去了，一个时机从不会出现两次。必须当机立断，不然就永远别要。——罗曼·罗兰 Life passed quickly, a timing from it won't appear twice. Act decisively, or you don't want to.

　　情境教学，具有很强的真实性、开放性、深刻性和持久性。情境教学从"情"到"境"，从"情"到"辞"，从"情"到"理"，从"情"到"全面"的辩证关系，创设了典型的场景，激发了学生的学习热情。

　　创设情境就是营造良好的学习氛围，是一节课成功与否的基础，也是学生是否学习有效的保障。再就是创设合适的情境，良好的情境设计就是丰富生活体验。现代教育理论认为教学体验应该从学生的生活体验和应有的背景出发，提供给学生充分进行学习实践活动和交流的机会，使他们真正理解和掌握学科知识、学科方法和广泛的学科经验。

第四章　四秩春秋　弦歌不辍

 课程科研素养

教育教学中，我们常常欣赏的一句话是："提出一个问题，往往比解决一个问题更重要，因为解决一个问题，也许仅是一个数学上或者实验上的技能而已，而提出新问题，从新的角度去看问题，就需要有创造性的想象力，而且标志着科学的教育教学真正进步，即科研素养的提升与进步。"

新时代背景下，教师已经不再是知识传授者、知识占有者、课程执行者以及封闭式校园型教师的角色，而是集学生学习的促进者、教育教学研究者、课程建设者与开发者和开放式社区型教师于一体的专家。

成果 1：探究人机互动渠道，提升听说高效学习策略

> **摘要：** 随着 2019 年 9 月国务院有关英语听说考试制度方案的出台，英语课堂应越来越回归语言学习的本质，不仅注重语言学习的实践性和应用性，更应注重语言学习的人文性。因此，人机互动听说教与学的重要性日益凸显。笔者通过进行实践、问卷调查访谈和参加龚亚夫老师、刘静老师两位专家的国家级课题，逐步了解学生发展中的听说问题并进行有效归因，在此基础上针对学生在人机互动听说中的生词理解问题和记录关键信息慢、无，尤其是朗读得分低等主要问题进行行动研究，探讨人机互动听说教学的有效策略并取得了一定的效果。
>
> **【关键词】** 人机互动　学习策略

一、问题的提出

1. 落实英语课程标准要求

最近几年，随着技术的不断创新，一系列基于人机互动语言学习与测试系统的开发和研究得以实施，英语课堂越来越回归语言教学的本质，更加注重语言学习的实践性和应用性。因此，人机互动听说课堂教学的重要性日益凸显，它不仅承载着语言技能工具性，又是最常用的交际方式。所以，人机互动听说的有效归因和策略指导应该成为教师重视的问题。

2. 紧跟时代考试改革精神

根据国务院高考改革框架性过渡方案的变革精神，英语重点考查学生的语言实际应用能力，高考内容发生变化，分值提升。英语学科要突出语言的实际应用，帮助学生建立符合英语学科教学要求的人机互动语言听说学习平台，通过平台实现对于学生英语学科教与学过程的行为数据记录、分析，进而基于学习者分析教学中人机互动系统，促进语言习得实际效果。

二、理论依据

1. 基于学习策略

《英语课程标准（2017 年版）》明确指出，强调学习过程，重视语言学习的实践性和应用性，提倡采用既强调语言学习过程又有利于提高学生学习成效的语言教学途径和方法，鼓励学生在老师的指导下通过体验、实践、参与探究和合作的方式，发现语言规律，不断调整情感态度，形成有效的学习策略，发展自主学习能力。学生形成有效的学习策略对于提高学习效果十分重要。

2. 基于中学英语新课标增"学业质量"部分学习策略，设置三个水平，实施学分制课程管理体系和自主选课

学业质量（水平一）

序号	水平一：质量描述
1-1	在听的过程中，能抓住日常生活语篇的大意，了解主要事实、观点和文化背景
1-2	能根据重音、语调、节奏的变化，理解说话人所表达的意义、意图和情感态度
1-3	在听的过程中，能注意到图片、符号、表格、动画、流程图等传递的信息
1-4	能简要地口头描述自己或他人的经历，表达观点并举例说明
1-5	能口头介绍中外主要节日等中外文化传统和文化背景
1-6	在口头表达中，能根据交际场合和交际对象的身份，选择恰当的语言形式（如正式或非正式方式），表达意义、意图和情感态度，能借助手势、表情、图表、图示等非语言手段提高表达水平
1-7	能通过重音、语调、节奏的变化，表达特殊的意义、意图和情感态度
1-8	能通过重复、解释、提问等形式，克服交际中的语言障碍，保持交际的顺畅

3. 基于学生需求

（1）问卷调查。

为了更好地归因分析造成学生人机互动听说理解障碍的原因，我们针对不同学校的232名学生进行了问卷调查，问卷共设计了九个问题，调查结果如下。

调查数据统计

调查内容	问题1	问题2	问题3	问题4	问题5	问题6	问题7	问题8	问题9
选"是"人数	139	155	135	128	128	193	142	123	188
所占比例	60%	67%	58%	55%	55%	83%	61%	53%	81%

（2）数据分析。

通过调查统计，我们发现，在九个问题的调查中，学生对每个问题选择的百分比均超过50%。可以看出，学生在人机互动听说方面的问题还是比较多，而且分布比较广。这说明学生的听力理解迫切需要提升，老师需要对这些问题引起足够的重视并逐一解决。同时，学生感到问题比较突出的内容主要集中在

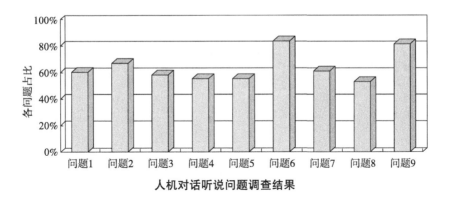

人机对话听说问题调查结果

两个问题上：人机互动听说的单词理解难和关键信息记录慢。

（3）学生访谈，正确归因。

学生在听说机考上为什么会出现这么多的问题？对问卷进行分析后，我们针对听力中的单词理解难和关键信息记录慢这两个主要问题又进一步对学生进行了面对面的访谈。其原因主要归结为以下几点。

1）单词理解难的原因。

一是学生语音知识匮乏。学生语音的掌握情况，会直接影响他的听力理解水平。如很多学生对听力中有很多连读及不完全爆破感到特别不适应。二是学生的读音不正确。三是缺乏足够的单词储备。四是很多学生不能根据上下文及文中的逻辑关系猜测词义，缺乏猜词技巧。五是追求完美，想听懂全部人机互动听说材料的内容。

2）记录关键信息慢的原因。

通过课堂观察，我们发现，学生缺乏记录关键信息的技巧。很多学生在记录过程中都是记录下完整的单词或是句子，导致没有听到后面的信息，从而对听力材料缺乏全面的理解，导致听力理解失败。

系统记录信息分析

生一：基础篇朗读

第一遍 7.00 分
第二遍 7.37 分
第三遍 7.43 分

续表

生二：基础篇朗读 第一遍 5.3 分 第二遍 6.4 分 第三遍 6.5 分			
D 生三：提高版朗读 第一遍 7.0 分 第二遍 7.2 分 第三遍 7.3 分	Z 生三：提高版朗读 第一遍 5.7 分 第二遍 6.8 分 第三遍 7.0 分	F 生三：提高版朗读 第一遍 6.7 分 第二遍 7.2 分 第三遍 7.6 分	M 生三：提高版朗读 第一遍 5.3 分 第二遍 6.2 分 第三遍 7.1 分

同时，从访谈中我们还发现，学生元认知水平对人机互动听说理解也有非常大的影响。很多学生都说希望老师多指导、多教方法，缺少调整自己的学习方法和水平的主动性，学得比较被动。只是被动接受学习，一切等老师教，也是影响学生人机互动听说水平的因素之一。

综上，我们可以得出，学生对如何处理人机对话听说材料缺少具体、有效的解决策略，缺乏主动调整和管理自己的学习过程的意识。所以，加强人机互动听说教学的策略研究和推动学生主动学习应成为我们今后教学的方向。

三、践行人机对话教学策略

1. 如何记录关键信息

"关键信息记录慢，影响后面听的内容"是学生反映较为集中的问题。针对这一点，教师在教学设计中，就应渗透策略的指导，并加强针对性练习。下面结合一些课例进行进一步说明。

（1）听前铺垫，合理重构。

例：人教版九年级 Unit8 Section A 听说活动

Task 1：Listening and guessing games.

① _____ Can you tell what it is?

② _____ It must be _____ . (three birds) / _____ It might also be _____ . (a female face)

Task 2: Listen and answer games.

| What kind of animal is it? | Can it be a cat? | It can't be a cat. | It may/might/could be a tiger. |

人机互动听说材料中涉及的网络知识较多,学生们由于中英文的认知不能很快进行重构,所以对理解人机互动听说材料有一定的难度。若要对其中的关键信息进行记录,难度就更高了。为了帮助学生准确有效地获取并记录关键信息,教师可采用如下的步骤重构。

1) 给出图片,进行预测和听说。

Predict:Bob and Anna found a backpack at the park. —What's in the schoolbag? —It...

Listen:—What's in the schoolbag? —A school T-shirt, a hair band and tennis balls.

2) 给出任务,分层次完成目标。

第一步:信息预测。通过 Task 1 的练习,引导学生思考"当谈论人物推测的时候应该关注什么?"教师可以通过提问的方式引导学生的思维。例如:

—Who could it be? —Can you tell me who it could be?

—Do you think it must belong to Mary? —It must.

这样会引导学生关注活动信息以及相关内容。

第二步:搭建台阶,做好铺垫。主听 questions or things,引导学生听出主要的物品。

在第一步的基础上,可以在第二问答中说出 Whose is it? 学会任务中目标语的准确使用。

第三步:再次播放录音,记录关键信息。

有了前两步的铺垫,学生在进行信息记录时,正确率就比较高了。在答案错得较多的项目中可以将一些关键词加粗或描红,以便进行专项训练。

(2) 听中速记,边听边记。

在对人机互动听说材料的内容有了充分理解的基础上,不能忽视对学生速记能力的培养。可以提醒学生在听的过程中,用最省时间的方法做记录。比如长单词只写前 3 个字母,做标记,画图都可以。听完整篇之后,再检查正确的拼写等。

例:Unit 8 It must belong to Carla.

首先将课本提供的听力活动表格进行加工,使之更加能够突出话题的功能与表达。

Task 3: While – listening

1B Listen and discover: Whose volley is this?

at the picnic 在野餐
have a picnic 进行野餐
go to a picnic 去野餐
go for a picnic 去野餐

J. K. Rowling is the writer of Harry Potter series(哈利·波特)

Questions or things	Whose is it?	Reason
Whose volleyball is this?	It must be Carla's	She loves volleyball.
How about this toy truck?	The toy truck must belong to Jane's little brother.	He was the only little kid at the picnic.
magazine	And the magazine must belong to Deng Wen.	He loves rabbits.
book	The book must be Mary's.	J. K. Rowling is her favorite writer.
How about this CD?	The CD must belong to Grace	She always listens to pop music.

本课的单词拼写比较复杂，比如物品类词汇等，如果拼写不熟练，就会耽误很多人机互动听说的时间，分散注意力，造成词块信息记录的缺失。此时，可以教给学生一些速记的方法，比如可以用 v 替代 volleyball，用箭头替代 toy truck，用 m – g 替代 magazine 等，尤其是填写理由需要两个或两个以上的词时，速记的方法大大提高了信息记录的速度，也提高了准确度。

（3）听说整合，突出话题功能。

例：首先要给出目标语（The… must be…，because…），然后示范学习任务（The volleyball must be Carla's，because she loves volleyball），最后给出图片，引领学生完成任务。

   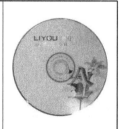

课堂教学图片（一）

《Unit 8　Section A　It must belong to Carla》的听力材料主要讲述了为丢失

物品找失主，引导当今青少年关心同学、珍惜友谊。但是教材提供的人机互动听说活动不能使学生充分地体现话题功能。为此，在教学中增加了一个填表格的活动，通过记录图片的关键信息，更好地加深对听力材料的理解，以及通过整合相关话题短语强化语言的功能表达。这样也可以和听说机考话题材料和试题题型合理衔接。

（4）听中学词，拓展阅读。

例：在听说训练的同时，还要引领学生不断学习生词，同时依据听说中 J. K. Rowling 推荐学生上网查阅相关内容后的背景知识，推荐有兴趣、有能力的学生阅读 *Harry Potter*，开展故事讲述。

课堂教学图片（二）

从表格中 at the picnic 等短语横行与纵列的观察对比，可以进一步检查所记录的信息是否合理正确。另外，由于在记录信息的过程中，需要采用速记的方法提高效率，在听后环节就更应该独自或者与同桌互动仔细检查拼写、词法、语法是否正确等细节。

（5）创设安全环境，降低学生焦虑情绪。

克拉申（S. Krashen）的情感过滤假说认为，能使学习者的焦虑情绪得到缓解的环境才是最佳的语言习得环境。因此，在教学过程中，尤其是人机互动听说教学过程中，教师要尽量避免学生产生焦虑情绪。可以在提问时采用自愿回答，用不同意见做补充；部分问题也可以让全班同学一起大声回答，老师根据总体反应了解学生的接受情况，可以给予优秀者加分，如优秀笔记标兵、优秀课堂效果标兵等。在同桌相互核对答案之后，再请个别学生公布答案，也是可以让学生降低焦虑的方法。学生心理的稳定，是提高听力效果的前提条件。

课堂教学图片（三）

2. 听说朗读中的生词如何猜测和正确朗读？

（1）猜测和朗读专有名词。

如果听力材料中出现的是人名、地名等专有名词，学生只需明白这些是个人或者地方即可。试题涉及相关内容，则需参考题干和选项，认真辨别这些名词；材料中出现这些名词，题中不涉及有关内容的可以忽略不计，但朗读时要注意识别。平时应加强积累西方地名。

（2）关注下句解释。

听力材料中经常会出现名词的同位语，或者下一句对上文中的某个重要部分进行解释。通过这两个给力的信息，听者也可明白生词的基本含义。

W：I think that show stars have a really easy life. They have a lot of money, so they can buy almost anything they want. They are famous, so everyone loves them.

M：I think they must have horrible lives. All the paparazzi take photos of them wherever they go and whatever they do. They must get sick of it.

在这里，联系上下文能够猜到 paparazzi 是类似于粉丝之类的人即可，当然，如果通过最后一句，能够猜出是"令人厌恶的狗仔队"那就完美了。

W：It was late, then.

M：I have no impression how he went home, perhaps by bike.

根据同位语中表示疑问的 how，再加上后面的 perhaps，应该能够猜出 have no impression 为 don't know 的含义，基本上等同于 have no idea。

In Jordan, three victims of the strike, one police hit by stone and two men hit by rubber bullets, were wounded.

one police hit by stone and two men hit by rubber bullets 是 victims 的同位语，是"袭击"中的受伤者、受害者。

（3）把握上下文。

听后转述，最重要的是紧扣主题。关注二级目标和要点信息上下文的地点和要做的事情等有关信息，可以猜出某些生词的基本含义，但需要听者有一定的逻辑推理能力。

M：This stew is delicious. I'd love to be able to make it myself.

W：Why not? You can get all the ingredients at any supermarket. Here, let me get a pencil and paper.

通过 delicious，可以猜出是某种食品，通过 make it myself，可以进一步猜出是可以自制的食品；通过 get 和 at any supermarkets，可以猜出 ingredients 为超市里可以买到的做食品的原材料。

（4）巧辩词块。

用同义词和近义词是文中最常见的现象。在生词的后面紧跟一个或者几个同义词，既避免了词汇的贫乏，同时又是对生词的进一步阐释。

> The castle was located at the top of a beautiful mountain. The building was large with high and thick walls. As the palace for the king, it was well protected during wars and battles.

根据后两句的 building 和 palace，再加上其他细节的帮助，基本上可以猜测 castle 为一座城堡。

（5）把握话题。

话题是 2017 年新课标英语学科核心六要素之最，也是帮助听者理解人机互动听说内容比较重要的一个支撑点。

1）盲听，抓四要素。

平时我们要有话题意识，在以"What is it mainly about?"扩大自己知识面的同时，要条理清晰，中心明确。

2）精听，抓住词块和目标语。

在盲听抓四要素的基础上，要注意按照话题去总结话题词汇，最好把同一个话题的词汇总结在一个本上，且时常添加；然后听录音时要积极从大脑中提取平时积累的相关话题知识，从大类开始，通过听力材料细节内容，逐渐细化到具体的准确的信息。例如由动物开始，可以推出是陆地动物还是海洋动物，海洋动物中的大型动物还是小型动物，是高速游动还是缓慢爬行类，等等，这样可以大致猜出其名称。

（6）善抓主旨。

很多情况下，人机互动听说材料中的生词并不影响对中心大意的理解，或者与考试的试题无关，这就要求听者第一要养成人机互动听说理解的大局观，抓住中心意思，不拘泥于无关的小细节，第二要先看试题，抓相关的关键信息，不去理睬或者"无视"那些"无关（试题）痛痒"的"鸡毛蒜皮"的"累赘"。

> —How will the woman go to the train station?
> —On foot. /She will go there on foot. /She will go to the train station on foot. /She will walk to the train station. /She is walking there. /The woman will go to the train station on foot. /The woman will walk to the train station.

回答时首先要抓住问题中主旨信息，即主要的人、主要的事和语境，尽快将 how 与 on foot，go there on foot，walk to the train station，walk there 联想在一起，还要关注对话语境，与 will 和 is walking 进行勾连。

（7）理解人物。

讲话者的语音语调、口音、发音方式等都可以给我们带来一定的背景支撑。这是书面文字很难传达给我们的有用信息。例如，从英语的发音方法基本上可以得知讲话者的国籍等。

> —What does the girl like doing in her free time?
> —Drawing pictures. /She likes drawing pictures. /Nancy likes drawing pictures. /Draw pictures. /Drawing. /She likes drawing. /Nancy likes drawing. /Painting/She likes painting/Paint.

材料中的 Drawing pictures，Drawing 和 She likes painting，Paint 很明显是近义表达。在听后回答中要学会主要内容完整表达法、简答法和重构法。更重要的是将 Nancy 和 she 联系起来。

对一个人的行为表示惊讶，难以置信时，结合问句形式，经常用夸张的升调等。

> You have been eating only carrots and fruits? Are you crazy?

（8）联系背景。

根据背景声音判断词义，例如，婴儿降生时的哭声、人的笑声、敲门声、输入文字时的键盘敲击声、拨电话时的按键声、汽车的刹车声、机场飞机的起飞或者降落声、人在疾跑之后的喘息声等。这样可以判断出人物关系、时间或者地点等相关信息。

四、人机互动听说教学实验效果

通过一段时间的听说策略教学，我们分别进行了教学后的访谈和后测，也有了一定的收获。

1. 策略在手，效率提升

人人动手、笔记不停。学生在学习了猜词和记录关键信息的策略后，很多学生在调查中提到，以往的人机互动听说学习，由于缺少方法，导致无法听懂听力材料。一个学生在学习之后恍然大悟："原来不必追求听懂材料中的每一个词就可以理解听说内容，记录时也不必把每一个词记录完整。真是'山重水复疑无路，柳暗花明又一村'。从此不再惧怕听说。"

2. 策略在手，素养提升

人人开口、人人听说。很多学生都感到自己的听说水平提升了很多，不再为听后不会读、听后不会说而特别烦恼。有的学生说："人机互动听说课堂不再是恹恹欲睡，而是跃跃欲试，磨刀霍霍。"

3. 策略在心，成绩提升

人人行动、争先恐后。在行动研究后，我们对学生进行了后测，并与非实验班级进行了对比。

我们先分析了开学时的听说成绩。

听说效果对比（开学）

听说满分	实验班均分	非实验班均分
40 分	22.7 分	23.28 分

从上表可以看出，实验班与非实验班的成绩差距是 0.58 分，两组成绩数据几乎持平，没有明显的差距。经过 6 个月的实验，本次期中考试听力成绩对比有了较大变化。

听说效果对比

听说满分	实验班均分	非实验班均分
40 分	33.9 分	31.8 分

虽然两组数据都比 1 月成绩有了提升，但是相互间的差距较大。实验班的成绩与自身比较提高了 11.2 分，比非实验班的成绩提升更明显。

4. 策略在心，聚力提升

人人向往、人人交流。在人机互动听说训练过程中，班级学生，甚至跨班学生逐步形成互帮 2~3 人小组、兴趣团队，师生或生生之间的关系更加和谐，提升了学习效率，形成了层层友谊，"你帮我、我帮你"的氛围悄然而至。

五、人机互动听说教学展望

随着打破一考定终生的教育改革力度的加大，未来的英语教学必将会发生重大的改变。因此，教师在今后的教学中应该注意以下几点。

（1）基础关。

充分重视语音知识，打好语音基础。细化学生发音方法、发音规律、语音语调、单词构成等方面并扎实推进英语语音教学，弥补以往重书面知识教学轻语音教学的缺憾。为此，引进原汁原味的影音，让学生充分模仿、感悟，形成良好的语感，向标准流利的英语口语迈进。

（2）技能关。

细化听说教学策略，加大语言的实践量。未来的英语教学一定是更加注重交际和实践中应用的教学，人机互动听说研究将会成为英语教学的主要方向并逐步在中高考中显得尤为重要。作为改革弄潮中的英语教师，应细化英语听说中的各种策略，引导并带领学生不断尝试各种方法，不仅学会倾听，更懂得如何交流，使人机互动听说成为学生学习语言的乐趣。

（3）平台关。

特别是随着人机交互系统走进课堂、走进师生，我们要更加认真研究如何有效利用 We–speak、Learn–to–speak 这些系统开展中小学英语听说，有效提升教学效果。

附录：学生调查问卷

	是	否
1. 人机互动语速太快	（ ）	（ ）
2. 人机互动有发音相似的单词，意思相混淆	（ ）	（ ）
3. 缺乏人机互动听说材料中的历史和文化背景知识	（ ）	（ ）
4. 不适应人机互动听说材料中的语音语调	（ ）	（ ）
5. 受母语影响，边听边翻译，不能全面理解互动材料意思	（ ）	（ ）

6. 人机互动听说材料生词似是而非,听不懂 （ ）（ ）
7. 缺乏对人机互动听说材料的逻辑关系进行推理、判断的能力
 （ ）（ ）
8. 听的过程中紧张、焦虑 （ ）（ ）
9. 关键信息记录慢,影响后面听的内容 （ ）（ ）

成果2：探究文本主题意义，促进学生发展核心素养

一、问题提出

（一）背景

1. "核心素养"诞生之需

2016年9月，教育部《中国学生发展核心素养》总体框架向社会正式发布，引起强烈反响，其中，如何将"核心素养"与教学实际有效对接，更为广大一线教师所关注。一时间"中国学生发展核心素养"成了我国基础教育改革的关键词。

中国教育学会副会长张绪培指出："将课程目标定位在核心素养上，教师将面临许多挑战，要进行许多尝试，但是这些改变和尝试不可能完全靠自动性、自觉性、完全凭教师的摸索。"张绪培副会长还指出："如何使教师的探索与尝试规范、长久，评价是个可行的手段。"

2. 区级学科督导发展之需

对于海淀学科督学而言，构建与核心素养相匹配的新型评价，既紧迫，也更有挑战性。我们需要有全新的视角和思路，从更宏观的视野，树立新的评价理念，形成新的评价机制，创新评价模式，构建促进学生全面健康发展的新型评价体系，切实发挥学科督导的推进作用，切实促进核心素养落地。

3. 落实精准督学全覆盖之需

为了落实海淀区督学"精准督学"全覆盖，初中英语督学团队为了落实精准督学，在督学的过程中尽可能达到全覆盖，在总督学的带领下创新三个"一督三"督学新举措：第一个"一督三"，即一个督学听三节课并面对面与三名讲课老师交流访谈；第二个"一督三"，即一个督学到一所学校要覆盖三个年级；第三个"一督三"，即一个督学对三个群体（备课组、教研组、学校教学管理层）进行反馈。本着这样的工作理念，我们先后走进了18所学校，共计听课123节，不仅涵盖重点中学6所，还有民办学校2所，优质公办学校、集团校等各类学校。

2017—2019 年督学情况

时间	下校数量/所	听课数/节	访谈学生/人	访谈教师/人	访谈家长/人	新闻数量/条
2017 下	6	72	900	91		6
2018 上	3	48	320	51	300	3
2018 下	5	60	500	70	500	5
2019 上	3	48	300	46	300	3
2019 下	1	12	100	12	100	1

在入校学科全覆盖的指导思想下，督学听课涵盖初中三个不同年级，从学校的覆盖面、年级的覆盖面以及教师年龄层的分布面来看，所选的调研样本具有典型性和代表性，其调研结果的数据具有一定的可信度，因此具备一定的推广价值。

（二）目的、意义

新时代、新形势、新发展！按照教委督学科统一部署，有序推进初中英语学科督学计划，从学科督学上聚焦落实过程，针对学校、家长、学生三方面关注的焦点、热点有序走进课堂，逐步形成微课，逐步提炼分层次成果。

工作策略：结合任务、团队分层、落实工作。

工作重点：聚焦问题，梳理提炼成果。

具体意义：旨在结合学科教学评估指导与调研工作，结合督导过程中的课堂教学、学科课程建设、学生评价、教研组建设、干部教学管理等方面进行问题梳理，经验梳理，诊断问题，提出建议，进行学科督学和微课制作，分层分类提炼成果，更充分地发挥教育督导在促进区域教育发展中保驾护航的作用。

二、研究内容

（一）关键概念界定

1. 学科督学（Subject Supervisor）

督学以课堂为中心，在对课堂教学呈现的师生状态、水平和需要改进的领域进行诊断基础上，不断发现问题、发现典型、传播经验、提出建议。学科督学的最大特点是学科督学队伍的学科业务精湛，突出做法是"因需督导、精准督导"，突出特色是"监督、评估、引领、服务"，不断创新探索求知。

2. 督导评价（Oversight Evaluation）

为指导教育教学服务，为学生学习服务，为教育管理服务，为调查研究，优势均衡服务；不断促进区域内教师的专业发展，促进教师在实际教育教学过程中更新、演进，完善和提高其专业信念、专业知识、专业能力、专业情感等。

3. 研究策略（Strategy Research）

研究策略是指为实现学校学科教师发展管理的目的而采用的方式、运用的各种手段、程序和策略的总和。例如，促进学校学科教师专业成长制订的三年教师发展工作规划，成立学科督学专业队伍，组织"总督学双月例会"交流、开展"学科督学讲学科"等具体方式。

（二）理论依据

1. 基于核心素养"以人为本"的教育理念

核心素养指学生应具备的，能够适应终生发展和社会发展需要的必备品格和关键能力。核心素养"是通过系统的学习而习得的，是关键的、共同的素养"（崔允漷），具有根基性、支撑性、生成性和可持续发展性（成尚荣）。

根据 2016 年 9 月发布的《中国学生发展核心素养》总体框架，中国学生发展核心素养以培养"全面发展的人"为核心，分为文化基础、自主发展、社会参与三个方面，综合表现为人文底蕴等六大素养，以及国家认同等十八个基本要点。

2. 基于教师专业发展内涵的理论依据

教师要立足于课程标准和教材内涵,采取多种形式的品读策略,大力拓展阅读空间,激发学生的阅读兴趣,积极参与阅读活动,引导学生深入文本之中深度学习;教师应发挥本身具有的素质,引领学生联系上下文研读文本词句的内涵;教师应有能力去传授适应的教学方法给学生,实现有效的体验感悟,体验到阅读文本的快乐,训练学生的语言能力;教师能以核心素养为导向,挖掘并熏陶和感染学生的阅读情感,促使学生个性化地解读文本,逐步掌握个性听说、阅读技巧,提高英语综合运用语言的素养,建立良好的教学的关系。

(三) 调研对象

海淀区全体初中英语教师。

(四) 调研目标

探索英语教师学科教育的有效策略,落实全体教师以实现专业发展和教书育人为目标,构建海淀区学科教学优势互补和发展支持策略。

帮助教师更新教育理念,完善专业知识,提高专业技能,丰富与改进教育教学方法,尽快成长为经师、人师、名师。

(五) 主要内容

基于"海淀区学科教师三年发展行动规划",以"学科教师队伍发展"为依托,依靠五大机制,为课题向纵深开展研究保驾护航。

机制一:建立能鼓励教师、带来希望的发展机制。

发展是师生成长的重要内容。学科督学发展需要激发教师的工作动机,用有效的机制去调动教师的积极性和创造性,使教师努力完成教育教学的任务,实现教育教学目标和专业发展。

机制二:形成丰富教师教育教学理念的长效机制。

教育理念是指教师在对教育工作本质理解基础上形成的关于教育的观念和理性信念。一个教师的教育理念是个人的基本价值观,也显现出个人的教育理想,它奠定了教师基本的教育判断能力。通过定期进校园和开展教师听课、评课、提出问题和发现亮点和典型,形成丰富教师教育教学理念的机制,提升教师的专业素养。

机制三:建立提升教师专业技能的监督机制。

教师专业技能包括教学技能和教育技能。教学技能主要包括:教学方法的选择、课堂教学设计技能、课堂组织与管理技能、教学语言技能专项训练等内容。教育技能主要包括：如何管理学生、激励学生的技能、沟通与合作的技巧等内容。学科督学以教师基本功提升、教师理念专题学习、学科学期计划实施方案为依托，建立提升教师专业技能的机制。

机制四：形成并完善有效的区域教研机制。

随着我区"十三五"规划的深入实施，学科督学通过督学主题，进一步完善教研机制，对学科教师专业和素养进行有效提升。其中包括完善听评课反馈、访谈和问卷制度，不同层面教师展示研究课研讨制度，教研制度，备课组集体备课制度等，每学期对下校教师、学生和家长进行问卷、访谈制度等。

机制五：建立以科研课题为引领的机制。

教师不仅应具有良好的职业道德、学科知识、教育教学能力，还要成为研究者，对自己的工作具有反思态度和积极探索的意识。为落实学科督学"因需督导、精准督导"的理念，进一步提升学科教师的专业水平，引领学科教师做研究型教师，形成以科研主题引领教师发展的机制。

三、研究方法、组织与过程

（一）研究方法

本课题研究以行动研究法为主，多种研究方法综合运用与优化组合。运用行动研究法，要和其他具体研究方法相结合，比如下校、进课堂、国家级和区级研修、三级问卷和访谈等能操作、有规范的方法，从而保证在具体研究方法支持下的研究具有信度和效度。

按照"选择课题、设计开题、实施研究、总结成果"的研究过程，采用"实施、反思、修正、再实践"的方式，坚持行动与研究相结合，研究与行动共进，把践行"探究文本主题意义，促进学生发展核心素养"的研究深入下去，使有关研究成果不断与时俱进、动态完善和适时提升。

（二）研究组织

1. 成员及组织

学科督学在海淀区人民政府教育督导室领导的直接领导下，设立课题研究，并依托学区领导和学校领导具体组织实施，由学校年级组、学科组领导组成。

学科督学人员名单及相应的分工

学科督学	分工
马成霞	初三年级"听说机考、阅读写作"的创新督学模式和有效实施的研究
王玉萍	初三年级"听说机考、阅读写作"的创新督学模式和有效实施的研究
李斯莲	初二年级课堂教学和学生问卷发展督学模式的探索研究
张雅莉	初二年级课堂教学和领导干部问卷发展督学模式的探索研究
刘小红	初一年级"听说机考、教师访谈反馈"的创新督学模式和有效实施的研究
许波	初一年级"课堂教学、教师访谈反馈"的创新督学模式和有效实施的研究

2. 学科督学活动的机制及制度

为保证学科督学和督学主题的顺利实施，提高监督管理力度，活动组织和课题在海淀区教委史怀远主任、姚军科长、郝主任和区督学科各位领导的统领下，由学科督学相关人负责。

（三）研究过程

1. 筹备组织阶段

2017年7月，新一届学科督学组成立；8月，向区里申报了课题，课题名称为"探究文本主题意义，促进学生发展核心素养"，并成立了由总督学和督学全员参与的学科督学课题组。

2017—2018整整一年，参加了区级督学研修班，每次例会都组织研修班骨干汇报学习成果。在学科督学全员的精心策划下，"探究文本主题意义，促进学生发展核心素养"的主题研究拉开了序幕。

2. 开展实施阶段

自开展主题督学研究以来，督学组在充分调研的基础上，研究制订督学三年发展行动计划、下校督学流程，建立例会制度，学区、学校、学科督学健全相关制度建设，主要从教育理念引导、专项技能培训、主题项目研究、科研主题引领四个方面逐步推进学科督学有效管理的策略。

（1）督学机制建设。

为了促进学科督学健康有序发展，弘扬教师高尚品德，以及勤奋工作、刻苦钻研、探寻规律、不断创新的工作精神，对督学发现在教育教学工作中取得优异成绩和做出特殊贡献的教师，设立学科建设"星火集"和教学"亮点智慧集"，下校督学"联动制"合作探究。三年来，初中英语学科督学从大处着眼，从高处发展。这一机制的建立极大地激发了督学的工作积极性和创造性，进一步促进了学科教师的专业发展和区级教育提升。

（2）教育理念引导。

读书、学习是学科督学专业发展的基础。随着新一轮课改的推进与"十三五"规划的进一步实施，学科督学认真学习相关理论知识，积极反思，不断更新教育观念，脚踏实地做好本职工作。为此，总督学马成霞先后两届全程参加督学骨干研修活动，通过"名家讲督学"和"开展读书工程"提升学科督学的教育教学理念，从而促进全区学科教师的专业化发展，促进督学助推新闻稿件质量的提升。

丰富思想、提升教育理念在督学发展中起着至关重要的作用。为了提升学科督学的教育理念，让学校教师与督学零距离、面对面研究学科教育教学，督学教师走进校园，与学校教师一同做教育教学的相关访谈与研讨主题探究等。学科督学促进了区内学科教师从不同角度思考自己的教育教学工作，提升了教师的教育理念。

（3）督学技能培训。

①"督学基本功总督活动"促督学技能的提升。

初中英语学科督学分别以"下校调研主题探究"和"三问一答"活动为契机，认真扎实地开展学科督学探究活动。首先制订督学计划，全员参与，分阶段实施，形成了"学、听、议、访、说、改"六步培训模式（学：学《督学指南》，研读课标和核心思想。听：听专家讲座。议：交流研讨。访：干部、教师、学生访谈。说：交流亮点和困惑。育：学科育人、课堂育人）。在此基础上推选优秀教师和学校，提出意见和建议。活动的全过程关注学科思想、教师专业发展，帮助教师提高教学设计能力和育人能力，驱动教师队伍整体专业素质的快速提升。

②赴上海、芬兰等地，促进督学专业化发展。

根据督学需求，应上海和芬兰萨翁琳纳市教育发展部的邀请，督学组于2018年9月赴上海进行为期5天的考察与学习，于2019年9月22日至9月28日在芬兰开展为期8天的针对教育督导的学习及交流。

在芬兰主要学习其先进的督导理念、督导方式和督学队伍建设的经验。最突出的印象就是：学校都以信任为基础，通过国家立法保证课程标准的实施；各方面都是以课程标准为主要依据，吸纳社会各级各类的资源，共同服务学生的发展。

③组织骨干研修，优化学科督学素养理念。

骨干研修班：2018年下学期和2019年上学期督学科组织了以总督学为主要成员的骨干研修班，长达一个半学期，每月集中两天全天候学习，了解从学科督学到综合督导，各级各类不同的评价措施和来自国内外先进的督学督导经验。

（4）督学项目研究。

①开展课堂小项目活动，创建自由的学术氛围。

课后小调查：每节课后督学教师都进行两分钟的课后小调查，一般请每位同学写下"本节课你印象最深的三点内容"。这些反馈不仅为督学教师和授课教师沟通提供了反馈的依据，也为后期的调研报告提供了数据保障。

课后组汇评：在每次向授课教师反馈前，督学教师都会先进行小组汇评，每位督学具体陈述听课收获与感受，分别提出各节课的亮点，并针对问题提出教学的增长点，形成汇评结果。汇评结果让随后的点对点反馈的精准指导更富实效。

点对点反馈：在点对点反馈时，督学教师充分肯定每所初中英语组老师对此次督学活动的重视，从学生的学习状态、课程设计、学法指导和课堂文化等角度向授课教师进行反馈，并真诚地与各位授课教师一起分享教学心得等。

面对面访谈：督学教师分别和各年级的备课组长进行交流，了解各个备课组在落实"双核"方面所开展的工作，认真聆听他们的经验和做法。

向领导反馈：在每次督学中，督学代表向每所学校的教学领导进行集中反馈。

②开展三级"问卷研究"和课后小测，促进督学在研究中成长。

从 2018 年 9 月开始，在入校开展学科督学之前，督学组先进行了问卷调查。参加初中英语学科问卷调查的学生共计 1 515 人，其中男生 719 人，女生 796 人，涉及学校 13 所，包括完全中学初中部及初中学校，有公立学校，也有私立学校。调研的主要内容是初中生英语学习习惯、阅读习惯、师生间的交流、教师的教学理念与方式等。

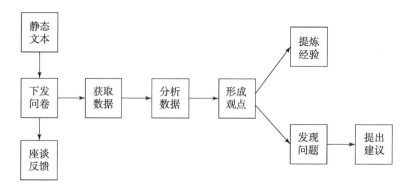

调研流程

基于问卷调研分析形成如下结论。

- 继续加强学习方法与策略指导

教师要认真研读《海淀区义务教育学业标准与教学指导》，明确各学段英语课程目标，制订具体的教学实施规划，加强落实对学生学习方法和策略的指导与学习能力的提升。

- 深入开展多样化作业探索研究

《北京市中小学英语学科教学改进意见》指出：要为学生科学设计个性化作业。可以采用涂色、配图、歌曲演唱、对话表演、海报制作等形式增加作业的趣味性、应用性。课后作业是课堂学习的延伸，各校备课组、教研组要加大对课后作业的设计，作业形式与内容均可以再优化。

- 积极探索学业评价体系化研究

英语课程的评价要尽可能做到评价主体的多元化，评价形式和内容的多元化，评价目标的多维化，过程性评价与结果性评价达到和谐统一。但是这些评价方式很多都只是停留在老师或备课组的层面，缺乏学校系统的评价方式，无形中加大了老师的负担,如何进一步处理好教学与评价的关系,发挥评价的积极导向作用值得各校进行深入的研究。

• 借助专题化培训改进育人方式

在调研的过程中,我们也发现学校老师对于学科育人的理念领悟差异较大,有的学校整体理念较新,且能很好地运用到教学活动中去。因此,如何落实立德树人的根本任务,树立以提高质量为核心的教育发展观,促进学科教学诊断与改进,引导学校转变育人方式,需要学校借助专题化培训,通过多种学习形式帮助老师入脑、入心,并在教学实践中不断探索改进。学生们在专业化程度较高、有进取精神和创新意识教师的带领下,借助学科学习,为终身发展奠定良好的基础。

3. 梳理总结阶段

总督学主持召开学科督学成员,汇总个人三年督学工作整理研究资料,形成研究成果,由总督学撰写结题报告。

四、研究成果

(一) 健全督学下校的相关流程和制度

下校流程的制度建设是督学进入学校顺利督学的保证。为此我们在多次调研、座谈等形式的基础上,聚焦三个环节——下校前、下校中、下校后,注重效率、注重点面结合,注重通过创建民主和谐的氛围,不断完善下校流程。

下校前:提前一周下发老师、学生、家长问卷,由学校组织各方填写、完成答卷并提交;主责督学(领导)分别搜集整理教师、学生、家长问卷信息,并于周二15:00前将整理结果发到"督学圈",由联系人汇总并在听课后反馈给学校;联系人最迟周二将被督学校课表信息发到"督学圈",并要求所督学校初中英语教研组长周二前提交本学期教研组计划。

下校中:本次英语学科督学带着督学主题入校,提前告知英语教师当天授课的内容最好围绕相应的主题进行。督学们共同进班听课,请学校提供被听课的录像,欢迎没课的老师一起听课;被听课的两位老师分别提前准备好教案、课堂使用的PPT讲义、教材、学案等,在课前提供给3位督学;督学听课时做好听课反馈记录,亮点与建议至少各写出2条,课后交主反馈人(用于反馈和存档)。督学听课后不仅要与被听课老师交流反馈,还要与学科参会教师进行访谈,并与领导访谈,访谈要做好记录。督学团队要简单总结整体督学感受及反馈问卷调查结果,分别向教研组和学校领导提出针对性建议。

下校后：联系人搜集本次督学相关材料，并及时写出新闻稿；要求被听课教师当天上传教案、学案、PPT 等与本节课相关的材料的电子版及督学反思；对于老师们上交的优秀案例，联系人负责指导修改，并留存作为"星火集"推荐材料；每位督学听课当天将课堂评价反馈表及时发给联系人。

（二）丰富学科督学的教育教学理念

"思想有多远，我们就能走多远。"在与海淀区各个初中校、集团校督学交流中，督学教师通过阅读优秀教育教学书籍，提升并丰富了学科督学的教育教学理念，促使自己从不同视角并结合自己的教育教学实践对督学工作进行反思，撰写论文、整改报告和工作总结等。

笔者初任督学，最多的是忐忑与不安，一直质疑自己是否能胜任这项工作，是否能指导与服务好学校初中英语学科工作……幸好，海淀区督学科不仅建起了督学团队，还开展了专题、专业培训，下发了许多学习材料，帮助督学教师进一步明确了责任范畴，理清了工作思路，创新了工作方法。在督学工作中，督学教师不仅要高站位，跳出教研角色，还要接地气，多方了解一手信息，并且要有跟踪，站在学科角度实事求是地观察学校学科建设与发展，面对海淀教育的优势与不足，帮助学区、学校培养学科的领军人物。

（三）促进区域教育均衡精准地提升

1. 海淀区初中英语教师整体教学素质得以"衡"向提升

总体来看，教师的语言素质较好，近百分之八十的教师具备较好的英文授课能力，且发音、口语表达等比较规范，能够与学生进行质量较高的语言沟通，为学生学习语言提供了一定的支撑。其中，青年教师表现尤为突出，教学能力、课堂掌控力、与学生互动、研究能力等都有不俗的表现，加之其从业热情、自身活力等，其发展前景令人期待。

此外，相当一部分教师课堂掌控、学生活动设计与组织、与学生互动能力较强，教态亲切自然，有亲和力。还有一部分教师信息技术能力较强，能够充分利用现代化教学手段辅助教学，极大地调动了学生的学习兴趣和学习热情，课堂效率较高。例如，人大附中西山学校，教师利用了多媒体教学。首先，单位时间内信息输入量更大，有效地提高了课堂效率。其次，语言输出环节，教师布置任务后，学生小组合作录音后，将口头作业上传到教师端，教师再向全班同学展示，做到了快速反馈，也使得每个学生都有较强的任务完成意识，效果较好。

2. 海淀区初中英语整体课堂教学质量有了"质"的飞越

在督学过程中我们发现，大部分学校对英语学科比较重视，学校英语课堂教学质量较高。首先，教师注重学生综合语言素质的提高，用心进行课堂教学设计，课堂教学信息量大、密度大。从教学效果看，教师已经开始有意识地注重学生英语学科核心素养的提升，而不是仅仅停留在语言形式的表层。应该说，这是一个可喜的变化。其次，课堂教学形式比较灵活，教师注重采用多种形式，如采用游戏、竞赛等方式调动学生参与的积极性。学生课堂学习活动灵活多样，有吸引力，有挑战性，学生语言实践类活动比较充分。其中，青年教师的表现尤为突出，他们注重学生活动设计，并能付诸实施。他们的热情与活力，以及与学生极为深入而和谐的互动，使得课堂教学充满勃勃生机。最后，现代化教育技术与课堂教学的融合更为紧密，也更为自然、契合。教师能够利用多种现代化教学手段，如手机、教学软件、课件、答题器等辅助教学，既提高了课堂教学的效率和吸引力，又做到及时、个性化的教学反馈，取得了较好的教学效果。

3. 新课改、考改要求在大部分学校的课堂中得到"效"的提升

一部分学校注重实践新课改理念，学科育人、培养学生发展核心素养成为教学实践中的亮点。例如，北京实验学校初一教师在课堂教学中，注重渗透学科育人的理念。教师就第四单元"如何上学"，设计了不同的情感教育主题，"回乡之路"让同学感受亲情与爱的教育，"上学之路"让学生懂得幸福就在我们身边，要学会珍惜。此外，教师还比较注重学生养成习惯和思维能力的培养，从课前学习用具的检查、学案设计、教学活动的开展到课堂提问及作业的布置，一步步引导学生去思考如何解决问题，不断增加课堂的思维深度。再如，理工附中初一教师注重深挖文本，开展传统文化交流活动。教师以课文为出发点，拓展阅读传统节日端午节，在获得阅读信息、提升阅读技能同时，引导学生深入了解传统文化，增强文化自信。

此外，海淀区大部分学校初中毕业年级的课堂体现出很强的"考场气息"，教师能够积极地研究考试说明，对学生的复习应考指导也非常到位，大部分初三的课堂都体现出对应试技巧与策略的分步训练，细致、逐层递进且切实提升学生能力。此外，考改要求在非毕业年级也有体现，很多教师阅读教学的要求和强度较大，还有很多教师注重借鉴高中教学成功做法，更注重围绕主题展开教学活动等。

4. 学生语言实践机会得以"量"的践行

在督学过程中我们发现，海淀区大部分初中学校的英语教师能够给学生提供大声说英语、充分发表观点的机会，并采用多种方式鼓励、引导学生口头输出，课堂气氛活跃，学生表现踊跃，说明学生很喜欢这样的教学形式。我们也欣喜地发现，大部分学校的学生训练有素，学生课堂习惯好，乐于表达，整体语言素质较好，能够进行比较有质量的表达，学生的出色表现给我们留下了深刻印象。但是值得注意的是，相对而言，教师的表现总体不如学生，从某种程度上讲，似乎是教师的点评抑制了学生的进一步发挥。

5. 教研组、备课组发挥了较好的"引"的作用

总体看，各学校都比较注重发挥教研组的作用，也有一定的要求。教研活动质量高，备课有主题、扎实有效，教师也能够执行备课计划，课堂体现教师集体智慧。例如：人大附中西山学校教师集体备课有成效，体现扎实学力和研究能力；理工附中教研活动注重实效，集体教研成效突出，教学设计有高度等。

（四）形成课堂教学、科技创新特色

1. 潜心学习，与教师共同成长

三年督学经历对笔者而言是履职，更是学习和成长。无论是与其他督学的研讨互动、交流合作，还是对督导学校领导和教师的调研、观察、协商与反馈，都是难得的学习经历。尤其每次入校督学，只要肯"放下身段"、虚心求教、潜心学习，总会有意想不到的收获。尽管每次去的学校层次不一，但学校老师都很努力，也各有特色。很多教师教学设计精致，对学生培养到位，对自身也有很高的教学要求，言谈话语中所体现出的教育情怀和气度令人敬重，这对督学自身如何成长、如何引领培养其他教师，也是很好的启发。这是一个"督"与"被督"相互支持、共同成长的旅程。

2. 尊重一线学校和教师，审慎评判

在督学过程中我们发现，一线学校和教师都非常重视学科督学的评判与指导，如果我们只凭一次听课就做出判断，即便我们观察得再仔细，调查得再认真，也不可能看到学校学科和教师所有的方面，对学校和教师不够公允，也有可能辜负学校和教师的信任。这就要求我们必须充分考虑到每次督学的片面性和局限，力争从学校管理者、教师、同伴、学生、家长等方面获取更多真实的数据，在多方面、多角度梳理"证据"的基础上做出督学结论，以提高督学的权威性和公正性。

3. 对督学数据的再梳理和再利用

学科督学获得的数据信息是非常宝贵的，只用于"当时"的学校和教师未免可惜，可以考虑在一定的规模和层次上再梳理和再利用，包括横向、纵向两个角度。例如：将各个学科督学数据进行"横向"整理，据此可以了解海淀区初中教学的整体状况；将一个学校的督学数据按时间先后统计，可以看出某一学校初中英语学科教学变化情况或"增值"情况。我们可以将学科督学作为一个切入点，力争通过"初中英语学科"这个侧面，看到更多学校真实、鲜活的样貌，为区域教育发展提供一定的基础数据。

五、问题与思考

1. 教师风格对学生影响较大，教师教学基本功亟待改善

从我们整理的学生课后"小问卷"可以看出，教师课堂行为的聚焦程度与学生答卷的聚焦性正相关。教学目标越明确、教学重难点越突出、教学环节越清晰的教师，学生的聚焦性越好；反之，我们感觉上述方面比较混乱的教师，学生的答卷也非常混乱。教师的性格特征、衣着、小玩笑、课堂游戏形式（而非学科内容）往往更为学生关注，反而是教师着意要落实的学科内容，落实效果相对较差。

2. 部分教师对学生（学科）核心素养的培养现状堪忧

部分教师并没有意识到（学科）核心素养对个人发展和成长的意义。这一点，我们在听课观察以及与教师交流时也有很强的感受，若要使"核心素养"落地，使学生得到全面发展，关键在教师。

3. 教师备课的质量和深度有待提高

有的教师备课不够细致，可以看出平时备课的功夫下得不够，尤其不注重教学反思，课堂环节显得随意、粗糙。有的教师备课层次较浅，尤其缺乏对文本的深度挖掘，教学仅仅停留在语言形式的层面，或者是应试的层面。课堂教学看似热闹，却停留在浅层，学生没有深层次的收获与体悟。如何提高教师文本解读能力，提高初中教师阅读教学的水平，如何使初中阅读课由浅层走向深层，切实通过阅读教学提升学生核心素养和综合语言能力，是下一步亟待解决的问题。在观察中，我们发现，教师在执行教学设计时，仍不能从学情出发，而是从教材、从计划或从教师个人倾向出发，对学生"实际获得"并没有给予足够的重视和落实，学生或是安静听讲，或是被动跟从，或是与教师浅层互动，大部分课堂时间被白白浪费，学生课堂实际获得感较小。如何引导教师真正从"学生立场"出发，是当前初中英语教育一个比较大的难点。最重要的是示范校对普通校示范引领尚未进入"内核"。

示范校对所帮扶学校（或者分校）的帮扶力度很大，一般会有教学干部

深入学校一线，但深入"内核"尚需时日。

例如，我们在某名校的初中分校发现，尽管在总校要求之下，教师有统一的、"紧跟形势"的授课流程，但在实际授课过程中，教师并没有真正理解和掌握每一个环节背后的理念，只是僵硬地执行"程序"，并且执行得异常"完整"，学生也是机械地跟从，教师和学生都显得僵硬、刻板，并没有发生真正的学习，这是很可怕的。希望学校能够从教师实际出发，放慢脚步，对教师"耐心等待"，走进教师内心深处，使教师真正发生转变。

4. 区教研确实做好引领与评价

区教研应加大对新中考改革的研究与实践指导。对于备战听说机考，从听说策略、听说题型的开发等方面加大指导，加大对教师文本的解读，尤其是文本与核心素养的关联，加大常态课的研究与质量提升。

5. 学区教研同步推进

加大区域英语实践活动展示交流，课程建设、学科建设优质学校经验介绍及推广。加强区域间教研活动的联合与观摩，推进学校教研的实施。例如召开学区公开课，一次开放某所学校整个教研组的课，以此推进学校整体教研。这一点与督学下校类似。

6. 多维度提升学校教研质量

聘请专家把关学校课程建设。借助高校教研平台，提升教研组研究的质量。学校重视并规划促进不同时期教师的发展。保证教研组活动时间，留给教师更多自省、思考教学的时间。有的学校教育教学任务过重，导致教师没有时间提升自身。

东方欲晓，莫道君行早。行切切，督学工作在发展；情深深，督学队伍任劳任怨。走在教育督导的道路上，心有所寄，力有所付。

成果3：中学英语课堂教学设计及实践活动探索
——英语学科核心素养落实情况调查报告

一、研究背景及主题

（一）研究背景

当今，在全球化不断推进的背景下，未来社会所需要的人才可能会面临更多的国际化和跨文化交流，需要培养跨文化交际能力、全球意识、国际理解、信息技术素养等。

教育部组织专家研制的中国学生核心素养指标体系包括外语素养，并将外语素养定义为"能够根据自己的愿望和需求，通过口头或书面等语言形式，运用其他语言实现理解、表达和交流"。

《中学英语课程标准》对核心素养的提出，要求作为一名优秀的英语教师应具备四个品质（语言能力、文化意识、思维品质、学习能力）以及四个学会 [Learning to know（学会求知）、Learning to do（学会做事）、Learning to live together（学会共处）、Learning to be（学会做人）]。2017中考改革后，教师更要不断学习、改变、尝试、研究，从自身与学生学情出发，立足于中国核心素养，服务初中英语学段课型的目的，对阅读课课型、听说课课型、写作课课型提出不同的教学方式，关注学科育人价值、学生思维发展、学科核心素养。

（二）研究主题

1. 教学设计变革的价值意义

教学设计是教师首要变革的方式，也是一种思维活动和实践活动，一般可以分为三个层面的变革：一是在人类历史上首创，即前人没有做过的；二是在某一时期或某一地区首创；三是在个人的实践中他人未曾做过的。初中英语督学所探究的教学设计是基于新课改精神和义务教育实践活动的需要，更是基于新中考发展的需要。

2. 课堂实践活动方式变革的价值意义

在教学实践中，教师应结合学生的实际经验和已有的知识，设计富有情趣和意义的活动，使学生有更多的机会，从周围熟悉的事物中学习和理解课堂内容，感受其与现实生活的密切关系，提高学生运用已学知识解决实际问题的能力，从而引领学生不断积累学习经验。关注课堂活动主要是基于学科核心素养的创新设计形式和情感态度价值观，如社会主义核心价值观进课堂活动、"以生为本"的课堂学习活动设计、母语体验式活动等，倡导体验、实践、参与、合作与交流的学习方式和任务型的教学途径，发展学生综合运用语言能力。

二、研究组织与目的

（一）研究组织

北京市海淀区初中英语学科教学情况调查是由北京市海淀区督导室督导二科组织，初中英语学科督学团队共同协作开展、实施的。

（二）研究目的

观察教师在教学工作中是否实施并贯彻对学生的英语学科素养的培养，初步了解中学教育阶段学校的英语教学情况，完善学科督学的工作程序，检测调整课堂测量工具，做好学生访谈，为下一步在全区范围内实施英语学科督学积累经验，也为促进区域内教学资源均衡发展搭建一个平台。

三、研究方法和途径

（一）研究方法

主要采用定量研究和质性研究方法。

（1）定量研究方法包括观察法、问卷调查法等。

（2）质性研究方法包括访谈、课堂观察、收集案例、课后限时小测等方法。

（二）研究途径

（1）坚持立德树人，始终把握办学育人根本方向。

（2）坚持公平质量，抓住根本，建设高素质的教师队伍。

（3）坚持均衡发展，进一步提升义务教育发展的整体水平。

四、调研结果分析

（一）基于课堂观察，看学科核心素养效果

1. 整体推进，齐心协力做到全覆盖

本学年按计划完成58所学校的督学工作，基本达到了学区、学校全覆盖，

听评116节课,年级全覆盖。

被督学校学区分布情况(下学期)

羊坊店学区	3	学院路学区	3
北太平庄学区	1	永定路学区	1
中关村学区	4	上地学区	1
青龙桥学区	1	紫竹院路学区	5
清河学区	1	四季青学区	2
海淀学区	3	温泉苏家坨学区	2
万寿路学区	2	花园路学区	2
西三旗学区	1	上庄学区	1
八里庄学区	1		

2. 课堂观察,多元化关注学科素养发展

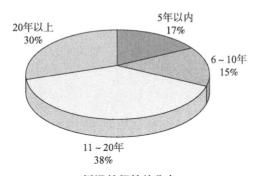

授课教师教龄分布

从教龄结构图可以看出,我们所选授课教师教龄涵盖不同的年龄段,具有一定的代表性,从这些教师的课堂我们可以洞察不同年龄段教师在课堂培养学生的英语学科素养的教学设计和课堂实施方面的亮点及不足。

围绕本学期的调研课题——基于英语学科素养的教学设计和课堂实践研究,我们从英语学科核心素养的四个维度设计了观课表。带着观课表我们走进以上教师群体的课堂,以下是课堂观察结果和分析。

(1)发现语言能力,正视落实核心素养。

我们发现部分优秀课堂,教师通过创设真实的语境,激发学生的学习积极性，激活学生相关的背景知识和语言储备，其教学内容与形式尽可能贴近学生的实际生活，贴近真实的交际行为，贴近有目的的综合语言运用。同时，语言知识的讲授有梯度，内容由浅入深，并且出现了开放性。但是在语言知识的认知方面，更多的教师关注在语言的形式和意义，对文本研读不够，对材料的结构、文体、内涵、价值方面缺乏透彻的理解和分析。

（2）关注学习能力，促进学生核心素养。

21世纪的公民必须具有终身学习的意识和自主学习的能力。对于中国学生来说，发展英语学习能力尤其重要。由于各种因素的限制，对中国的中小学生来说，学好英语并非易事。因此，掌握英语学习的要领，养成良好的学习习惯，形成有效的英语学习策略，显得尤其重要。需要注意的是，作为核心素养的学习能力，并不局限于学习方法和策略，也包括对英语和英语学习的一些认识和态度。例如，对英语学习有正确的认识和持续的兴趣，有积极主动的学习态度和成就动机，能够确立明确的学习目标，有主动参与语言实践的意识和习惯。另外，除了使用学习方法和策略以外，还要能够监控方法和策略的使用情况，评估使用效果，并根据需要调整学习方法和策略。

我们发现教学经验丰富的教师所带的学生养成了课上记笔记的习惯，半数以上的课堂学生参与积极，少数课堂学生有一定的参与深度，在学习策略指导方面总体有待提高。

（3）直视文本定位，多元培养思维品质。

作为核心素养的思维品质，既不同于一般意义的思维能力，也不同于语言能力中的理解能力和表达能力，而是与英语学习紧密相关的一些思维品质。例如：理解英语概念性词语的内涵和外延，把英语概念性词语与周围世界联系起来；根据所给信息提炼事物共同特征，借助英语形成新的概念，加深对世界的认识；根据所学概念性英语词语和表达句式，学会从不同角度思考和解决问题。

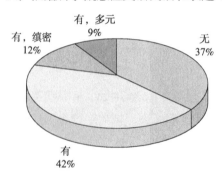

教学中是否有促进学生思维发展的活动

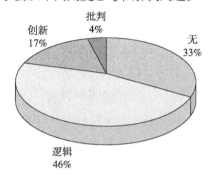

课堂教学中培养了学生哪些思维品质

观课中，我们发现教师在教学设计中有意识地去设计一些教学活动，引导学生去思考，根据授课内容层层设问，或引发学生对文本内容的思考，或激发想象力，抑或启发学生反思自己的学习与生活等。在教学设计上教师还需要培养学生的创新思维和批判性思维。另外，部分教师已关注到文本体裁，并从体裁的角度培养学生去认识文本、分析文本，从而提升思维水平。

（4）强化思维品质内涵，拓展文化品格外延。

文化品格核心素养不仅仅指了解一些文化现象和情感态度与价值观，还包括评价语篇反映的文化传统和社会文化现象，解释语篇反映的文化传统和社会文化现象，比较和归纳语篇反映的文化，形成自己的文化立场与态度、文化认同感和文化鉴别能力。从这个角度来看，文化品格的内涵超越了以往所说的跨文化意识和跨文化交际能力。

虽然文化品格的某些方面显得抽象和宽泛，但文化也是可教授的，教授的重心在于通过学习者对获取信息的思考，为不同的文化理念寻找合理性解释，从而增补、丰富自己的知识系统。

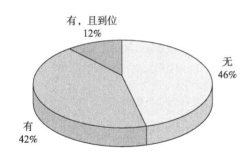

在文本的处理上，是否有情感价值观的渗透

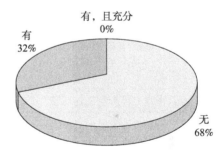

教师对文本所反映的社会文化传统与社会文化现象是否解读

观课中，我们发现在文本的处理上，虽然很多教师注意渗透积极的情感价值观，但是缺乏对文本所反映的社会文化传统与社会文化现象的解读。

（二）基于问卷调查，关注核心素养落实程度

1. 综合问卷，分析学校课程建设落实成果

一年来先后通过课前和课后班级内面对面问卷访谈，尤其是通过后期督导二科提供的互联网问卷访谈形式形成 "$1:n$" "$1:x$" 两大模式进行问卷调查学校：从20所面对面访谈校和9所网上访谈校的调查问卷可以发现教师在课程建设、个人专业素养和能力提升方面有许多共性、个性亮点和问题。

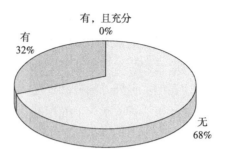

教师是否在课堂上引领学生形成
自己积极的文化立场和文化鉴别能力

(1) 课程建设问卷结果。

课程建设问卷结果

序号	内容	结果
1	每周英语课节数	其中 6 节的占 58.33%，5 节的占 38.10%，4 节的占 60.87%，3 节的占 36.96%
2	听说和阅读是同学们课上最喜欢的内容	相对突出的学校有海淀实验中学、人大附中，师大中学喜欢阅读的同学更多
3	多数学校有超过 60% 的学生选择"课上经常有吸引学生的活动"	知春里中学、四十七中和八一玉泉选择"经常有吸引学生的活动"的同学超过 60%
4	课堂上最有意义的环节	选择"讨论活动"的占 43.24%~78.57%
5	学科核心素养中哪项最重要	选择"语言能力最重要"的人最多
6	选择"阅读文本训练和归纳主旨大意最重要"的学生较多的有四所学校	说明学生在老师的训练下认识到阅读文本、归纳主旨大意的重要性。知春里中学认为学单词短语、阅读文本训练和归纳主旨大意最重要的学生仅占三分之一

(2) 二级目标建设结果。

①学校课程建设：由此可以看出，各校基本按照要求，开齐英语课，教师们也能利用课内外时间开展英语听说和阅读活动，这符合新中考改革加大对语言运用能力考查的要求导向。从学生的问卷调查可以看出，教师的做法也得到了学生的认可，学生也意识到提高听说和阅读是个人英语学科能力提升的关键，知道英语核心素养中语言能力最重要。

②学科建设分析：从学生选择课堂吸引他们的活动这一项的调查结果可以看出，部分基础相对薄弱的同学，即低分段的同学学习面临的挑战比较大，对

于他们来说，课堂上很难有吸引他们的活动。

2. 专项问卷，探索师生课堂建设成果

（1）学生访谈问卷结果及分析。

一年来先后通过课前和课后班级内面对面问卷访谈，尤其是通过后期督导二科提供的互联网问卷访谈形式，形成"1:10""1:100"两大模式进行问卷调查，可以发现学生在课程活动和个人语言能力、学习能力、思维品质和文化品格等方面有许多共性、个性亮点，也有许多问题。

学生访谈问卷结果

序号	内容	结果
1	课堂上经常遇到的问题	几乎所有学校都有学生选择"不清楚"和"不会写作"
2	阅读时最关注的是短文的主题意义	首师附中、首师大二附中和八一玉泉选择的同学较多
3	听读英语短文时从文字信息中常常读出段落大意	几乎所有学校学生都选择
4	听读短文或对话时	学生普遍关注的是主旨大意和长难句理解
5	英语学习中遇到生词时	多数学校学生选择通过上下文猜词，海淀实验中学和二十中学学生选择课后梳理积累的同学较多
6	课堂上是否有活动吸引学生	所有学校的课堂都经常有二人、四人等不同人数的活动
7	对英语学习的建议	多说多阅读，增加阅读量，随时随地积累，多开展活动，了解中外文化

从学生的问卷结果可以看出，各校教师能根据学生的实际情况，确定课堂重点，对于基础薄弱生较多的学校，课堂上更多关注语言知识本身，在此基础上进行阅读文本训练和归纳主旨大意等训练。当然，不同的学校关注重点有所不同。在能力训练中，一些学校也有一些特殊的做法，体现出教师对学生学习习惯的要求的侧重各不相同。在英语课程建设中，书面表达仍然是多数学生课堂面临的挑战和需要提高的部分，这也是语言学习综合能力提升的较高要求。从学生对学习的建议可以看出，教师的要求在学生的学习中有所体现，也是他们进一步的愿望。

（2）教师问卷结果及分析。

从图1可以看出，半数以上的学生学习或回答问题的参与度高，这个数字还是令人振奋的,但是,必须看到,还有近半数的学生参与度一般,这部分学生需要教师的适当调动和有效引导,以避免这些学生逐渐"安静"下去。此外,需要注意的是,还有3.70%的学生参与度低,这个比例看似不高,但需要教师高度注意,因为,消极、怠惰的状态具有较大的"传染性",如教师不及时采取措施,这种状态极易蔓延,会对其他同学造成影响。

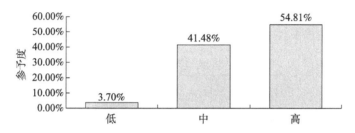

图1 课堂中学生学习或者回答问题的参与度

图2显示,55.56%的教学活动能促进学生思维发展,且比较多元,说明大部分教师在教学中能够注意到学生的思维培养,值得肯定。但是,数据同时显示,"有,且缜密"的活动仅为4.44%,看来在相当一部分教学活动中,学科的严谨性和科学性还没有得到足够的重视。

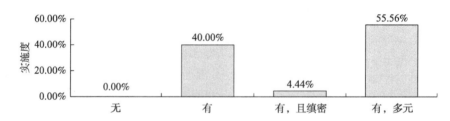

图2 教学中是否有促进学生思维发展的活动

图3显示,所有教师在处理文本时都能注意渗透情感价值观,这一点值得肯定。但渗透到位的不到一半(43.70%),下一步须对教师进行相关要求及引导。

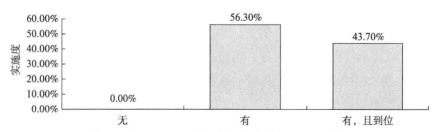

图3 在文本的处理上,是否有情感价值观的渗透

图4显示，所有教师均能够解读文本所反映的社会文化传统与社会文化现象，但只有40.74%的教师能够解读到位，说明教师在这个方面还有一定的欠缺，无法满足学生思维发展和文化习得的需求，需要对教师进行专门的要求与适当的培训。

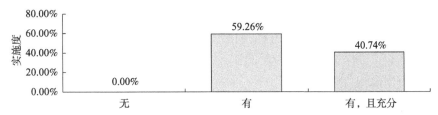

图4 教师对文本所反映的社会文化传统与社会文化现象是否解读

图5显示，所有教师均能够在课堂上引领学生形成自己积极的文化立场和文化鉴别能力，但只有40.00%的教师做到了"有，且充分"，还有部分教师有欠缺，甚至有的教师根本不具备相应的能力（1.48%）。我们估计这与教师自身素质有很大关系。其能否实施决定于教师本人是否具备积极的文化立场和文化鉴别能力，尤其是后者。

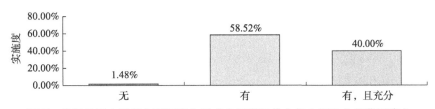

图5 教师是否在课堂上引领学生形成自己积极的文化立场和文化鉴别能力

（三）汇评访谈，聚焦具有全区推广价值的突出经验、典型、事例

为突出督学主题，在每次下校前我们都会先和学校进行沟通，因此老师们在进行课堂教学设计时都会围绕着英语核心素养的四个维度展开，即语言能力、文化品格、思维品质、学习能力。通过听课调研了我们发现老师们做得比较好的有如下几个方面。

1. 通过阅读教学激发学生阅读兴趣，培养学生文化品格

教师要在对文本深刻理解的基础上设计恰当的教学活动，引导学生通过运用获得的语言知识及技能领悟隐藏在文本字里行间的深层含义，分析作者的态度，批判地吸收不同的思想和观点，以此帮助学生获得新知识，建构新概念，体现阅读教学的育人价值。如海淀外国语学校的褚明老师等开展了报刊阅读教学这个课程，每周会有一次课上阅读。老师选用英文报纸上的三篇文章：

Stopping Cyber Bullies，Dealing with Bad Behavior，Learning to Listen 带领学生阅读，这几篇文章语言鲜活、真实地道、图文并茂，贴近学生的现实生活，易于引起学生的共鸣。老师以怎样做一个好朋友为主线，力图把三篇文章有逻辑地串起来。在阅读的过程中，同学会借助词典了解生词，会记录学到的新词汇、新知识。老师通过问题引领，带领同学进入深层次的思考，同时解决了班里同学相处出现的问题，让学生懂得如何做一个受欢迎的人。

把英文报刊作为学生阅读资源引入课堂是一种有效的教学方法。这样做不仅使教学中渗透了社会主义核心价值观的培养，也让学生在阅读的同时，学会思考，提升自我，很好地体现了学科的育人价值。又如北大附中，他们极其重视主题阅读，选用了典范英语、大家说英语、空中英语教室，还有校本教材等，扩大学生的阅读量，引领学生通过听说、阅读、模仿、对话等形式逐步了解故事中的人物关系，不断探讨人和动物、人和人之间的关系。这样的英语阅读理解课，无论从阅读素养还是阅读能力方面都使学生获得了极大提升。

2. 通过课堂提问引发学生深入思考，培养学生思维品质

课堂的提问设计，不仅包括教师自己提出问题，也包括通过教师提问引导学生提出问题。

例如，人大附中杨老师在读写课上，要求学生先阅读人教版八年级下第九单元的《Section B：Singapore—A place you will never forget》。读第一遍时，老师通过问题，引领学生读出文章结构，读第二遍时引领学生读出内容，读第三遍时引领学生读出写作方法。这样在不同问题的引领下，学生既可以在本篇文章中直观地获取新加坡的具体信息，也可以通过深层次分析，学习不同目的下语言的使用以及旅游指南的写作技巧。因为老师设置了问题，所以每读一遍，学生思考的角度和层面都不一样，在发现问题的过程中不断解决问题，也在这个过程中层级推进英语学习。在课堂教学中，巧妙地设置疑问，积极地进行启发和诱导，让学生在习得语言的同时，思维也得到磨砺，从而养成爱思考、善思考的良好习惯。

3. 开展过程评价鼓励学生小组合作，提高课堂思维效率

在入校听课时，我们欣喜地发现绝大多数学校在课堂教学实践中，都在尝试通过过程性评价达到多维度、全方位综合评价的目的。

教学过程是一种双边和多边活动，既有教师和学生之间的互动，也有学生之间的互动。许多学校的老师都尝试用小组合作学习的方式对学生进行过程性评价，并且不断丰富评价手段，提升评价标准，使小组合作学习真正产生效力，真正实现学习之间的交流与对话、交往与沟通，真正促进每个学生的发展。如海淀外国语学校的高老师在课堂上不仅娴熟地运用了小组合作评价机制，极大地调动了学生参与课堂活动的积极性，提问的方式也多种多样，有横向进行的，有纵向开展的，还有小组轮换 Partner 互相提问，让高效的课堂充满活力。老师的课堂输入渠道有深度、有宽度，输出方法有品位、有特色。

4. 通过互联网等多种方式引领学生学习提升学习能力

在我们对学校进行访谈的过程中，发现很多学校使用《盒子鱼》《趣配音》《海 E 平台》等在线学习的方式拓展学生的英语学习渠道，把枯燥无味的英语练习以英语类视频在线配音的方式或通过课外阅读帮助学生接触大量真实的语言材料，使学生学得更有效。

5. 开展丰富多彩的学科活动，多维度培养学生语言能力

很多学校都尽可能地创设一些外语的氛围。例如：利用校园广播，适时播放英语歌曲；开展看英文电影写影评的活动；利用学科节开展英语拼写大赛，英语歌曲大赛，表演课本剧、童话剧等。这样在课余时间也能使学生充分接触英语、使用英语。这些学科实践活动让学生走出课堂，走向家庭，走向社会，拓宽了活动范围。

例如：人大附中二分校组织了复活节寻找彩蛋、收获节、英语周、复活节定向越野等活动；首师附中开展了做颐和园导游志愿者、"英语好声音"英语配音、唱歌比赛、典范英语表演等活动；海淀实验中学开展了英语小报制作、英语剧配音、英语手绘本、唱歌学英语、看美剧背台词、角色扮演等活动；北航实验的英语万花筒、每日谚语、双语诗歌、主题阅读、学唱英文歌曲、跳蚤市场、英语文化比拼、看英文电影、英语 MV、用英语介绍自创的画等活动也很精彩；地大附中的英语角、课本剧、英语戏剧、朗诵比赛、国际书法比赛、社会大课堂课程融合等活动相当丰富。这些学科实践活动大大地开阔了学生的视野，使学生从小我的世界跨入广阔的世界，通过参与活动，形成对同学、社会、自我之间内在联系的整体认识与体验，而且其中渗透的道德、审美、哲学、艺术等思想，极大地丰富了学生的认知领域，促进学生知识、能力、情感向整体化发展，同时也发展了学生对他人的关爱和对社会、对自我的责任感，提高了他们的综合素质，从而使其终身受益。

五、研究结论与建议

（一）研究结论

1. 教师方面

（1）教学目标定位模糊。

部分教师对学生在不同年级、不同阶段语言学习应该达到的程度界定不清晰、目标不明确、把握不到位。还有的教师的教学目标缺乏可操作性，教学活动缺乏与目标的联系，教学活动之间缺乏层次、递进和逻辑，或同层次的活动堆积，或活动之间跨度过大，难以促进学生依据语言学习规律循序渐进地学习语言，忽视了语言学习的持续性和渐进性。

（2）文本解读不够深入。

部分教师对教学材料的研读不深入，过多关注语言的形式和意义，对教学材料的结构、文本、内涵、价值缺乏透彻的理解和分析，教学方法呈现模式化，语境和语用的意识薄弱。教师还需在文本所传递的意义方面进行深挖，落实"双核"培养目标。

（3）课堂生成不够。

在为学生提供实践、参与、体验和思考的机会中，教师过于重视外在形式，不善于启发，教学预设中缺乏学生生成的空间。课堂中，学生有效的学习时间和空间不足，较少发生实质性学习，语言内化程度不够，自主学习能力不强，活动的效率和质量均有待提高。

（4）以学生为中心的意识不足。

教师在教学中普遍存在"控制性过强，开放性不足"的问题，学生的思维品质没有得到发展。

（5）小组活动有效性有待提升。

课堂活动多以学生小组活动为主，小组活动的内容以及组员的参与度有待提高。

2. 学校和教研组方面

（1）教研员的领军作用发挥不够。

教研员应该使自己成为老师们的专业伙伴和人生知己，具有影响力，使自己成为团队中的领军人物。他们还要发挥学科校本课程开发者的领头人作用，从用教材到形成符合本校学生实际的教案、学案、讲义，到最终形成学校的学科校本课程；另外，他们还要具备比较强的课程改革素质，带领组内老师不断应对新变化。

(2)教材与校本资源整合不够。

督学中,我们发现各校在国家课程外都或多或少地补充了与学情相匹配的拓展教学资源,同时也发现由于学校与教师发展不均衡,学校间甚至学校内的校本资源的利用与整合也不均衡。

(3)综合实践活动的设计不够。

深化综合改革要求,教学向更宽、更活、更紧密联系生活方向发展,但是由于多方面的原因,尽管综合实践活动多种多样,但在内容的设计上仍需要顶层设计,需要高位指导。

(4)年轻教师的培养不足和中老年教师的职业倦怠以及思维定式。

督学中,我们发现一些学校在不断建分校的过程中,出现队伍发展的不均衡,如年轻教师过多,缺乏经验丰富的老师传帮带,另外一些学校出现严重的教师队伍老龄化现象。

(二)几点建议

(1)给教师足够的时间进行教研、备课。

(2)加强校本研究力度,加强学区间的交流分享,建议学校针对问题进行研究、改进。

(3)教研部门加大对教师的引领与培训。

(4)加强对青年教师的培养,提升中老年教师的职业幸福感。

成果4：《典范英语》阅读深挖文本主题意义的实践研究
——整体外语教育与学生英语阅读理解能力发展研究实验报告

一、研究背景

"核心素养"是我国基础教育改革的关键词。2016年9月，教育部《中国学生发展核心素养》总体框架向社会正式发布，引起强烈反响，其中，如何将核心素养与教学实际有效对接，更为广大一线教师所关注。

核心素养对基础教育的统领作用不言而喻，但其对基础教育的"依赖与倚仗"同样不容忽视。国务院《关于深化考试招生制度改革的实施意见》指出：学校需要把核心素养落实到各学科教学中；需要根据核心素养体系，明确学生在不同学段、年级、学科应达到的程度要求；需要指导教师准确把握教学的深度和广度；需要进一步明确培养目标、教学内容，并在教学实施、考试评价中有所体现。袁振国教授指出，核心素养不是抽象的概念，"核心素养的培养和教学变革是紧密联系在一起的"。课标要求教师在教学中使用教材，但不能拘泥于教材，显然，提升阅读质量成为教学主题。

为了落实教书育人、学科育人，提高学生发展核心素养，激发阅读思维能力，引领学生接触原汁原味的阅读材料，北理附属中学于2013年9月开始参与"中国基础英语素质教育的途径与方法"课题实验。为此，北理附属中学先后在初中和高中起始年级开展整书阅读《典范英语》，通州校区、东校区和本部有初一、初二年级的28个班和高一、高二年级14个班参与了实验。

二、实验设计/实验教学模式探索

经过几年的探索和实验，课题研究初步形成了一套读、讲、赛、练《典范英语》的跨校区、建特色模式。在实验过程中，师生，尤其是家长的配合促进了学生读《典范英语》、说《典范英语》和写《典范英语》的模式形成。

1. 具体操作模式

初一年级实验班：每周一节课时，年级比赛。

初二年级实验班：每周整读一本，课堂交流，年级比赛。

初三年级实验班：将中考阅读话题与《典范英语话题》交融。

高一年级实验班：年级共享活动，即 100 本接力阅读。

高二年级实验班：整班阅读，专题讲座，示范交流反思。

2. 学习方法

通州初一年级实验班：运用典范教案，开展阅读思维导图交流。

东校区初一和初二年级实验班：阅读、展示和比赛。

本部初三年级基于中考阅读写作的重要性，将《典范英语》学习与中考写作有效结合在一起，较大程度地发挥了《典范英语》的作用。

3. 教师测试方法

教师和学生分别出题检查，主要内容是《典范英语》第 8 册。

学生用《典范英语》所学内容讲故事，开展大赛和奖励评价活动。

组织以班级为单位阅读，指导学生写作英语感悟文章，并在班上交流展示优秀文章。

三、实验发现

1. 营造氛围，开展行之有效的设计活动

简单地说，教学设计就是指老师为达到一定的教学目标，对教学活动进行的系统规划安排与决策，实际上就是为教学活动制定蓝图。要求教师对教学活动过程有整体把握，对学情需要和抽象教学特点确定合理的教学目标，选择恰当的教学方法、策略及手段，创设良好的教学环境。只有好的教学设计才能使教学活动得以顺利进行，教学设计可以说是教学的行动纲领。好的教学设计有利于提高媒体教材的质量，有利于增强教学工作的科学性，有利于教学理论和教学实践的沟通，还有利于培养科学思维习惯和能力。泛读教材教学设计同等重要。课题中心组的教师提供的优秀教学设计为我们做好《典范英语》提供了保障。

如，《典范英语》中的《Amy, the Hedgehog Girl》一文，作为课外阅读材料，主要突出故事的趣味性，整体把握故事的主线以及人物的情感、个性的变化。教师简要总结，引导学生回到故事情境，从整体上理解文章。

> In this story, *Amy, the Hedgehog Girl*, Amy was an amazing girl. Why was she called the hedgehog girl? What was her story with hedgehogs?

故事表层信息的处理从故事的三个章节入手，将学生分成若干小组复述故事。教师可先就故事内容提出一些问题，让学生进行小组讨论，然后提醒学生把这些问题作为线索复述故事。讨论后，让两个小组代表复述故事。

Chapter 1 Miserable Mr. Peck: Why did Amy want to become a hedgehog expert? How did Mr. Peck respond to Amy in the library? What did Amy find in the book on hedgehogs? What cassette did Amy borrow from the library?

Chapter 2 Hedgehog talk: What was Amy doing in the garden? Did she make it? What did Mr. Peck do? What happened? What did Mr. Peck think of hedgehogs?

Chapter 3 The amazing hedgehog girl: Why were there so many people watching Amy in the garden? What came to Amy's mind? Why did Mr. Peck look gloomy? How did the story end?

从整体上理清了故事的脉络之后，根据情节的发展，设计以下问题，让学生分析人物的不同性格。

请对比分析 Amy 与 Mr. Peck 对待刺猬的不同态度。重点分析 Mr. Peck 的性格特征，思考 Mr. Peck 是一个什么样的人，一开始他对刺猬有什么偏见。

Amy and Mr. Peck treated hedgehogs differently. How did they treat hedgehogs? Why did Mr. Peck hate hedgehogs? Look through the story and the story pictures. Can you describe the personality of Mr. Peck? Find evidence to support your ideas.

在此基础上，继续追问：Do you think Mr. Peck was only a nasty person? Why?

学生阅读故事结尾会发现，Mr. Peck 在 Amy 和 hedgehog 的帮助下，获得了丰收，他把收获所得分享给了她们。这其实是想告诉读者，Mr. Peck 并不是一个彻底的负面人物，他也有积极的一面，他其实懂得感恩，是善良的，只是因为对小动物有偏见而产生了尖酸刻薄的想法。而正是由于 Amy 的机智和善良的帮助，帮他发现了自己善良的一面。

对人物性格的挖掘，是在整体理解文本的基础上才能实现的。

On one hand, he was mean. On the other, he was a grateful person. He brought hedgehogs dog food after they helped him win prizes at the end of the story.

最后，把阅读中所分析的人物性格，迁移到学生自身的生活实际中，起到潜移默化的教育作用。老师可以设计以下问题，批判性地帮助学生发现自身问题，理性对待身边的人和事物，培养学生的批判性思维能力。

> Do you find yourself having any prejudice against something? What do you do with it?

整书阅读,主要在于提高学生的阅读素养,体验中西方文化,体验不同的人生,领悟更为丰富的人生。整书阅读具有极大的挑战性。叶圣陶先生说:"阅读程度不够的原因,大多数是阅读太少,阅读不得法尤其是最重要的一个。"整书阅读,教师首先要设计相应的阅读策略,掌握阅读方法,指导学生学习精读、略读、朗读、默读等方法,加大不同层面的阅读,由浅入深,循序渐进。

2. 极大挖潜,通州校区开展阅读思维导练活动

思维导图是英国心理学家、教育学家东尼博赞发明的一种先进的思维工具,他运用图文并茂的技巧,把各级主题关系用相互隶属的相关层级图表现出来,把主题关键词与图像颜色等建立起记忆链接,利用记忆阅读思维的规律,协助人们在科学、艺术逻辑与想象之间平衡发展,从而开启人类大脑的无限智能。

在《典范英语》等书阅读教学中运用思维导图,首先要让学生学会画思维导图,然后在教学中让学生从不同的角度和层面绘制思维导图。第一层面,解读文本,跨越读者与文本的距离,全面理解文本的思想内容和表达形式。第二层面理解作者,解读作品,要分析作者的世界观和方法论,由表及里、由浅入深地了解文本的真谛。第三层面,解读文本的价值,即衡量文本的历史和现实意义,体现其阅读的社会价值。

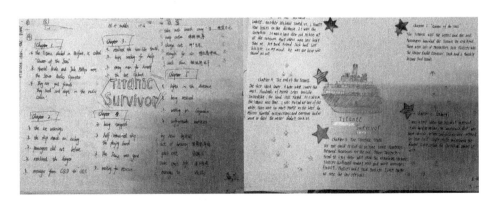

《典范英语》阅读思维导图

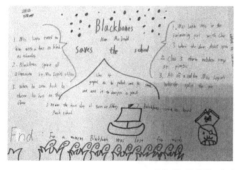

《典范英语》阅读思维导图（续）

思维导图，可锻炼学生的思维能力，调动学生的求知欲，激起他们从内心想要做好阅读、了解文本知识的欲望，引导他们发挥想象力，从而让阅读思维更加具有创新性。

3. 创设条件，开展发现素养的命题活动

北理工附中本部和东校区教师带领学生开展了命题、用题和评价奖励活动。一系列的命题活动，引领学生不断提升挖掘文本的能力。

（1）教师立足课程标准和教材内涵，采取多种形式组织学生对文本进行品读，大力拓展阅读空间，激发学生的阅读兴趣，积极参与阅读活动，引导学生深入文本之中深度学习。

（2）教师激励学生出题、带领学生审题，引领学生联系上下文研读文本词句的内涵。

（3）教师应教授适当方法，使学生实现有效的体验感悟，体会阅读文本的快乐，训练学生的语言能力。

（4）教师以核心素养为导向，促使学生个性化地解读文本，逐步掌握个性阅读技巧，提高综合运用英语的素养，建立良好的教学关系。

4. 挑战极限，开展团队竞争的比赛活动

团队竞争既能发挥整体的作用，也能激发个体的创造性。《典范英语》每学年都会以年级为单位开展典范阅读笔记、阅读总结反思、朗读比赛、单词短语大赛等活动。

团队竞争的关键是要建立内部对话长效机制，让全体学生都参与学习和讨论，进而使大家在要面临的挑战、机遇以及可获得的资源等问题上达成共识。这考验的不只是学生个人的表现，还有整个团队的认知、实力等。

《典范阅读》笔记示例

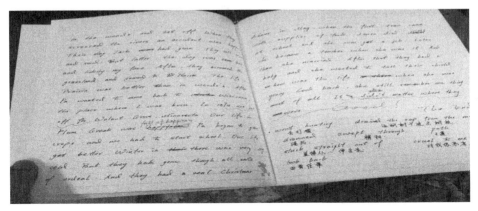

《典范阅读》团体比赛作品示例

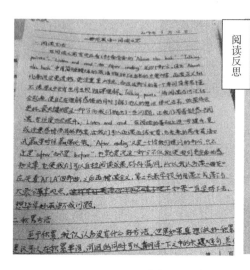

《典范阅读》团体比赛作品示例（续）

《典范阅读》团体比赛组织

四、实验成果

1. 实验学生能力优异

（1）参加 2017—2018 全国创新英语大赛，进入复赛的实验班级学生人数高于非实验班级，其中我所带班级进入复赛的有 14 人。

（2）参加全国创新英语大赛，有 5 名学生获全国一等奖，9 名学生获二等奖，6 名学生获三等奖。

（3）2018 年，参加全国英语话剧风采大赛，我校代表团荣获特等奖。

2. 实验学生写作提升

组织学生定期写作文，并将优秀作文手抄一遍，写在《成果集》里，目前已汇编两本。优秀作文集装订后悬挂在教室内，以便全班同学分享，共同成长。

五、实验中的困惑和应对策略

我们在实施过程中遇到了以下问题：学习基础薄弱的学生畏惧生词，主动性不高，认为教材难，有时对英语泛读有抵触心理。面对这个问题，我们的策略是：让学困生参与讨论、表演、出题以及交流，提高参与度，让他们逐步消除恐惧；另外，在问题的设计上，更科学，更有梯度，给学困生机会；小组合作完成部分故事的编写等写作练习，在互帮互助中给学困生提供参与和提高的机会。

六、实验前景展望

（1）在相关领域专家的指导下，优化教案和学案的设计，做到科学有效阅读。

（2）提高群体学生的重视度，加强阅读反馈，如进行年级短剧表演赛。

（3）关注学困生，消除其对单词的恐惧，让他们参与表演、讨论，提高自信心。

课堂教学素养

1. 课堂教学要抓人文素养

教师应该重视法律法规的学习,具有法制意识。

教师要有优秀的道德素养,追求人格的完美。

2. 课堂教学要抓学科素养

关注并落实发展学生核心素养。教师要站在培养人的高度,基于学科的特点思考学科素养。

关注学业质量的评价标准。学科素养是学科育人价值的一种集中体现,是核心素养在特定学科中的体现,也是学生学习成就的体现。教师一定要把握教学的深度和广度,要关注课程标准的指导性和可操作性。

3. 课堂教学要抓基本素养

教师应该重视自身的基本素养,并在教学中适当运用和发展以提升教学效果,提升教育质量。

4. 必须具备关键教学素养

一个"中心":以培养什么样的学生为中心。

两个"能力":教学设计和实施能力,教学评价和研究能力。

三个"读懂":读懂课标和教材,读懂学生,读懂课堂。

四个"提高":不断提高观察能力,不断提高思维能力,不断提高探究能力,不断提高分析能力和解决问题的能力。

五个"拥有":心中拥有学生,眼中拥有效率,脑中拥有智慧,行中拥有标准,手中拥有尺度。

成果1：核心素养导向的英语课堂教学
——海淀区名师工作站导师活动

一、解放思想，拓宽理念

1. 核心素养内涵

素养，由训练和实践获得的一种道德修养，英文表示为 personal accomplishment、attainment in self-cultivation。这里指的是沉淀在人身上的对人的发展、生活、学习有价值、有意义的东西。

核心素养，这里指的是英语学科的核心素养，包括语言能力、思维品质、文化品格和学习能力四个维度。语言能力就是用语言做事的能力，涉及语言知识、语言意识和语感、语言技能、交际策略等。思维品质是思考辨析能力，包括分析、推理、判断、理性表达、用英语进行多元思维等活动。文化品格重点在于理解各国文化内涵、比较异同、汲取精华、尊重差异等方面。学习能力主要包括元认知策略、认知策略、交际策略和情感策略。

2. 核心素养外延

核心素养在内容上，是知识、技能和态度等的综合表现；在功能上，核心素养同时具有个人价值和社会价值；在培养上，核心素养是在先天遗传的基础上，综合后天环境的影响而获得的，可以通过接受教育来形成和发展；在评估上，核心素养需结合定性与定量的测评指标进行综合评价；在架构上，核心素养应兼顾个体与文化学习、社会参与和自我发展的关系；在发展上，核心素养具有终生发展性，也具有阶段性；在作用发挥上，核心素养的作用发挥具有整合性。

学生发展核心素养，主要指学生应具备的，能够适应终生发展和社会发展需要的必备品格和关键能力。研究学生发展核心素养是落实立德树人根本任务的一项重要举措，也是适应世界教育改革发展趋势、提升我国教育国际竞争力的迫切需要。下面以北师大版普通高中课程标准实验教科书必修模块一 Unit 3 Lesson 4 Christmas 一篇题目为 Memories of Christmas 的文章为例，谈谈如何在英语课堂上借助文本落实核心素养。

二、走进课堂，体验文化

1. 新课导入，词汇激活，奠定语言文化基础

围绕核心素养，本课在语言能力方面，要帮助学生储备有关圣诞节的准确表达。设计活动——Step 1 Warm up Brainstorm about Christmas，在图中找关键词，学习圣诞节相关词汇。因为学生初中学过一篇有关圣诞节的文章，此处所列的词汇并不是真正的生词，以 Brainstorm 的形式开始这个练习，既回顾了学生已有的知识，也利于拓宽学生的思维。

2. 发现差异，提升兴趣，感知西方文化意识

围绕核心素养，在学习能力方面，学生要在老师的引导下，体会按照时间顺序清晰地表述自己对于某个节日的记忆，即 Step 2 General reading，时间约 8 分钟。

以 Underline the things they have never expected 为学习目标进行第一遍阅读。如此一来，不仅可以带领学生通读全文，最妙的是老师给出的这个"never expected"的汉语意思是"从未预料到"，将学生引入中西方文化的比较中。"never expected" 带领学生读到的恰恰是西方圣诞节活动，学生们找到的恰恰是圣诞节的特色。

通过第二次读课文在文本中找生词，即 Get familiar with some new words or phrases，这些生词是圣诞节相关词汇。事实上，在学习新文本时，通过整体阅读带领学生通过上下文把握文中生词、短语是一个非常重要的途径，可以加大学生的词汇量，扫清阅读障碍，强化阅读思维，进一步深入文本，关注文本主体结构。一边读课文，一边构建思维导图，有利于学生对于文章结构以及圣诞活动的掌握。

最后以小组或个体形式复述，内化语言。通过几个 Multipl-choice 练习，训练学生在阅读过程中的回文意识。通过引导学生不断回文，找出线索，学生渐渐学会分析和体会作者字面后的情感，为产生良好的输出效果打下基础。

3. 感悟文化，引起共鸣，输出文化情感价值观

在文化品格方面，学生要在阅读中发现和体会文化的共性与差异；在思维品质方面，学生要在老师的引导下，走入文本，深读文章，体会在不同文化中人们庆祝节日时所流露出的真实情感，感悟尽管文化形式上有差异，但文化的本质有很多共通之处。每个人在庆祝节日表达自己情感时也在传承文化与传统。在多次组织略读、精读和研读文本阅读的基础上，教师组织开展不同形式和主题的交流活动，如开展"Sharing Memories of ＿＿＿＿ Festival"活动，教师组织学生做好充足的准备，分别以小组活动交流，再以学生个体展示分享"美好节日记忆"接龙活动，最终通过庆祝节日，感受东西方文化和传统。

三、走进文本，感悟文化

著名思想家罗曼·罗兰曾说："从来没有人为了读书而读书，只有在书中读自己，在书中发现自己，或检查自己。"为此，我们可以从认知加工的角度把学生的学习能力分为阅读能力、思考能力和表达能力。

1. 课堂教学文本化，文本教学文化化，文化意识活动化、互动化

本课题的研究方向是引导学生走进文本，感悟文化与情感。学生阅读文本时，更多停留在字面内容，他们最常说的话是"大概意思懂了"，通常他们对于深读文本兴趣不大，主要是没有读出深意，没能体会到细腻感情的流露。综上，教师应在课堂教学中通过引导学生精读文本，挖掘文本内涵，引导学生走进文本，感悟文化及情感。

要想引导学生走进文本，感悟文化，在教学设计上，教师就要精心斟酌，确定本课最终的输出活动是什么。教师不难发现，学生对于英国的圣诞节文化理解很浅层，而且忽视了人们过节时的情感体会。通过不断阅读文本，最终设计的输出活动应该为分享自己对于某个节日的记忆。在本篇课文的学习中，教师先后两次为学生的输出储备了一些词汇、短语等语料。再有，在输入环节，教师有意识引导学生关注文章结构以及作者的思维，强化了表达的逻辑意识。总之，学生在输出时能感悟到节日所蕴含的文化，自信地表达自己的观点。

2. 阅读教学多元化，课堂设计思维化，思维训练深度化

帮助学生形成思维导图，内化语言、结构和情感，扎扎实实做好输入。本次授课的对象为高一实验班，学生们整体基础较扎实，大部分学生对英语学习有热情，但其中个别学生偏科严重，还有一部分学生的英语听说能力较差，对英语学习有恐惧心理。经过开学近两个月的学习和训练，大部分学生能听懂老师常用的英语指令，也有想开口用英语说话的意愿，只是一方面担心自己说错，另一方面说话前没有构思意识，经常想到哪说到哪，欠缺说话时的逻辑意识。此外，学生更多地在说 fact，很少说到 opinion 和 feeling。所以本节课旨在针对学生的特点有意识地从文中提炼语言，关注结构，引导学生深读文本，体会文化与情感内涵，在输入环节尽量做好这些铺垫，希望学生能在输出环节自信地表达自己的观点。

教师必须以事实、数据和证实的知识为依据进行推论和拓展。有条理的思维是周到、系统、有逻辑的，有深度的思维才能直达事物本质。

3. 问题设计层进化，层进问题逻辑化，逻辑问题特色化

课堂教学设计首要问题是设计问题层进化，例如本课在精读阶段设计以下问题。

Ⅰ When did the writer's Christmas begin? What did he do? What feeling can you sense from him?

Ⅱ What happened with December? How did he feel?

Ⅲ What's the main idea of this part?

以上三组优质问题，可谓层层推进，给学生留下了思考的空间。通过问答活动，可深度挖掘深层含义，不断提升思维品质。其中第二组问题设计，先是关注了文本表层信息，之后又关注了文本深层信息，以"How did he feel?"为渐进化问题，通过直接信息和间接信息让学生在观察、思考中，一步一步深入文化，把握特色。

四、直面教育，着眼未来

教育部原部长陈宝生说："教育改革只有进入课堂的层面，才真正进入了深水区；课堂不变，教育就不变，教育不变，学生就不变。"由此可见，在课堂层面发展学生"核心素养"的问题，培养学生适应终生发展和社会发展需要的必备品格与关键能力至关重要。

课堂教学要基于问题，怀有研究的态度，追求学生的成长，服务学生，达到教师的专业成长。英语课堂教学要精准发力，激发学生兴趣，挖掘文本本质。"淘尽黄沙始得金。"英语课堂教学活动、教研活动就是要做到实说真评，达到求真效果。

课堂教学的核心要素重在"问、思、论、察、效"，旨在让学生感受过程、领悟内涵、发现规律、发展智慧、养成习惯，切实提高课堂的实效性，唤醒学生的主体意识，落实学生的主体地位，促进师生智慧的共同成长。

课堂教学核心要素

课堂教学的本质问题是建立并开展教师评价研究，发现自己，以形成性积分评价引领机制的真正建立为根本点，逐步制定并不断完善一整套有特色、讲实效的课堂评价体系。

核心素养导向的课堂教学应该是具有丰富的"带得走"的课堂。"带得走"内涵相当丰富。它是指学生掌握进行学习活动必备的基本技能，不仅是现在，也是将来学习和生活所不可少的技能。

总之，教育的本质是教书育人，其宗旨是培养人，把学生从一个自然人发展成为一个社会人，即具有人文精神的社会主义建设的完整人。这是每一门学科的根本任务。怎样才能把人文精神即人文性体现到日常的教学过程中去，是每一个教育者都必须思考的问题，同理，每位教师的成长都将成为链条式发展。

成果2：挖掘文本主题内涵，培养学生发展核心素养

——以人教版八年级《Unit 7 Will people have robots?》
初中英语写作课为例

"文本"对应英文的 text、version，是指书面语言的表现形式，从文学角度说，通常是具有完整、系统含义的一个句子或多个句子的组合。一个文本可以是一个句子（Sentence）、一个段落（Paragraph）或者一个篇章（Discourse）。这里指的是人教版初中英语教材中的文本，不仅是英语老师在课堂上传授语言文字的工具，而且是一种情感思想交流的载体。

为此，对于海淀区初中一线的英语教师来说，在教会学生掌握语言知识、技能的同时，注重挖掘文本的主题内涵，从而培养学生发展核心素养，是一项不可或缺的任务。现以育新学校杜红老师所执教的人教版八年级《Unit 7 Will people have robots?》初中英语写作课为例，阐述英语教学中如何把握文本的真正内涵，找准主题的切入点，细心启发学生、引导学生，以达到促进学生发展核心素养的目标。

一、研究背景

从20世纪90年代开始，美国、日本、新加坡等国家及国际组织陆续构建学生核心素养框架。学生发展核心素养是指学生应具备的、能够适应终生发展和社会发展需要的必备品格和关键能力。2016年9月13日，我国学生发展核心素养研究成果发布会在北京师范大学举行，标志中国学生发展核心素养框架基本建立起来。

"核心素养"已成为当下教育领域的热词。中国学生发展核心素养的提出，是为了解决教育教学中多年存在的积弊，给中国教育指明一个长远发展的方向。

二、如何挖掘文本主题意义，培养学生发展核心素养

文本的主题比较难以理解，教师应引导学生依据文本选择问题讨论法、预测法，使学生们自由地交流和沟通彼此的观点，从而在相互启发下，深化对主题的理解。

1. 听说交流，直入主题

> "同学们，首先我们来听一听我们的老同学戴超发来的信件，看戴超要给我们讲什么事，他未来的目标和现在的打算是什么。在听第二遍的时候，请大家学会做听力笔记，在听的过程中记录关键词，更重要的是记下它给你带来的思考。好，大家做好准备了吗？让我们一起走入文本，看戴超写了些什么。"

我国古代对主题的称呼是"意""主意""立意""旨""主旨""主脑"等。主题是作者对现实的观察、体验、分析、研究以及对材料的处理、提炼而得出的思想结晶。它既包含所反映的现实生活本身所蕴含的客观意义，又集中体现了作者对客观事物的主观认识、理解和评价。在听、说、读、写语言材料中，教师应引领学生通过听、说、读、写不断挖掘文本主题，领悟内涵，避免见词不见句、见句不见文的碎片化学习。在2017年初三新中考中，听说复述是让学生在听的基础上，梳理文本脉络，形成主题式思维导图，进行简要的内涵式复述。

2. 走入文本，初知大意

> 学生听了两遍文本信息后，教师问："这封信里写了戴超所做的重要事情，即主题活动。好，同学们听出了这封信的主题是什么了吗？对，L同学回答得很棒，是关于戴超未来20年以后作为伟大作家的生活……大家在听的时候，写了一些关键词，比如说购物、做饭、机器人，还有无人驾驶小汽车等。还写了什么？哪位同学说一说？是的，正如W同学所说，这封信描写了未来20年的神奇变化。"

第二个环节是边听边速记关键词，根据主题的核心内容，确定主题展开的基本线索，再顺着这些基本线索，确定主题的具体内容，并创设相关的教育环境，组织开展听、说、读、写一系列教学活动。

3. 深入文本，品味情节和人物的语言和心理活动

（1）品味情节——奇妙无比。

教师引领孩子品味戴超信件中的内容，边听边品味文本，同时不断憧憬未来生活（我想当什么—未来的生活会怎么样—未来的生活怎样才能变得更加美好）。

（2）品味人物语言和心理活动——美不胜收。

揣摩人物的语言和心理活动，让孩子从听到的文本信息中找出描写戴超动作、神态的语句。划分二人小组，用听到的内容进行对话问答，感受戴超未来的美好生活。

在两遍听说中，老师组织了第一个活动——男女生小组比赛评价。活动引发了学生的学习兴趣，问题充满了启发性，学生充分发挥想象，并形成对话。问答比赛活动现场生成性高，男女比赛是学生课堂兴奋的关键点。课堂实现了预期目标：学生能够在一般将来时的背景下，对自己未来生活的职业、住址、娱乐活动等方面进行描述；培养了学生的情感、态度、价值观，引导学生做有梦想的人，为实现梦想而付出行动。教师还布置将课堂讨论后的所思所悟作为写作资料，完成写作。

三、小组写作，升华主题

小组写作活动开始，教师把教学重点放在听、记、写三个环节。通过听说，教师带领学生对本单元上一节课的语句进行巩固练习；学生根据教师提供的范文，通过练习创造自己对于未来的想象；教师在听说活动后引领学生运用本单元的目标语句以及所学知识描述自己未来的生活，引导学生正确认识自我、发展身心、规划人生等，具体包括珍爱生命、健全人格、自我管理等。

1. 主题映入，站位有高度

首句入景，文本挖掘透彻，学生应用迁移能力非常强。明确主题的一大要素，即 20 年后，点明主题的核心要素，即主要的人和主要的事。转化主题的实际意义和美好的前瞻性，即 20 年后的我将走遍全球，并不断为自己的梦想而奋斗。同时，未来 20 年的生活应该是多姿多彩的，详细构思多姿多彩的未来生活。

行文如人。培育学生发展核心素养，体现了学生应具备的、能够适应终身发展和社会发展需要的必备品格和关键能力。研究并落实学生发展核心素养是落实立德树人根本任务的一项重要举措，也是适应世界教育改革发展趋势、提升我国教育国际竞争力的迫切需要。写作课训练不失为一种有效方式。

> **My life in twenty years**
>
> In 20 years, I will become a successful tennis player. For me, my life will be in a such busy mood because I will travel all over the world to play different tournaments. However, my lifestyle will not only be busy, but also colourful. I can go shopping in my free times and I needn't to even to walk out from my house. VR shopping will be popular for everyone.
>
> To make my dream come true, I need to study hard to improve all my subject to get a good grade in the exams which can give me more choices and change chances to reach my dream. However, physical health is also an important part for a tennis player. If I can practice harder now, I will be better in the future because as the old saying goes, "No pain, no gain." From now on, I will try my best to make my dream come true and running on the way to success.

学生作文示例

2. 细节翔实，主题见层进

作文的第二部分主要体现的是学生在认识自我、发展身心、规划人生等方面的综合表现，具体包括珍爱生命、健全人格、自我管理等基本要点。第二部分详细阐述如何实现自己的梦想，关键是学好功课，扎实拼搏。

自主性是人作为主体的根本属性。自主发展，重在强调能有效管理自己的学习和生活，认识和发现自我价值，发掘自身潜力，有效应对复杂多变的环境，成就精彩人生，发展成为有明确人生方向、有生活品质的人。写作融入了学生的思想和情感。

3. 首尾呼应，素养显提升

在第二段结尾部分，一句"No pains, no gains."将首尾两段的主题意义和主题逻辑做了有机的结合。

社会性是人的本质属性。社会参与，重在强调能处理好自我与社会的关系，养成现代公民所必须遵守和履行的道德准则和行为规范，增强社会责任感，提升创新精神和实践能力，促进个人价值实现，推动社会发展进步，发展成为有理想信念、敢于担当的人。学生的作文中有学生对未来社会的认知和思考。

四、抢抓时机，发展核心素养

1. 放眼看世界，把握学科核心素养

培养学生准备问题和形成对话时，教师很巧妙地把语言和文化结合起来，

面对"你长大了想去哪里?"这一问题,教师以开放的情怀、跨文化的意识去点拨学生,拓展学生的回答渠道,引领学生关注西方文化和中国文化的异同点,促进学生在学中开阔眼界,放眼未来、放眼世界。

在听说和读写中教师要重视核心素养,并将其贯通到教学之中,把语言作为工具,培养学生的价值观,使他们在对国家产生认同感的同时,形成对国际的理解力。例如,在学生回答要去国外工作时,老师不应从爱国主义的角度否定学生的想法,而应更多地引导他们到不同的地方,如国内的大小城市,甚至到国外学习先进技术,完成以后再回来报效祖国。

通过课堂主题活动,教师要培养学生具有全球意识和开放的心态,了解人类文明进程和世界发展动态;能尊重世界多元文化的多样性和差异性,积极参与跨文化交流;关注人类面临的全球性挑战,理解人类命运共同体的内涵与价值等。

2. 着眼看文本,培育学生发展核心素养

关注作文审题能力的培养,要讨论问题链之间的关联性。教师需要做的是把学生的作品收集起来进行分析,如审题的缺陷、欠缺的高度等,再细心打磨。

无论哪一个阶段,教师都要紧跟社会发展,不断落实社会主义核心价值观,不断提高对核心素养的深度理解,在语言能力、思维品质、文化意识方面提升自己的认识,真正做到为了学生的发展而发展自己。

要不断培养学生社会参与实践创新能力,即劳动意识,重点是尊重劳动,具有积极的劳动态度和良好的劳动习惯等。还要培养学生解决问题的能力,使他们善于发现和提出问题,有解决问题的兴趣和热情,以及在复杂环境中行动的能力等。还要培养学生运用技术的能力,重点是理解技术与人类文明的有机联系,具有学习掌握技术的兴趣和意愿等。

成果 3：立德育人，单元设计"考教"一体化

——人教版 Book 1《Teenage Life》单元整体教学设计

一、单元教学设计说明

本单元的话题是 Teenage Life，在新课程标准中属于人与社会、人与自我的主题语境中的子课题。本单元主要是阅读美国的校园生活，了解高中学生的课外实践和活动。听说部分主要讲新生选择学校俱乐部。阅读与思考部

分主要讲学科实践活动、社会实践活动、校园的同学师生以及校园生活，还有竞选拉拉队队长等。读写部分则讲学生交友方面的困惑和解决办法。语法部分围绕着话题在主题语境下学习形容词性短语、名词性短语和副词性短语。本单元还设计了观看与讨论，通过图片和视频了解学生如何在校外放松，如何在校园生活，以及所向往的生活方式。本单元从各个视角，以不同的题材引导学生去体验校园生活，去解决生活中面对的困难，去讨论和思考高中生活所面临的问题和困惑，以及校园生活的意义和价值。

美国学者埃德加·戴尔（Edgar Dale）于 1946 年提出了"学习金字塔"的理论，该理论认为在语言学习中，阅读能够记住学习内容的 10%，聆听能够记住学习内容的 20%，看图能够记住 30%，看影像、看展览、看视频、现场观摩，能够记住 50%，讨论发言能够记住 70%，做报告能够记住 90%。同时，高中英语教学鼓励学生通过自主探究、自我发现和主动实践等学习方式，形成具有高中特点的英语学习的过程和方法。所以，教师作为教学的组织者，在本单元的教学设计中，采用了多种任务形式的教育学活动，让学生在主动学习与参与中掌握教学的重难点。

新课标还指出，单元是承载主题意义的基本单位，单元教学目标是总体目标的有机组成部分。单元教学目标要以发展学科核心素养为宗旨，围绕主题引领的学习活动进行整体设计，有机结合课程内容六要素，并根据教学实际需要有所侧重，避免脱离主题意义或碎片化的呈现方式。在此基础上，教师将本单元的内容进行相应的整合，以关注主题语境下的整体性。

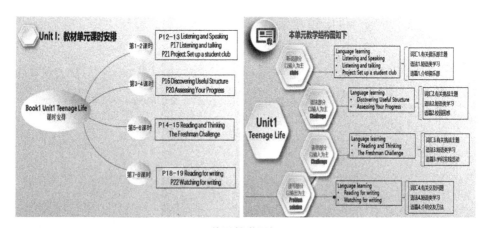

单元教学目标

二、单元学习目标与重难点

在本单元学习之后，学习者应能够运用英语简要地介绍和描述学校不同的俱乐部，进一步了解并选择适合自己的俱乐部；面对新的高中校园生活所带来的挑战，学会负责，敢于担当；拓展自己的想象力，描述自己所会遇到的困惑以及解决的方式。

- 本单元学习目标：

（1）学生了解不同语篇的学习目的以及不同语言的相关结构特征。

（2）学生在语篇学习中学会使用名词性短语、形容词性短语和副词性短语，并运用所学的语法知识描写真实和想象的校园生活中的不同物体、不同事件以及不同人物。

（3）学生学习有关校园生活话题的词汇和句式语言，能够用文字描述自己所选择的俱乐部和在校园中遇到的困惑、挑战及美好的校园生活。

（4）拓展学生思维，提高学生批判性、鉴赏性和评价性能力。

- 本单元学习的重点：

（1）学习和掌握有关青少年生活话题的词汇和句式。

（2）理解和使用名词性短语、形容词性短语和副词性短语。

（3）了解不同体裁语篇的结构特征和写作风格。

- 本单元的难点：

了解不同体裁语篇的结构特征和写作风格，能够初步运用英语语法知识、短语来介绍校园文化，如俱乐部、学科实践活动、社会实践活动、交友中产生的困惑及解决办法。

三、单元整体教学思路

整个单元兼顾听、说、读、写四大技能，每一课的侧重点都不同，教材的语言材料设计了以下语言知识。

（1）有关芭蕾舞俱乐部、自然俱乐部、志愿者俱乐部、辩论俱乐部、音乐俱乐部等方面的词汇。

（2）与各俱乐部相关的描述与解释的短语。

（3）关于俱乐部的导览文、采访稿等，以及英语应用文的特点。

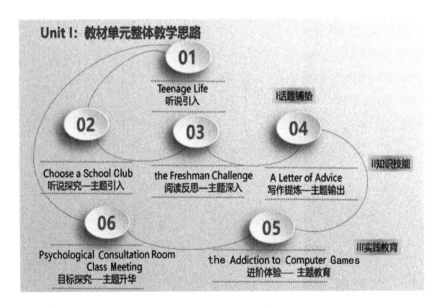

单元整体教学思略

单元话题也引发学生对俱乐部的鉴赏思考，教师引领学生运用英语介绍校园优秀传统文化。为此，把本单元教学设计分为输入和输出部分。

（1）听说部分以输入为主，话题是俱乐部。这样可以将 P12—13 Listening and Speaking、P17 Listening and talking、P21 Project：Set up a student club 放在

一起学习，聚焦俱乐部鉴赏主题并学习语法，同时理解文本中与俱乐部相关的词汇。

（2）语法部分以输入为主，将 P16 Discovering Useful Structure、P20 Assessing Your Progress 放在一起学习，聚焦校园设施、校园师生、校园交友中的困惑，学习名词性短语、形容词性短语和副词性短语，并理解主题语境中的相关短语，学会写与主题相关的读后感或者文章评论。

（3）读思部分，以 The Freshman Challenge 输入为主，以挑战为主题进行学科实践活动，培养责任意识，并学习阅读策略和阅读技巧。同时完成文本中有关新手挑战相关词汇的理解。

（4）读写部分以输出为主，结合本单元的语法和词汇，产出口语"我的困惑"以及书面表达"建议信"，以班会或者心理咨询师的形式，开展有关交友方法的综合实践活动，并开展视频观写活动。

四、单元备课引发的几点思考

1. 单元设计具有丰富性

（1）话题的丰富性。

校园里有哪些话题可以说？有哪些话题与学生有关？丰富的话题可以提高学生的语言表达能力。

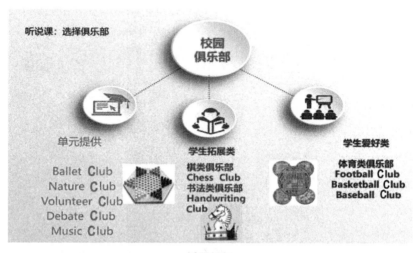

话题拓展

（2）词汇的丰富性。

在《Reading and thinking》一文中学生积累了表达问题和建议的短语。

词汇积累

Noun phrases	Verb phrases（拓展类）	Adj. phrases
the freshman Challenge	set up	be very worried about
advanced literature	get used to doing	feel terrible
homeless people	keep up with	be anxious
the school advisor	sign up for	
senior high school, a really big challenge		
the suitable ones		
the extra curriculum activity		
the extra curriculum courses		
通常做主语，宾语表语	动词短语通常做谓语和非谓语	
关键词	Fluent, graduate, quit, obviously	

在《Reading for Writing》一文中学生积累了表达问题和建议的短语。

短语积累

Noun phrases	Verb phrases（拓展类）	Adj. phrases	Adv. phrases	Prep. phrases（拓展类）
too much time	focus on	be very worried about	too often	online = on the internet
new hobbies	concentrate on	feel terrible		
other kinds of advice	become addicted to	be anxious		
	encourage somebody to do			

2. 句型结构的准确性

通过学习语法，学生掌握了各种短语，在此基础上拓展句子的基本结构、基本类型，并能够精确使用。

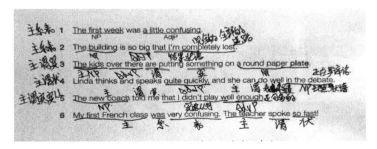

句型拓展

3. 文本学习的多元性

学生在阅读中,通过猜词和把握主题细节,掌握了本课需要学习的生词和短语。如:Do you think Mr. Luo's advice is useful? Why or why not? 在回答此问题时学生用了本文阅读中新学的短语:I think I should encourage him to focus on other things in life, instead of concentrating on playing computer games constantly.

4. 写作完整性和目标性

Ⅰ. 自然俱乐部

There are four students in the Nature Club because they are interested in plants and animals. They are planting trees. Now, one is carrying a tree and holding it straight. One is digging some soil for the tree, while other girls help them. Actually, they are very good extra-curricular activities of senior high school students, such as planting trees or raising animals.

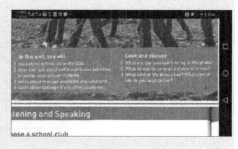

Ⅱ. 芭蕾舞俱乐部

A beautiful girl loves dancing, so she often dances in the Ballet Club. Now, she is learning new movements. She often practices dancing with the help of dance pole. As a dance player, she can dance on the tiptop wearing a white short skirt with two belts on her shoulders. Actually, she is good at dancing and very pleased to have this extra-curricular activities to build up her talents.

写作方法概述:描写图片,即找出图片中的要点写成段落主题句,然后对要点形成 2~4 句解释加结论。

5. 单元学习的评价性

本单元多次提供评价学习分析:师生间、同学间、小组间的互评和自评。

评价是反思的形式,通过评价,学生可以对本单元学习中所感兴趣的内容以及新学的内容、有价值的内容,还有学习中遇到的问题有所了解,以便为学习者和教师提供继续学习的依据。

Reflecting:

- Which reading in this unit did you find the most interesting? Why? What new things did you learn about teenage life from this unit?

• What new vocabulary and structures do you learn in this unit? Did you use any of them in your language activities? How well could you use them?

• Do you think scheming was useful for you to understand the text? What problem did you and your friends have with this unit? How did you solve the problem? What advice did you give each other?

Evaluation	Scores				
1. Are all the parts of a letter included and organized in the good order?	1	2	3	4	5
2. Does the writer give reasons for the advice?	1	2	3	4	5
3. Does the writer use proper expressions to give suggestions?	1	2	3	4	5
4. Does the writer use commas and stops correctly?	1	2	3	4	5
5. Is the handwriting easy to read?	1	2	3	4	5

6. 综合运用的层进性

（1）问：在语言运用准确性方面有所提升，能够充分运用本单元所学的名词性短语、形容词性短语和副词性短语。

（2）思：在语言丰富方面可以运用不同的句式，尤其要突出表建议的句式、非谓语形式，用相对丰富的语言替代单句或者单调的句型。

（3）论：能够判断和交流应用文的5个基本构成部分。

（4）察：在语句衔接方面能够有意识地使用恰当的连词、副词等短语或者单词，体现句子之间的过渡与逻辑关系。

（5）效：能够在新学文本的基础上逐步进行口语和书面表达主题活动——建议信的整体理解和使用，逐步发现困惑、分享建议和理由。

学科教研素养

学科教研素养即教师在学科教育教学科研实践活动中形成的比较稳定的且长时间内起作用的品质，主要有思想素养、理论素养和能力素养。

从思想素养方面讲，教师必须具有科学的价值观和高度的责任感和事业心，必须具有强烈的科研意识和科研动机。

从理论素养方面讲，教师要把握科研的基本理论知识、基本理论方法和相关专业知识。

从能力素养方面讲，教师要具备捕捉问题的能力，创造与创新能力，践行实践和动手能力，分析评价能力，组织协调能力。

学科科研素养源自教师的使命感、责任感。教师要在工作实践中不断积累科学的学科研究方法，提升自身的学科研究能力。

成果1：基于设计课堂听说活动，多元培养学生思维品质

> **摘要：**（2017）高中英语课程标准把课程目标定位于学科核心素养，其中思维品质被列为英语学科核心素养的关键要素之一。这就意味着课堂教育教学方式需要不断发生变革，特别是高阶思维能力的培养，对基础教育阶段学生的语言能力有了更高要求。
>
> 2020年12月17日，顾明远老先生在"中国好老师"年会上说："学生的成长在于活动！提高人的生命质量和生命价值是教育的真谛！"杜威说："学习就是要学会思维，学校为学生所能做的或需要做的一切，就是培养学生的思维能力。"诚然，英语教育必须着力发展学生的思维品质。本文将以笔者执教的一节听说研究课为例，探讨如何做好课堂听说活动设计，培养学生思维品质的开放性、准确性、深刻性、批评性、灵活性和创造性。
>
> **【关键词】** 精准设计　听说活动　思维品质

一、"发现课堂"多元提升思维品质

本节课的教学对象为初三学生，教学内容是人教版《新目标英语》九年级 Unit 7 Teenagers should be allowed to wear their own clothes。本单元的核心话题是"规则"，话题内容是青少年应该做什么，不该做什么。通过学习，学生能够使用更丰富的语言描述校园生活，尤其是有关学习、迟到、考试、校规等问题的对话，并能展开讨论，表达同意或不同意，同时陈述自己的理由。

1. 设计真实语境，激发学习兴趣，奠基思维的开放性

首先要给学生创设一个宽松、民主且相对自由的教学氛围，发展学生思维。将话题与学生实际紧密相连，沉浸式课程学习，以期学生思维更活跃，有话可写，愿意表达，从而促进学生思维开放。

导入环节中，笔者以学生不穿校服、用手机、迟到等违反校规的行为图片作为男女生竞猜游戏的素材，学生看着屏幕上的自己愉悦地进入主题学习，很快活跃了课堂气氛，激活了已有知识储备，自然过渡到本课内容——你的朋友

Peter 迟到是否应该允许他补考的讨论。"Should he be allowed to take the test later?"由于前面的活动将学生带入讨论中，学生纷纷发表自己的意见，"He shouldn't be allowed to take the test later. Otherwise, there'll be more students breaking the rules." "He should be allowed to take the test later, anyway, he's not on purpose." "If it's a big test, how should he be allowed to take the test later?"

设计意图：在教学导入环节利用插图、游戏、问题等形式，将要输入的新信息与学生大脑中的知识结构建立联系，激活学生已有内容图式，引导学生积极思考，从而使其思维活动处于活跃状态，促进思维的开放性。

2. 设计策略，培养学习习惯，提高思维的准确性

就过程性思维的准确性而言，笔者认为首先学生要会说、有话题可说，进而深入理解文本，从不同角度表达自己的看法。为此，笔者设计了听前预测、听中推断、记笔记、听写等活动。预测后，笔者给出问题和提示词语，指导学生记听到及想到的信息并核对。然后提出问题"What happened to Peter?"同桌互相交流，用不同颜色的笔标注从同伴处获得的不同信息。

学生笔记

1st writing 自己完成	miss the test, had to walk to school, unfair, chance, could pass the test, not allowed to be late
2nd writing 借鉴同桌	a big test today, Peter missed, the school has to make rules, talk to the teachers after school, explained

接下来继续追问："What rule does Peter break? What did he think was unfair? Why? Did he think it was unfair? Why or why not?"反复运用"be (not) allowed to do something/I agree/disagree…"句式。学生在回答、转述、角色转换及对细节、主人公态度、观点的追问等环节中都能自由交流。

设计意图：体验复杂微妙的感知过程，理解所听、看到的信息，并进行重组。借助笔记，学生快速并准确记住内容，逐步加深对听力文本的理解，这一系列活动极大提高了其思维的准确性。

3. 设计语言活动，创设语言环境，发展思维的创造性

学生认知结构的完善终将依靠自身完成。通过搭建活动平台和问题链将课堂还给学生，让他们自主探索完成学习过程，发展思维的创造性。

任务一：创新情境模仿。创设一个生—生情境：Peter 班上的同学 Mary 遇到 Peter，根据笔记内容，两两对话。

任务二：迁移、创造性运用。创设师—生情境：物理老师与迟到学生的对话，物理老师认为 Students are not allowed to be late for class. 师生两两对话。

设计意图：笔者设计的环节由浅入深，不断创设新情境，让学生发挥想象，提升思维的创造性，最终达到学以致用的目的。

4. 设计高阶问题，激发团队智慧，发展思维的批判性

思维批判性是指能抓住要领，善于质疑辨析。问题思考："Do you think a strict teacher is good for students? Why or why not?" 学生以小组为单位，各抒己见并形成记录。

S1：A strict teacher can help keep students focused and educate them well. However, a balance between being strict and nice will allow students to have an interest in the subject and respect for the teacher.

S2：I agree with that. Anyway, strict teachers are good for me. I used to be lazy and always didn't do my homework. Thanks to my English teacher, Ms Ma, who is very strict with us and always pushes me to study hard, now I become a lot better than before!

设计意图：让课堂从浅层走向深层，突破现有观念，寻找新方法，设计思辨型的课堂活动，培养学生从文本中自然衍生的高阶问题，在小组思维碰撞中，不断自我评价与调节，审视自己的观点是否合理，从而锻炼批判性思维能力。

5. 设计思辨活动，综合运用语言，发展思维的灵活性

思维的灵活性：一是思维起点灵活，即从不同角度、方向思考面临的问题，探索行之有效的方法；二是思维过程灵活，从分析到综合，全面而灵活地作综合性分析；三是概括、迁移能力强，运用规律的自觉性高；四是善于组合分析，伸缩性大，思维的结果呈创新型。

接着，学生谈论有关穿着校服的校规，学生从支持与反对两方面进行论述，经过分析讨论认知：学生应该穿校服，但要改进校服的质量且符合学生审美，延展到对其他校规的看法，在分析利弊的基础上，提出合理化建议。

校规：Students are not allowed to use cell phones at school.

不赞同学生：If students are allowed to use the cellphones, some of us may be distracted by the cell phones or indulge in mobile games and can't concentrate on the schoolwork. Also, the unexpected rings in the middle of a lesson will disturb the class.

赞同的同学：Cell phones have many advantages. For example, we can use cell phones to search for information to broaden our horizons. Whether we should be allowed to use our cell phones or not depends on how we use them. Hope everyone can use the cell phones in the right way.

设计意图：调研中发现学生对部分校规很有想法，违规学生认识不到自己行为的不当，认为校规约束了他们，以至于个性得不到张扬，而没有思考为何出台这些校规。为此，开展这样的思辨活动可以改变其对规则一味抵触的心理，不断优化他们的思维品质。

6. 设计课后话题，培养语言能力，发展思维的深刻性

思维的深刻性表现在智力活动中深入思考问题，善于概括归类；逻辑抽象性强，善于抓住事物的本质和规律，开展系统的理解活动；善于预见事物发展进程，进一步激发学生思维的深刻性。

经过激烈的辩论，学生明白了应如何正确对待规则。笔者为学生设计了一项书面作业：You are required to use "be allowed to do/be (not) allowed to do" to express the school rule and "should (not) be allowed to do" to express your opinions.

Write a short essay about one school rule for students or teachers:

1. What is the rule?
2. Do you agree or disagree?
3. List at least 3 reasons.

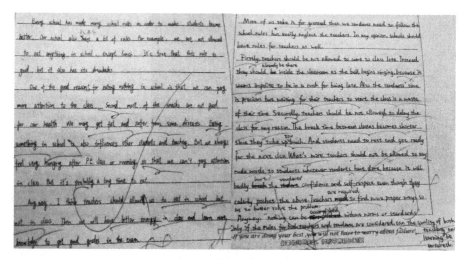

学生作品

设计意图：这一任务设计旨在让学生将所学的知识内化与迁移。从课堂效果看，学生在课外有更多的实践思考与斟酌，再次产出的短文更符合逻辑，更有深度。

二、"优化课堂"，丰富语言思维，提升生命品质

随着课程改革的推进，课堂中培养学生的思维品质同样刻不容缓。教师应开展"创设生活语境""设计原生活动、形成多元之架"，做好三个"必须"。

1. 创设接近实际生活的语境，是思维品质培养的必需

在教学中教师要把语言材料放到真实的语境中，使学习者直接接触语言，获得真实体验，所习得的语言是动态的、有血有肉的。创设接近真实生活的语境以培养学生思维品质为支点，经历参与、体验、互动、交流和合作等多种学习方式，充分发挥自身的想象力，激发生命活力。

2. 设计以学生为中心的听说任务，是思维品质提升的必需

创设学生熟悉的生活化情境，营造和谐的课堂学习氛围，让学生有话可说，有感可发。就本节课而言，笔者充分考虑了学生的语言水平相对较高、思维相对活跃的特点，坚持培养学生的思维品质，让学生的思维能力在潜移默化中得到提升。

3. 设计听说技能与策略的指导，是思维品质多元的必需

本节课笔者渗透了听前预测、抓取关键信息、区别重要信息与次要信息等技能的培养，同时渗透了边记边听策略。这些策略的运用为学生思维品质的延展奠定了基础。

参考文献

[1] 吕秋萍. 基于思辨能力培养的初中阅读教学活动设计 [J]. 中小学外语教学，2016：49–53.

[2] 赵尚华，初中英语教学关键问题指导 [M]. 高等教育出版社，2015（12）.

成果2：当代信息技术与英语教学整合的实践操作

> **摘要**：在信息化铺天盖地的当今社会，教师应该掌握将信息技术与课程整合的技能，这是素质教育发展的需要和必然趋势。英语教学不但要以最先进的教育思想和观念作为指导，还要采用最先进的信息技术手段和方法，争取最佳的教育效果，从而创建新型教学模式。本文就信息技术与课程整合的本质、意义以及信息技术与初中英语听说教学的整合等问题进行一些简单的阐述。
>
> **【关键词】** 信息技术　盒子鱼　趣配音　课程整合　中学英语听说能力

信息化是当今世界经济和社会发展的大趋势。信息技术已成为拓展人类能力和创造性的工具。"信息技术与课程整合"的教学思想是20世纪90年代中期发展起来的，有着鲜明的信息时代的特色。它的研究与实施为学生主体性、创造性的发挥奠定了良好的基础，对素质教育的实施具有重要作用。信息技术已对传统的教学的模式提出了挑战，运用现代信息技术进行英语教学是英语教学的一大发展趋势。信息技术是指信息产生、加工、传递、利用的方法和技术。课程整合是指使分化了的教学系统中的各要素及其各成分形成有机联系并成为整体的过程。将信息技术与英语学科进行合理整合，已成为当前教育教学改革的发展方向，也是深化学科教学改革的根本途径。英语教学的目的在于培养学生的英语语言交际能力，从而激发学生的学习兴趣和学习积极性，让学生由喜欢学习到情感上愿意学习，发展到积极主动地自主学习。

一、信息技术与课程整合的本质

随着人类对信息处理方式的变化，特别是计算机技术和网络技术的成熟、发展，信息技术有了根本性的革新。信息技术所带来的学习方式上的变革使它成为课程整合的一个切入口，而课程整合为了实现它的时代目标也选择了以信息技术为依托。目前我国教育研究领域中讨论的"课程整合"都锁定为信息技术支撑下的课程整合。这既与整个国际环境中对人才的信息素养要求有关，又与我国当前的基础教育课程改革相呼应。信息技术与课程整合的本质和内涵就是在先进的教育思想、理论的指导下，尤其是在"主导—主体"教学理论的指导下，把以计算机及网络为核心的信息技术作为促进学生自主学习的认知工具、情感激励工具与丰富的教学环境创设工具，并将这些工具全面应用到各科教学过程中，使各种教学资源、各个教学要素和教学环节经过整理、组合，互相融合，在整体优化的基础上产生聚集效应，从而促进传统教学方式的根本变革，也就是促进以教师为中心的教学结构与教学模式的变革，从而达到培养学生创新精神与实践能力的目标。简而言之，信息技术与课程整合，不是简单地把信息技术作为辅助教师教学的演示工具，而是要实现信息技术与学科教学的"融合"。它要求突出作为整合主动因素的人的地位，并且实现人与物化的信息之间、网络虚拟世界与现实世界之间的融合。

二、信息技术与课程整合的意义

信息技术与课程整合有利于学校素质教育的实施，能充分发挥学生的主动性与创造性，从而为学生创新能力和信息素养的培养营造最理想的教育教学环境。

（1）可以增强学生的批判性思维、合作技能和解决问题的能力。

（2）使信息技术的运用成为学习过程的有机组成部分，从而使学生掌握信息的收集、检索、分析、评价、转发和利用的技能。

（3）不仅促进了班级内学生的合作交流，还促进了本校学生与网络学习社区的合作交流，从而开阔了学生的视野。

（4）有利于培养合作精神并促进高级认知能力发展的协作式学习，有利于培养创新精神和促进信息能力发展的发现式学习。

三、信息技术与英语教学的整合

以计算机技术和网络技术为主体的现代教育技术的发展，为小学英语创设了良好的外部环境。为了构建科学的创造性思维的现实模型，探索适应培养创新思维的新型教学模式，我们在教学实践中，对创造性思维在英语课堂教学的应用进行了一些尝试，旨在通过电脑参与课堂教学来改变教学模式，提高教学质量，激发学生的好奇心和想象力，从而达到培养学生创造性思维的目的。

（一）创设情境，建立共同经验范围

学生的学习兴趣是学生学习活动中一种自觉、能动的机制，是学生主动学

习、积极思维、探索知识的内在动力。运用电教手段创设情境，可以建立共同经验范围，激发学生学习的兴趣。

在英语教学中，创设情境可以培养学生的形象思维能力。创造性思维的核心是强化学生的好奇心，激发学生的想象力。因此，运用电脑课件设计大量生动有趣的事物、情境、形象，作为引发学生想象力和自由联想的素材，这样一方面激发了学生的求知欲和好奇心，变被动接受知识为主动求索知识，另一方面强化了形象思维，形成了优化的内部心理过程，与优化的外部刺激相互作用，使学生获得有效的认知。如：教学关于 Let's talk 的内容时，教师利用 Flash 软件，制作 Zoom 和 Zip 两个动态人物，由电脑呈现特定情境。同时用正常语态播放会话："Hello, Zoom! Nice to meet you! I like hamburgers, what do you like？""I like a hot dog."学生边看边听，结合画面所提示的情境，努力揣摩对话含义，这时学生的注意力已经完全被吸引到课堂中来了。接着，教师指导学生跟读重点对话"I like hamburgers, what do you like？""I like a hot dog."此时，再向学生询问对话意思。学生通过自主的形象思维学习已经基本理解了对话内容。当学生的注意力和兴趣开始稍有减退时，教师可用角色扮演的方式，挑选几个学生扮演对话中的角色。模仿者的声音妙趣横生，课堂气氛相当活跃，有的学生几乎到了下意识开口就说的地步。

（二）扩大词汇量，启发学生的空间思维

由于空间思维形式是对事物的空间视觉表象去把握，从而做出概括与间接的反映，因此，运用电脑动画将单词的含义与单词的空间结构表象结合起来，既能增加单词学习效果，又能培养学生的空间思维能力。如：在学习《We love animals》这一课的 Let's learn 时，我将书本中的 dog、elephant、monkey 等单词与磁带读音整合在 PPT 中。在生词学习界面中，屏幕上依次出现该课的动物图片与动画（空间思维形式），学生看到这个画面之后，自然想知道这个单词的发音。于是教师适时播放读音，学生立即可以听到单词的发音。待学生对单词有了总体意象之后，教师再带领学生练习生词，这样在单词含义与单词空间表象之间建立起了必然联系，学生的兴趣开始被调动起来，枯燥的单词学习变得丰富生动，令人头痛的单词记忆变得轻松自然，仿佛是水到渠成。这样，每出现一个单词，学生都争着与电脑比速度，抢在电脑读音之前读完单词，很快就形成了活跃的课堂气氛，学生的记忆能力和竞争意识在轻松愉快的气氛中得到了培养。

（三）利用"盒子鱼"软件，巩固课堂知识

作为新兴的英语学习软件"盒子鱼"改变了英语的教学模式。教师可用全新的智能软件进行课堂教学，这些美轮美奂的视频、电影片段、卡通动画图片等，极大地刺激了学生的视觉，抓住了学生的注意力。学生面对的再也不是呆板枯燥的作业，而是一个全新的美丽英语新世界。他们不再死记硬背，而是用一种全新的方式去学习教材和课外内容，在欢乐中就能将语言内化于心。

教师还可以随时掌握学生的学习情况，根据学生所学情况推荐新的课程和题目，并根据系统统计的错误率有针对性地讲解题目。对于部分基础薄弱的学生，要求他们跟着"盒子鱼"读课文原文10遍以上直至能够背诵，基础较好的学生可以自由选择所学内容，保证每天学习40分钟即可。学完后，家长发信息告知孩子今日所学情况，教师也可以自行用手机检查每个孩子的学习情况。

（四）激发兴趣，培养发散思维能力

为了打开学生的思路，扩展学生的视野，摆脱传统思想、观念和理念的限制与束缚，教师运用学生们喜闻乐见的卡通形象为学生创造宽松的思维环境，诱发学生的发散思维，达到寓教于乐的目的。如：教唱《Teddy Bear》歌曲时，利用 Flash 软件，制作 Teddy Bear 动画，并播放该音乐，让学生在随着 Teddy Bear 跳舞的同时学会一首歌曲，让学生体会到学习并不是一种负担，而是一种愉悦、一种享受，值得去主动参与和实践。学生在这种极其放松的状态中，思维非常活跃，充分激起了学习的兴趣，积极主动完成英语学习。

（五）利用网上资源，全面提高学生的英语视听说能力

英语"趣配音"中的视频资料基本都是原声电影，里面包含的英语知识是原汁原味的。学生在看这些视频资料时，尝试模仿这些英语对白，可以让他们了解美国人是如何在生活中使用这些语法知识的。学生通过模仿，会不断地纠正自己的口语发音及口语语法，从而让他们学会英语语言口语技巧，帮助他们更好地使用英语表达所思所想，提高他们的口语能力。另外，原声电影中经常会出现一些惯用语或者俗语，学生通过配音可以学到更地道的英语知识。笔者所教班级的学生自从通过英语"趣配音"学习英语之后，就对"说英语"表现出浓厚的兴趣，他们不仅在课堂上说英语，还会在生活中说英语，尤其喜欢说这些英语俗语和惯用语。

教师在利用英语"趣配音"进行教学时，会采用下面几个步骤。首先，学生观看视频资料，了解这些影像所包含的信息。其次，学生听电影原声，包括音调的升降、单词如何发音、如何断句等。最后，学生通过前面两个步骤的积累，尝试为这些影像资料配音。在配音过程中，他们会下意识地模仿原声电

影的发音、语调等，这可以使学生的发音更地道，教师会对配音中出现问题的学生及时进行指导与纠正。学生在课堂上表现出了空前的热情，在整个配音过程中不仅模仿电影的台词发音，还会根据不同的情境调整自己的语气。配音过程充分调动了视、听、说各方面的能力。总而言之，英语"趣配音"的出现，为英语课程教学模式注入了新鲜的营养，提高了学生对英语学习的兴趣，帮助他们实现了发音"本土化"，让学生的视、听、说能力得到全面发展，让学生真正爱上了英语。

这些英语学习资源，不仅为学生提供了更多的学习机会，而且有利于因材施教和个别化教学，更有利于培养学生的学习兴趣，以使其找到获取知识的最佳途径，从而取得最佳的学习效果。

面向 21 世纪的信息社会，我们所需要的是具有开拓精神的创新人才，要培养这样的人才，各学科的教学应具有多方面的功能，它既要传授知识，又要发展多种能力，如学习能力、信息处理技术、解决问题能力。为此，教师必须更新教育教学观念，顺应当前教育教学改革的潮流，担当起时代赋予的崇高责任。把提高教学效果的着眼点放在怎样使学生在有限的时间内高质量地掌握知识，并具备不断更新知识、创造新知识的能力，把发展智力提高到应有的地位，这不仅是现代科学技术发展对学校教学提出的要求，也是全面把握教学任务和教学质量标准的要求。信息技术与课程整合是一个长期而艰巨的任务。然而，随着课程整合实践的深入进行，必将提高师生使用信息技术的意识，必将改变传统的教学模式，必将大大提高教学效率，进而大大推动中小学教育改革的进程。信息技术与课程整合必将成为信息时代中占主导地位的课程学习方式，必将成为 21 世纪学校教育教学的主导方法。

参考文献

[1] 郭绍青. 信息技术教育的理论与实践 [M]. 北京：中国人事出版社，2002，7.

[2] 梅剑峰. 信息技术与课程整合的实践探索 [J]. 小学教学研究，2003 (4).

[3] 尚进. 计算机与英语教学整合的实践操作 [J]. 小学教学研究，2003 (5).

成果3：课例研究促进教书育人新篇章

> **摘要**：教育发展的首位就是教师发展，教师发展的关键就是教师成长，教师成长的根本是教师的专业发展。为此，新任教师专业发展是学校校本研修的重要行动。为此，北理附中在青年教师"五个一工程"活动中开展了小学部、中学部文科和理科课例研讨交流活动，通过集体观课或者观看课堂录像，集体交流研讨发现问题和亮点，并进行自我反思、不断践行成果，推进校本研修活动。
>
> **【关键词】** 课例研究　教书育人

一、课例研究的基本环节

课例研究一般由"教学设计—课堂观察—反馈会议"三个环节组成，可以循环反复，不断改进。每个环节关注的重点各有不同。

1. 教学设计环节

教学设计环节的"四个关注、五个是否"：关注对课堂教学理念的理解，关注对课程标准和教学目标的理解与把握，关注对教学内容的处理与整合，关注对学情需求与教学重难点问题的分析突破；是否体现学生认知差异、能力差异，是否正确运用教学策略与技术，是否说明这节课的研究主题，课后是否有效果与问题是否进一步得到探索和改进，是否明晰自己的教学理想和蓝图。

2. 课堂观察环节

课堂观察环节的"四个关注、五个是否"：关注执教者的实施过程，关注教师的教学理想与实际行为之间的差距，关注教学目标的达成度，关注师生投入和理解的程度与差异；是否有学生参与和互动，小组间是否有相互的合作与交流，是否适时生成了新的课程资源，是否详细收集教学过程中的各种信息和数据，是否注意发现与捕捉关键的教学事件。

3. 反馈会议环节

反馈会议环节的"三个关注、五个是否"：关注分析这节课的得失与感受，关注这节课有哪些成功的亮点，关注还有哪些问题与不足；是否体现学科特点，是否针对学生的问题以学定教，教学行为和教学策略是否需要改进，是否有课后测试和问卷，是否了解当堂的教学效果并提出完善的教学设计。

二、课例研究的基本思路

从实践逻辑角度来看，教师开展课例研究通常是由备课、说课、上课、评课、议课等构成，教师的学科教育能力也需要通过这些教师专业实践来完成。结合我校开展的发现教育，课例研究的基本思路为通过"提出问题（问）—研读教材—设计教案（教学设计）—行动实践（发现课堂）（思）—观察交流（察）—反思提升（论）—修订教案（改）—再行动实践（效）"的循环使教学实践经历"合理化"。

三、主题式观摩课堂录像，研究学科育人创新方法

1. 小学课例研究，共同探究课堂教学环节设计五要素

小学部观摩的是韩硕老师的语文课《雨后》。首先韩老师以一首《宿新市徐公店》古诗进行导入。一幅幅美丽的图片加上教师活泼流畅的导语，激发起学生诵读的冲动。"知识和能力、过程和方法、情感态度和价值观"是语文教学的三维目标。韩老师将这些目标自然地融入教学过程中，教学策略多样、实用、简单。

以怎样的角度反思我们的课堂教学？教学的本质是什么？我们的教学给学生带来什么？学生实际获得什么？针对以上问题本节课围绕"导、备、固、探、拓"课堂教学环节五要素展开。导什么？导入主题古诗《宿新市徐公店》，激发兴趣点，以生活情境为原点，通过层层学习，引发深层价值。备什么？备好前测内容、落实字词把握、提高认知发展水平；备透课文本身，强化课文理解，提高模仿能力、自主学习能力，引领价值判断及正确价值观。固什么？固化背诵诗歌、技能技法、价值体认，这说明快乐的产生不仅依赖顺境。探什么？探究快乐源泉，激发童真童趣，落实课标，提升素养，理解学科本质。拓什么？拓展识字写字，加强快乐体验。

2. 理科课例研究，发现学科素养五关系

（1）备学情，看素养与知识的关系。

授课教师在课前调研学生对于课堂相关内容的困惑，如"人体为什么需要两个肾脏？只有一个肾是不是也可以健康地生活？""为什么人类经过这么久的进化，形成尿液时还需要过滤再重吸收，一次完成不是更好吗？"教师针

发现学科素养五关系

对学生的这些困惑和深化点，进行教学设计。

（2）备学法，看素养与情境的关系。

授课教师认真研读课标和《考试说明》，钻研中考对考生要求，从核心素养的渗透和落实出发，设计教学环节。通过查阅论文和整合资料，设计新情境，加深学生对以前学过的知识的理解，从知道"是什么"深入理解"为什么"。

任务设计：授课教师课前安排学生任意选择合适的材料，制作肾单位模型，让学生在制作过程中，巩固肾单位结构，思考结构与功能的关系。

教师指导：录课之前，授课教师首先在班级进行了试讲，经过师徒交流，最终的教学设计比最初的版本更加突出重点，更切合学生需求，注重学生思维发展，非常有理科味道。

运用 STEM 理念：课上让学生展示模型，对模型加以说明，阐释尿液的形成过程，其他学生评价模型，再修正自己的模型。运用 STEM 理念，是本节课的亮点。

（3）拓活动，看素养与表现的关系。

①注重师生互动和生生合作。通过教师对难点的点拨和小组讨论，学生理解了肾独特的结构特点，及其结构与功能相适应的生命观念。

②贯彻学科融合理念。教师让学生运用化学学科相对原子质量的计算，得出什么物质能通过肾小球滤过膜，什么物质不能通过，结论不再是告知学生，让学生记忆，而是学生自己通过跨学科计算得出，实现了学生做课堂主人、做思维主人的目的。

③注重能力提升。通过解读图表，锻炼学生提取信息的能力，在解释数据变化的过程中，让学生明白重吸收从血液→原尿→尿液的变化。

（4）观生活，看素养与技能的关系。

①联系生活实际。利用最近发生的交通事故，让学生分析兰博基尼车主驾车过程中失去意识的原因，从而启发学生思考，并认识到肾透析不能代替人体肾脏的功能，缺少重吸收过程，需要及时补充葡萄糖等营养物质，否则可能出现低血糖等症状。

②树立健康生活的理念。通过分析肾透析与人体自身形成尿液的差异，引导学生保护肾脏，每天多喝水，及时排除代谢废物，树立健康生活的理念。

（5）拓效果，看素养与情感的关系。

教师根据课堂重难点设计了测试训练，大部分学生已经能够认识到肾单位结构和功能的适应性，较好地完成了测试反馈。

有待继续改进之处为：这节课缺少课堂小结，如果加上最后的小结，明确课堂重难点讲解和展示，会让学生形成更加明确的认识，加深印象，效果会更好。另外，课堂提问的语音比较琐碎，下一步可以向设计统领课堂任务的核心问题这个方向努力，让课堂留白，给学生充分的思考空间，锻炼学生的科学思维。

3. 文科课例研究，发现课堂核心素养五维度

发现课堂核心素养五维度

下面以观摩英语学科《Cultural Life》，分析说明发现课堂核心素养五维度。

《Cultural Life》主要内容是文化传承与发展、创新。议题为："如何认识和处理文化传承与创新的关系——以京剧为例"。要求：学生能够辩证地看待

传统文化，领会对中华传统文化进行创造性转化、创造性发展的重要意义；辨识各种文化现象，展示中国特色社会主义文化自信。

（1）Question 问——优质问题，机智层进。

教师要充分发挥有意识、有设计的启发与引领作用。以京剧的传承和创新为依托，设计层层递进的四大问题：京剧具有哪些特点？京剧在发展过程中存在哪些困难？京剧是否需要变革？京剧传承和创新的出路有哪些？通过系列问题引领学生探讨传承和创新之间的关系。这既符合学生的认知水平，又能激发学生的探究精神和学习兴趣，从而提高学习效率。

（2）Reflection 思——静心探究，独立见解。

教师要积极培养学生的思维与探究能力。教师对传统文化的特征、传统文化继承面临的困境、传统文化创新的路径等知识进行了有机的整合，根据真实情境，分别设置了三大探究活动，在活动中，培养学生自主探究的能力。

（3）Communication 论——对话交流，深度发掘。

课堂采用情境化教学，通过对传统京剧的鉴赏，从学生的现实生活经验入手搭建学习支架。重视学生的亲身体验和实践参与，以学习者为中心，分为5个学习小组，在小组讨论后，分享探究成果。教师根据学生课堂生成，深度挖掘本节课的重难点问题，培养英语学科的是什么（What）—为什么（Why）—怎么做（How）的思维过程。

（4）Observation 察——察觉察悟，揭示本质。

本节课通过呈现京剧的出路是当下中国传统文化继承发展的真实困境，在学生的问、思、论中，提取信息、形成观点，真正领悟对传统文化继承、发展、创新的本质观点：传统文化的继承和发展是同一过程的两个方面，要实现传统文化的创新就需要取其精华、去其糟粕，推陈出新、革故鼎新，并能面向世界、博采众长，以我为主、为我所用。

（5）Effect 效——达成目标，发现素养。

本节课在科学的问、自主的思、开放的论、深邃的察中，师生共同发现学习目标。通过学习本课，学生从历史发展的宏观视野，认识京剧，了解京剧，从而建立文化自信，认同中华民族的优秀文化，辩证地看待传统文化，并能用学科知识解决京剧新出路这一真实问题。

四、课例研究依托主题探究，促进全学科、全学段新任教师专业有效发展

1. 全学科课例研究聚焦教书育人能力探究

学科的核心素养最终要体现在教师和学生身上，它是学科中教师和学生

（或学习个体，老师也是学习者）所体现的涵养，即具备从事专业活动的基础性能力、批判性思维能力、专业表达能力、信息素养与反思能力和综合素养。在学科教学中如何培养核心素养呢？要在"懂得""舍得""习得"三方面下功夫：要懂得学生，热爱和了解学生，从他们的身心实际和生活经验出发，精心设计课堂和教育活动；要舍得用功，对每堂课都花大力气精心设计，备课标、备学生、备资源、备联结、备互动……做一个业务精湛的好老师；要善于习得，在工作中既当老师又当学生，体会"教在学中"的意境与乐趣，实现自己的可持续成长。

课例研究交流活动针对性和实效性很强。教师通过观摩现场教学视频，更好地领悟了发现课堂探究跨学科、跨学段教书育人的教学本质；通过分组讨论，对学科教学育人方法和策略各抒己见，并提出了创新的意见和建议；通过座谈交流，增进了对学科育人的规律性认识。

2. "双全"课例研究促进教育教学研究一体化

课例研究，是以教师的教学实践为基础，通过对一节课的全程观看，了解其中若干件的描述，使之形成个人反思的对象、理论研究的素材或他人学习的范例。课例研究为共同改进教学提供了平台，为深化教学研究提供了有效途径。

课例研究是在新课程改革深入开展的背景下产生的一种教师培训活动方式，是教师课堂教学"轨迹"的真实反映，是一种以"课例"为载体，以观察为手段，以教学问题为对象、以互动对话为特征、以行为改变为目的的教学研究。它围绕如何上好一节课而展开，研究渗透或融入教学全过程，贯穿在备课、设计、上课、评课等教学环节之中。活动方式以同伴成员的沟通、交流、讨论为主，研究成果主要呈现样式是文本的教案和案例式的课堂教学。所以课例研究是一种"教学与研究一体化"、行之有效的提高教师专业素养和教学质量的有效手段，是走教师培训共同体之路充满生机活力的力量源泉。

3. 全学科、全学段课例研究提升专业发展

课例研究有利于助推教师专业化水平。教师专业化，就是教师个体专业水平提高的过程以及教师群体为争取教师职业的专业地位而进行努力的过程。课例研究围绕一个主题，以同伴成员的沟通、交流、讨论为主，在教案设计上尽量追求完美。教师能通过实践、观摩、反思、交流、探讨等活动，实现价值共享、共同创造、共同成长、共同探索、共享生命体验，助推了自身专业化水平提高。

(1) 以"学"为基础。

教师的学习是基于群体的合作学习。苏联心理学家维果斯基（Vygotsky）20世纪30年代初提出，人类的学习是在人与人之间交往过程中进行的，是一种社会活动。学习的本质是一种对话：个人与自我的对话，个人与他人的对话，个人与理论的对话，个人与实践的对话。教师基于群体的合作学习可以概括为三种类型：第一类是指导型的合作学习，如校内专家、教研员、专业理论工作者的指导；第二类是交流型的合作学习，如公开课、教学成果展示、读书汇报课等；第三类是研究型的合作学习，如案例分析、专题讨论、课题研究等。

(2) 以"做"为中心。

课例研究最讲究"做"。在"做"中"学"，在行动中研究，教、学、做融为一体，这是它最大的特点。一线教师要努力解决自己的实际问题，也就是确立适合自己的研究主题；骨干教师要"领跑"，即课改积极响应者领着"做"，只有这样才能以点带面。课例研究是在集体中研究，因此要"我带你，你帮我"、大家帮大家，采用"捆绑式"；在研究中要注意任务分解、责任分担，不能单打独斗，凭经验做判断，要做透、看透、想透。课例研究贯穿在备课、设计、上课、评课等教学环节之中，教师要参与全过程，因此必须研究教材、吃透教材。这就要求教师对教材的知识体系、编写意图、编排特点、学习的重难点、隐含的思想方法、呈现的教与学的方式及习题的练习功能、需要解决的问题等进行研学，了然于胸，运用自如，为参与研讨奠定良好的基础，以此激发教师研究教材的兴趣。

(3) 以"研"为突破。

通过自己和他人的课例研究，教师要养成对常态课教学质量经常反思的习惯，不断积累有效的经验。教师每天都要上课，这种常态课的教学质量需要自己日积月累地观察、反思、提高。课例研究要从日常的备课与教学设计开始，要让研究成为常态，而不是为了应付一年一次的赛课或公开课。

课例研究关注学科内容及其实质，把握课程标准，把握学科特色，从学科的高度观察、反思、质疑课堂，使得课例研究更有针对性；关注团队成员的学习，吸取集体智慧，建立教师与教师、研究者与实践者合作学习的行动主体；关注教师的主体悟性，强调"学懂的东西做出来，做好的东西说出来"，注重通过主体悟性把行为与理性联结起来，并逐步形成课例研究和课题研究互动的有机体。

成果4：主旨类阅读简答难点分析与技巧

在北京市中考英语考试中，大量考生在主旨类阅读简答题中犯错，该类题失分率在历年历次模拟和中考中都是最高的。

近期，班上有一名学习优秀且学习习惯良好的女生经常到办公室找笔者，每次都是带来自己刚刚做完的练习并要求分析其错点、错因。几次分析后，笔者发现她的错题主要归类为主旨类阅读篇章结构不清、站位角度不明、答题时不知如何判断、以偏概全等。

因此，笔者就该同学出现的错误进行分析并探讨相关的技巧，以期为中考学生对应主旨类阅读简答题提供帮助。

一、案例分析——聚焦主旨阅读简答

案例一：2014 年北京中考阅读 D 篇主旨理解类错误

59. What is the best title of the passage?

A. Training Teens to Become Responsible Adults

B. Helping Teens to Build Reasonable Structure

C. Improving the Relationship with Your Teens

D. Stepping into Your Teens' Secret Word

【分析】学生选择了 D 选项。该生重点关注了最后一段的中心内容，并从中归纳出答案为 D 选项。错因是该生忽略了文章是说明文，没有把握整篇章结构而造成错误。

本题为主旨大意题。题干意为："这篇文章的最佳标题是什么？"做题思路：根据第一段引入的本文话题 "Teens want structure in their lives"，及主题段到其细节段的过渡句 "Teens want parents to keep control while allowing them to make some decisions"，主要展示的方面 "There are some ways you can help your teens create reasonable structure and remain close. One way is to spend time together. Talk with your teens about their interests and concerns. Trust your teens. You need to be supportive of your teens and the most important things to remember are: talk with your teens, listen to their worries and offer suggestions when needed"，可以得知 A. Training Teens to Become Responsible Adults（培训青少年成为负责任

的成年人），C. Improving the Relationship with Your Teens（改善与孩子的关系），D. Stepping into Your Teens' Secret Word（步入青少年的秘密的话语）三个选项都不正确。根据最后一段最后一句"This will help your teens to live a well-organized life（这将帮助你的孩子生活得井井有条）"，是文章的主旨，对应 B 选项的 Build Reasonable Structure，故选 B。

案例二：2014 年北京中考阅读简答题疑问副词类错误

Almost every kid in this country has ever eaten Hershey chocolate. But do you know that the Hershey chocolate factory is more than one hundred years old? And do you know that the father of Hershey Chocolate, Milton Hershey, had many failures in business before he started his famous company?

Milton Hershey grew up in Pennsylvania. Before he became interested in making chocolate, he worked as a printer for a small newspaper at first, and then decided that printing was not the right job for him.

65. Where did he grow up?

【分析】从学生答案看，学生的错误是由于对"where"的成分理解不清造成的。本文中心人物是 Milton Hershey，问题中的"he"和"grew up"是两大关键词，确立其答案源为第二段首句"Milton Hershey grew up in Pennsylvania"。"where"是疑问副词，做状语，回答时必须是介词加地点名词，故答案应为 In Pennsylvania，而不能只答 Pennsylvania。

案例三：2013 年北京中考阅读简答主旨理解类错误

Make memories.

Plan some activities. You're camping in the backyard, so it's time to make the most of being outdoors.

Have a camera nearby to take silly photos of you, your family members, and your friends. Take one large group shot with everyone smiling and laughing. Be sure to make copies for everyone!

67. How do we make memories?

【分析】这是一篇应用文，回答主旨类问题时应从两个方面入手，但学生仅仅回答了第二部分，漏掉了第一部分的关键内容，只能得 1 分。她的答案为"we can take photos"，答题不够完整。

本题答题思路：首先明确问题中的"Make memories"是主题下的一个小标题，接着依据问题中的关键词"how"，确定答案是由本部分中心决定的。

本部分由两部分构成：第一部分是第一段，其中心确立为"Plan some activities"；第二部分是第二小段，其中心确立为 Have a camera nearby to take silly photos of you。因此，本题答案是 by planning some activities and take photos。

68. What is the passage mainly about?

【分析】①阅读首段找中心。依据首段"Camping in your backyard is full of fun, whatever your age. It's great for keeping us relaxed. It offers chances to check the night sky and to be noisier than usual. It lets us have friends over to stay who might not fit inside the house! Follow these instructions and you'll have a night you'll never forget"确立中心为。Camping in your backyard is full of fun。文章讨论的话题是 Camping in your backyard，并从 keeping us relaxed, offers chances, have friends 谈论"fun"，因此第一部分答案是 Why we camp in the backyard.

②阅读首段找上下文过渡句。根据"Follow these instructions and you'll have a night you'll never forget"确立承上启下的过渡中心"these instructions"，并且文章从 Put up your tent, Prepare your bedding, Prepare a seating area, Make memories 来谈论，因此第二部分答案是 How we camp in the backyard.

因此答案应是 It's mainly about why and how we camp in the backyard. 而该生忽视了句子的语序，漏掉了 in the backyard，致使回答体现的主旨不具体，大而空。

案例四：2012 年北京中考阅读简答主旨理解类错误

68. What's needed to be smokejumpers?

【分析】学生的答案是"This job needs to be strong and brave if people have proper weight"。学生在答题时悟出了段落的中心意义，但没有关注段落与段落之间的关系，答题时出现漏段归纳，没有总结最后两段的中心。

本题答题思路：关注问题所问的关键部分"to be smokejumpers"。第一段的中心是 Smokejumpers are helping to stop this。第二段和第三段的中心是 Smokejumpers are a special kind of firefight。第四段是对上面三段的结论，其中心是 Most important are your weight and height。第五段和第六段与第四段是层进关系，其段落中心结论句分别是 Smokejumpers must be able to live in the wilderness 和 They love being able to jump out of planes, fight fires, and live in the forest。由此可见，本文主要谈论 What is smokejumper 和 How can one be a smokejumper，因此答案应由第四段、第五段和第六段归纳整合而成；To be a Smokejumper, one needs to have proper height and weight, be able to live in the wildness and love his/her job。

二、难点归纳——聚焦阅读主旨技巧

初中英语新课标倡导任务型教学模式,让学生通过体验、实践、参与、合作、交流和探究等方式,学习和使用英语,完成学习任务,促进语言实际运用能力的提高。中考英语任务型阅读就是在遵循"课程标准"基础上,根据任务型教学设计而成的一种新题型。该题型要求学生在阅读理解的基础上,去完成一项任务或解决一个问题,它主要考查学生根据所提供语言信息具体解决实际问题的能力,即考查学生运用语言"做事"的能力;同时还注重考查学生的阅读理解、书面表达、归纳概括、分析理解、逻辑推理及社会生活知识的综合运用能力。

阅读理解能力的培养是中学英语学习的一项重要任务,也是中考的一项重要内容。中考阅读理解题主要考查学生的语篇阅读能力、分析和判断能力。要求学生能较快地通过阅读理解短文大意,获取其中的主要信息,并做出正确判断,然后根据试题的要求选出最佳答案或回答所提问题等。要求阅读速度为每分钟40~50词。阅读篇章题材广泛,包括科普、社会、文化、政治、经济等,对于主旨类选择题和简答题难度更大。为此,把握阅读主旨类常见题型答题技巧尤为重要。

技巧一:状语关键词题型与技巧

1. 考查所读材料的状语类关键词常见题型

此类考查题大多数针对长难句子中状语成分进行考查,常见特殊疑问词是how, why, where 和 when, 其主要提问方式是:

(1) Why did the restaurant workers have no time to learn English? (2010 年)

(2) How do we deal with the last little piece of soap? (2011 年)

(3) When do we need to get a new iphone? (2011 年)

(4) Where do the jump from? (2012 年)

(5) Why did he go to Denver? (2014 年)

2. 掌握考查所读材料的状语类关键词题型做题技巧

从体裁方面看,应用文、说明文、议论文、新闻报道等占有相当大的比例,而这类文体的长难句较多,甚至某些段落就是一句话。一句话无论有多长,从句有多复杂,都可以找到只有主、谓、(宾)的主干,其他的复杂的从句、分词、插入语一定都是修饰主、谓、(宾)的。

（1）以 when，where 开头的问句考查时间和地点状语成分，通常情况下用介词+名词的形式表达，还可以用副词或副词短语表达。

例如：68. When did British-born Chinese start to have a better education? (2010 年北京中考)，本句依据关键词 when，阅读到长难句 "In the 1970s and 1980s, British-born Chinese started to have a better education and this brought economic（经济的）success to the area. Many families moved out of Chinatown, and there was more space for businesses"，故得出答案是 In the 1970s and 1980s.

（2）以 Why 开头的问句大多数情况考查原因，常用 because 或高级句式 "The reason（s）is/are that + 完整句子" 回答。Why 开头的问句有时相当于 what... for，则用不定式 To be.../To do... 回答。

例如：67. Why did he decide to make chocolate himself? (2014 年北京中考)，答案是 Because his chocolate-flavored caramels were the best selling。做题技巧：依据 decide to make chocolate himself, 在文中确立信息来源是 Since his chocolate-flavored（巧克力味的）caramels were the best selling, he decided to make chocolate himself。本句是主从复合句，问题设在主句，since 在这里表示"因为"，其从句正是 why 所要的答案。故答案为 Because his chocolate-flavored caramels were the best selling。

（3）以 how 开头的问句多用来考查方式、方法，常用完整的句子或者 by doing... 句式回答。

例如：66. How do we deal with the last little piece of soap? (2011 年)，答案是 Use it up。其来源是小标题下的细节信息 "You can use things up instead of wasting them. Squeeze that last bit of toothpaste out of the tube. Use the last title piece of soap. Don't throw away any bits of the biscuit at the bottom of the box"。答案还可以答成 By using it up。

技巧二：主旨话题类题型和技巧

1. 考查所读材料的主旨话题常见题型

此类考查主旨和大意的题大多数针对段落（或短文）的主题、主题思想、标题或目的，其主要提问方式是：

（1）Which is the best title of the passage?

（2）Which of the following is this passage about?

（3）In this passage, the writer tries to tell us that _____.

（4）The passage tells us that _____.

(5) This passage mainly talks about _____.

2. 掌握考查所读材料的主旨话题题型做题技巧

一篇文章（或一段文章）通常都是围绕一个中心意思展开的，往往由一个句子来概括。能概括文章或段落中心意思的句子叫作主题句。因此，理解一个段落或一篇文章的中心意思首先要学会寻找主题句。在一篇短文或一个段落中，大部分主题句的分布情况有三种。

（1）主题句在段首或篇首：主题句在段首或篇首的情况相当普遍，一般新闻报道、说明文、议论文大都采用先总述后分述的叙事方法。

例如 2003 年陕西省英语中考试题阅读材料 B 的第一段：

All living things on the earth need other living things to live. Nothing lives alone. Most animals must live in a group, and even a plant grows close together with others of the same kind. Sometimes one living thing kills another, one eats and the other is eaten. Each kind of life eats another kind of life in order to live, and together they form a food chain(食物链). Some food chains become broken up if one of the links disappears

59. Which of the following do you think is the best title for this passage?
    A. Animals　　　B. Plants　　　C. Food Chains　　　D. Living Things

【分析】本段主题句是第一句。这个句子概括了本段的中心意思，"地球上所有的生物要生存都离不开其他的生物"。后面讲述了大量的事实："大部分动物必须成群生活，甚至一种植物也要和其他同类的植物靠在一起生长。有时一种生物杀死另一种生物，一种生物吃另一种生物，而另一种生物被吃。"在列举了大量的事实之后，作者指出：如果这些食物链中的一个链环消失，所有的食物链都会断掉。所有这些事实都是围绕第一个句子展开的，因此答题时应根据主题句的意思，判断答案为 C。

（2）主题句在段末或篇末：用归纳法写文章时，往往表述细节的句子在前，概述性的句子在后，并以此结尾。这种位于段末或篇末的主题句往往是对前面若干细节的总结、归纳。

例如 2002 年陕西省中考试题阅读材料 A 的最后一段：

If you buy some well-made clothes, you can save money because they can last longer. They look good even after they have been washed many times. Sometimes some clothes cost more money, but it does not mean that they are always better made, or they always fit better. In other words, some less expensive clothes look and fit better than more expensive clothes.

【分析】这段文章前面列举了两件事实。

事实一:"If you buy some well-made clothes, you can save money because they can last longer. They look good even after they have been washed many times." 如果你买一些制作优良的衣服,你会省钱,因为这些衣服能穿得时间长一些,即使洗了很多次,它们仍然看起来很好。

事实二:"Sometimes some clothes cost more money, but it does not mean that they are always better made, or they always fit better." 有时有些衣服花的钱更多,但并不意味着这些衣服做得更好。

最后一句话是对这两个事实的概括:有些价钱便宜的衣服比价钱贵的衣服更好看、更合身。段末这个句子"In other words, some less expensive clothes look and fit better than more expensive clothes."就是主题句。

(3) 无主题句。有时,一篇文章里并没有明显的主题句。这时我们应该怎样确定文章的主题或中心意思呢?首先找出每一段的中心意思,各段的中心意思往往都是围绕一个中心来展开的,或者说是来说明一个问题的。这个中心或这个问题就是这篇文章的主题或中心意思。

例如2004年江西省中考试题阅读理解A:

Killer bees started in Brazil 1957. A scientist in Sao Paulo wanted bees to make more honey(蜂蜜). So he put forty-six African bees with some Brazilian bees. The bees bred(繁殖) and made a new kind of bees. But the new bees were a mistake. They didn't want to make more honey. They wanted to attack. Then, by accident, twenty-six African bees escaped and bred with the Brazilian bees outside.

Scientists could not control(控制) the problem. The bees increased fast. They went from Brazil to Venezuela. Then they went to Central America. Now they are in North America. They travel about 390 miles a year. Each group of bees grows four times a year. This means one million new groups every five years.

Why are people afraid of killer bees? People are afraid for two reasons. First, the bees sting(叮) many more times than usual bees. Killer bees can sting sixty times a minute nonstop for two hours. Second, killer bees attack in groups. Four hundred bee stings can kill a person.

Already several hundred people are dead. Now killer bees are in Texas. In a few years they will reach all over the United States. People can do nothing but wait.

59. The best title of the passage is _____.
A. How to make more honey　　B. Killer bees
C. A foolish scientist　　D. How to feed killer bees

【分析】这篇短文就没有主题句，如何确定它的中心意思呢？综上说明，我们可以得出每段大意：第一段讲的是"killer bees"的产生；第二段讲的是"killer bees"的急剧增加；第三段讲的是人们害怕"killer bees"的原因；第四段讲的是"killer bees"已经杀死的人数和将来的状况，从这几段的大意可以看出这篇文章自始至终都是围绕"killer bees"这一中心展开的。换句话说，"killer bees"就是这篇文章的主题。

技巧三：主旨总结类题型和技巧

1. 考查所读材料的主旨总结类常见题型

考查依据短文内容和考生应有的常识进行总结和判断的能力。此类题目文章中没有明确的答案，需要考生在理解全文的基础上进行推理和判断，主要考查学生推断作者意图和态度的能力。其主要提问方式是：

（1）How did the writer feel at Vienna station?

（2）The writer writes this text to _____.

（3）The writer believes that _____.

（4）The writer suggests that _____.

（5）What's the passage mainly about?

（6）What might be the reasons for?

（7）What's the passage mainly talking about?

（8）What are the main points?

2. 掌握考查所读材料的主旨总结类题型做题技巧

（1）说明文阅读主旨理解简答。

解答说明文阅读主旨理解简答题时，通常先在首段找出段落中心及与下文承上启下的过渡句，再总结各段大意，在确保和首段中心句或中心部分保持一致的前提下，切记认真阅读尾段，明确作者的目的。尾段要与首段中心句、段落大意（主题句）呼应，即做到主题的一致性。在阅读答题时要认真审题，弄清主旨脉络。历年北京中考简答1~4题为细节题，这类题目需要对照问题句是一般疑问句、选择疑问句、反义疑问句还是特殊疑问句尽心回答，答案通常是具体信息。然而，北京中考简答5小题通常情况需要整体阅读，运用"整进整出，整体理解"的方式，使用词法、句法合理、措辞得当的语言从多个方面回答。

①说明文,理解文章篇章结构尤为重要。

例如,文章 1~3 段是对 smokejumpers 这一职业的具体描写,而第 4 段 "Although most smokejumpers are men, more women are joining. Most important are your weight and height. Smokejumpers in the U. S. , for example, must be 54 to 91 kilograms, so they don't get hurt when they land, or get blown by strong winds",是做好 smokejumpers 这一职业所需条件,因此本部分的中心是 "Most important are your weight and height"。

②说明文,把握段落之间关系至关重要。

再者 Smokejumpers must be able to live in the wilderness 是该段和尾段的核心句,该段下文 "in Russia, many smokejumpers know how to find food in the forest and even make simple furniture from trees. The work is dangerous, the hours are long. But for these firefighters, smokejumpers aren't just a job. They love being able to jump out of planes, fight fires, and live in the forest. As 28-year-old Russian smokejumpers Alexi Tishin says, 'This is the best job for the strong and brave'",与核心句正是隶属关系。

由此可见理解把握句子和句子的关系、句子和段落间的关系、段落与段落之间的关系在篇章结构的逻辑分析上至关重要。

(2) 应用文阅读主旨理解简答。

答案第一部分通常在第一段,即中心话题,这样可以形成第一部分的答案:… Why we + 中心话题,还可以回答 It's mainly about the importance/ significance of…,即中心话题;第二部分内容通常由文中几个小标题引领,小标题通常情况下是首段中心和过渡句,过渡中心词通常是 opinions、ideas、ways、suggestions、instructions。

例如 2013 年北京中考题:

Camping in your backyard is full of fun, whatever your age. It's great for keeping us relaxed. It offers chances to check the night sky and to be noisier than usual. It lets us have friends over to stay who might not fit inside the house! Follow these instructions and you'll have a night you'll never forget!

Put up your tent… Prepare your bedding… Prepare a seating area… Make memories.

【分析】本文是应用文,主旨推理问题的答案第一部分是在第一段中,即中心话题 Camping in your backyard is full of fun，这样可以形成第一部分的答案：... Why we camp in your backyard，还可以回答 It's mainly about the importance/significance of camping in the backyard 即中心话题；第二部分内容通常由文中几个小标题引领，由过渡句 Follow these instructions and you'll have a night you'll never forget 呼应首段中心，这里 these instructions 完整的意义是 these instructions of camping in the backyard，即 how to camp in the backyard。

因此该题答案是 Why and how to camp in the backyard，该题完整答案是 Why we camp in the backyard and how to camp in the backyard，引申答案还可以是 It's mainly about the importance of camping in the backyard and four instructions for us to camp in the backyard. Or：It's mainly about the significance of camping in the backyard and four instructions for us to camp in the backyard。

技巧四：主旨推理类题型和技巧

1. 考查所读材料的主旨推理类常见题型

考查依据短文内容和考生应有的常识进行推理和判断的能力，此类题目文章中没有明确的答案，需要考生在理解全文的基础上进行推理和判断，其主要提问方式是：

(1) We can guess the writer of the letter may be a _____.

(2) We can infer from the text that _____.

(3) From the letters we've learned that it's very _____ to know something about American social customs.

(4) From the story we can guess _____.

(5) What would be happy if...?

(6) What does the writer want to tell us?

2. 掌握考查所读材料的主旨推理类题型做题技巧

如何进行推断？所谓推断，就是根据阅读材料中所提供的若干信息，推断出未知的信息。即把有关的文字作为已知部分，从中推断出未知部分。据以推断的有关文字可能是词或句子，也可能是若干句子，甚至是全文。中考英语试题中的推断题很多，包括的面也很大。其类型主要有以下几种。

(1) 整句或段落事实推断。

这种推断常常针对某一句或某一段中几个具体细节，是比较简单的推断。进行这种推断，要首先在文章中找出推断的有关文字，然后加以分析，尤其要悟出字里行间的意思。

（2）全文篇章逻辑推断。

这类题目往往要求根据文章所提供的背景、人物的表情、动作和语言来推断出人物的态度或感觉等若干信息，把握本段中心内容，题目中常含"passage"，故需整体把握、整体理解归纳而得出答案。

例如 2013 年海淀一模的题：

68. What is the purpose of the passage？答案是 To tell us how to/Some useful ways to prevent fires（at home）/To tell something about fire prevention（at home）。依据问题中的关键词 purpose 和 passage 推出本文话题的目的 To prevent fires at home。it is important to monitor（监督）some household activities 是过渡句。

总之，在做主旨类阅读简答题时，首先要明确题目任务，关注题目要求，带着问题尽快阅读并收集整理信息、回答问题。读题时，仔细阅读所给任务，做到心中有数，避免答非所问，从而有效地提高做题的效率和准确率。主旨类阅读理解简答题取材广泛，但仍然有规律可循。平时做题时要研读好文本，不放过文本中相关信息，做完题后要仔细检查，要逐步培养良好的阅读习惯，不仅要善于分析总结，更要善于运用解题技巧，这样方起到事半功倍的实效。

成果5：优化活动提高效能，促进学生思维扬帆远航

当今，高中生对英语的好奇和渴望发生了质的变化，虽然有初中生那样积极地将自己想法直接表达出来的冲动，但高中生的课堂相对沉寂。性别差异尤为突出，不少男孩更喜欢上数理化的课程，对英语学习热情发生转化。

阅读教学中常规学单词、语法、难句理解、复述课文等仍然是重要环节。课堂上教师不断交替任务进行学习，读单词，读课文，学习语法、词法，多元表达句子，复述课文等，时常忙得不可开交。可不少学生觉得英语课不那么累，不用怎么动脑子，到头来，一节课收获也不大。

思考

新课标提出根据高中生的认知特点和学习发展的需要，在进一步发展学生基本语言运用能力的同时，着重提高学生用英语获取信息、处理信息和分析、解决问题的能力，为他们进一步学习和发展创造必要的条件。

如何更好地使用教材，促进学生主动思维是摆在教师面前的巨大任务，即灵活使用教材，促进学生思维的内容与活动设计也应随之做出变革。

尝试

建构主义认为，知识不是通过教师传授得到，而是学习者在一定的情境和社会文化背景下，利用必要的学习资料，通过与他人（老师和学习伙伴）协作、交流、合作以及自身主动的建构而获得的。

The mediocre teacher tells; The good teacher explains; The superior teacher demonstrates; The great teacher inspires.

改革尝试：本次研究课的主题为阅读教学，采用小组合作模式。

教学内容分析：北师大版教材模块4《Unit 10 Lesson 4 Advertisement》是一节阅读课。课文介绍了"无线耳机""迷你照相机""带耳塞的耳环""猫地板擦"四则小广告。本课的教学内容侧重对课文的理解，引导学生从广告中提取有用信息：如每项产品的优点；区分"facts"和"opinions"。提取信息的过程中，也是激发学生发现问题、分析问题和解决问题的思维过程。本课内容后，教材安排的是"Writing: An Advertisement"，要求学生写一则广告文本。

本篇课文字数不多，几乎没有生词和语法困扰，内容简单，且在本单元起着承上启下的作用。

教学环节设计：结合课标、学生情况及教学内容，引领学生通过阅读获取信息，并内化处理、设计广告、介绍产品，通过一系列小组活动达到自主思维、整体输入、整体认识、整体盘活输出的目的。

（1）转换教学任务，唤起学生思维活动。

鉴于阅读文本简单，教师将阅读任务变为阅读前任务，给学生制造一定的挑战。

小组游戏比赛1：看图片、记单词，比效果。

Class game：Read the picture and the new words in less than a minute, trying to memorize them.

阅读前任务——产品认识

Product										
Name	laptop	e-dictionary	radio alarm clock	fridge	electric toothbrush	electric kettle	mobile phone	MP3

Boys and girls group game：Guessing product.

阅读前任务——产品介绍

Names of products		Guessing product and remember its price
electric toothbrush	￥50 - ￥450	It's convenient, automatic to make our teeth clean, and easy to use.
laptop	￥1,000 - ￥8,500	It's very practical, no bigger than a book, and the latest type of the Internet.
mobile phone	￥4,500 - ￥5,000	It has no wires or cables and the signals are clear, and it gives you freedom.
electric kettle	£15 - £25	Something in stainless steel is stylish and perfect for any kitchen, with a large capacity of 1.7 - litre water to boil at a time.
e - dictionary	￥200 - ￥800	It is small, reliable and good-looking. It can do all the translations of many languages. You can listen to MP3.
radio alarm clock	￥100 - ￥300	It can be used to be listened to and reminded of time. It can wake you up on time. It's very practical but not expensive.

阅读前任务——产品特点

	Positive *adj.*	cheap, clean, convenient, easy, good, reliable, pretty, useful, practical
	Negative *adj.*	expensive, noisy, dangerous, useless, inefficient, dirty

Group discussion: What words can we use to describe advertisement.

产品广告要素

What is it called?	Mini camera
What can it be used for?	
What is it made of?	
What are its advantages?	1) no _____ than a credit card; 2) it's _____ and _____; 3) _____ to use; 4) has an _____ focus and flash; 5) made from and an _____ and _____ material; 6) not _____
How much does it cost?	

此时的阅读针对性更强，学生不会因文本太简单而失去兴趣。在核对答案的同时，学生也会关注生词和词组。

（2）创设体验情境，调动学生主动思维。

在学生了解了更多的产品信息后，让学生思考广告的组成部分。学生通过自己观察广告文本，体验、思考、总结广告结构。

Match the parts of the ad. with the headings

Title	The cleaners are made from good quality material. They are very practical and easy to wash.
Problem	Do you find housework tiring and boring? Are you worried about the state of your house or flat? Have you got a cat that walks round your flat all day?
Price	And they're cheap! Special offer—complete set for only £5.99.
Advantage	Feline floor cleaners. Here is the perfect solution. It will change your life. Put the floor cleaners on your cat, and sit back and relax.

（3）激发设计热情，活跃学生思维。

在学生了解了广告的基本结构、广告的基本要素、写作的基本语言要求后教师引导学生回想自己生活中感兴趣的广告，体验广告设计情境。同时，通过观看梅西可口可乐的广告、奥迪四环的广告、猫粮的广告等真实的广告情境，唤起学生对广告的更多兴趣，激发学生设计广告的热情。然后，师生一起学习英语广告的特点、英语广告常用的句型，欣赏优秀的广告。

这一系列的学习情境创设，既为学生提供了知识支持，又拓展了学生的思维，让学生体会了广告的魅力。在此基础上，给予任务驱动，让学生为自己所喜欢的产品设计广告，激发学生创作的潜能。在教师的引导下，学生进行了自主探究，自己搜集材料，创作广告。

学生作品达到了教材对广告写作的基本要求，而且，有些组还尝试了为自己的产品设计广告。

> 【课堂实例1】学生为自己产品设计经典 slogan。
> Life is short, love is forever. （张明轩等，钻戒）
> Use our folded bicycle, make room for freedom. （马士博等，折叠自行车）
> The fairy in hand, the best future you have! （师岚等，电子词典）

（4）鼓励合作竞争，促使学生不断创新。

常规写作课的模式，是在老师引导下，学生按照作文结构、常用句法、基本词汇进行写作。这样的写作使得较多的学生失去了动脑的机会。在本次写作过程中，老师将主动权交给了学生，组织小组间竞赛，鼓励学生思考创新，提升了学生的思维能力。

广告通常会以问题的方式来吸引观众的注意力，环保袋小组在设计问题的时候，将其进行了调整，这种调整体现了学生的深度思考。在最初的设问中，这个问题和潜在的答案已经是一目了然，失去了设问的意义。而调整后的设问，通过乌龟的寿命（150年）和塑料袋的寿命（500年）的对比，使人惊讶于塑料袋的长期不可降解性，震撼了观众，环保的意识得到了很好的渗透，环保袋的好处也就不言而喻了。

环保袋小组设问方式的改变

最初的设问	调整后的设问
Have you used plastic bags? Why or why not? （Pollution）	Do you know how many years can a turtle live? （150yrs） Do you know how long can a plastic bag live? （500yrs） What will happen if everyone use a plastic bag everyday?

在广告设计中，学生的思维已经远远跳出了对产品的简单介绍，意识到了广告中理念的重要性。设计电子词典广告的这组同学，除了介绍电子词典的容量大、体积小巧之外，他们还挖掘了该产品相关的内在品质，即学习改变命运，创造了产品的广告语："The fairy in hand, the best future you have!"设计钻戒广告的这组同学，抓住了钻戒的特性，即钻石的稀有性和永恒性，从而可以见证最永恒、唯一的爱情。

反思

1. 自主思维，调动学生的积极性，把学习还给学生

写作不以重复原话和语法正确为满足，而应以自创新句，表达深刻生动为追求。在阅读之后，教师让学生为自己所喜欢的产品设计广告，并进行小组展示，激发学生创作的潜能。学生们进行了自主探究，自己搜集材料，创作广告，真正成了学习的主人。

> 【课堂实例2】从课内到课外，学生学习积极性得到提高。
>
> 无论是在课间还是在午休的时间，总能看见几个同学凑在一起，认真而细致地修改产品广告、上网查阅相关的产品信息、制作海报或PPT展示等。每天都有同学找老师沟通交流，甚至在晚上十一二点还有同学发邮件给老师。

> 【课堂实例3】与年龄相符的思维活动，充分调动了学生学习热情。
>
> 该班学习热情最低的一位同学王某，除参与本组的广告展示外，还在课堂上有效提问，并回答其他组的4次提问，积极思考，主动学习。很难让人相信他是全班学习热情测评最低的。

> 【课堂实例4】创新写作，促进学生主动学习广告和进行创作的思维活动。
>
> 有些组的同学在充分利用老师所提供的各种信息之外，还主动搜集各方面信息，并应用许多能使本组产品脱颖而出的策略。
>
> 迷你香皂组的同学，在推出产品的时候，用医生作为代言人。这种

专业人士推荐的广告策略，大大增加了产品的可信度。

折叠自行车组的同学，在介绍本组产品广告中，不仅使用了一段视频来展示折叠自行车的优点，还在广告中利用了促销策略，即买产品获赠品。让其他组哭笑不得的是，这些赠品竟是其他各组的所有产品。

读写结合，促使学生积极学习、主动探索和建构知识，将学习更大限度地还给学生。

2. 自主任务，激发学生主动思维，增加课堂的密度和容量

就教材而言，本节课词汇有十几个，短语两三个。教师给了学生自主选择产品、自主设计广告的机会。任务的自主性和多样性使得课堂的信息量增加了。学生在这一节课中，见到的、听到的、学到的词汇和短语，极大地增加了，课堂教学的容量和密度也就相应提高了。

【课堂实例5】Mini Soup 组的广告展示中，该小组应用了非常多的生活词汇，这些词汇呈现于一定的场景中，具有极强的相关性，易于理解和记忆。学生在自主地构建知识并使其系统化、条理化。下图给出了该组展示中的部分词汇。

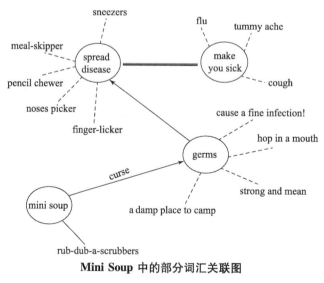

Mini Soup 中的部分词汇关联图

3. 灵活任务，创造机会，锻炼学生的社交技能

小组合作时，小组成员需要共同选定产品，做出整体设计，合理分工，共享资源，及时反馈，随时调整。在这个过程中，如果小组成员意见一致的话，那么进展就会很顺利。但是，合作更多的时候是在小组成员观点不一致的情况下进行的，这种不一致会给小组活动的进行制造一些麻烦，如果小组成员能够互相妥协，互相谅解，"求同存异"，最终达成一致，那么往往可能给小组成员带来意外的收获。

在无线耳机小组的活动中，关于如何展示产品的一些细节，两位女同学观点不一致，争执之下，两人互不相让。其中一位美术特长生想把广告图片做得更完美。在老师的引导下，她们自我反省、相互谅解，与小组其他成员共同协商，最终的广告词展示取得了极好的效果。

在课堂教学中，教师组织3~4人开展讨论。学生在这些活动中确实进行了一些合作学习，但更深层次的合作是进行思想的交流。在交流的过程中，观点存在分歧很自然，如何求同存异，如何在尊重他人的基础上，准确地表达自己的观点，并使自己的观点被其他同学接纳，如何在意见发生分歧的时候，做出妥协让步，最终达成小组内的一致，解决这一系列问题才算真正的合作。在这种深度合作中，基本交互、有效交际、避免冲突、解决冲突等社交技能得到了充分的锻炼和提高，从而培养了学生良好的情感意志。

启示

优化活动挑战教材，自主设计广告是把思维的权利还给学生，把学习的责任交给学生，把更多的学习机会、学习体验留给学生，使学生获取知识，发展智能，培养良好的情感意志。

1. 思维的挑战，让学生体会了学习的乐趣

课堂上的40分钟，学生在不断迎接挑战，用英语获取信息、处理信息、解决问题，在和谐、宽松、愉快的氛围中思考着、调整着、体验着。从课堂上的掌声、发自内心的笑声，可以清楚地感觉到：学生们在快乐地学习，在学习中找到了快乐。

2. 思维的碰撞，增进了师生、生生的了解和感情

在写作的过程中，小组成员之间为了达成共同的目标不断创新，又不断求同存异。他们合理分工，积极合作，互助互勉，理解宽容，增进了友谊。同时，老师和学生之间的沟通也增加了，思想的碰撞也更多了。老师能够从更多的方位和角度多元地认识和理解学生。

这仅是一次将阅读和写作课相结合的探索。我们将做更多方面、更深层次的探索，将思维的机会留给学生，将课堂交给学生，让学生去构建自己的知识，体会学习的魅力。

让学生在有文化、有内容、有思想、有知识的课堂求知，在活泼的语境中增长能力，让学生学得有意思、有兴致，将是我们前进的目标。

成果6：以话题为核心，设计教材文化点的学习

> **摘要**：人教版新版中学英语教材的文化点设计重点表现在单元话题上，主要体现为："以人为本"关注学习过程，承认个体差异、尊重个性健康发展；注重亲历实践，尊重个体独特体验；着眼学生可持续发展。这无疑对中学英语教师来说是一个巨大挑战。为此，笔者在本文主要以话题分类设计为中心，将初中教材文化点设计为八大话题并尝试研究英语话题活动的文化学习。
>
> **【关键词】** 文化点　话题　文化渗透

一、引言

（一）设计中学文化点和课堂文化的学习是课标的要求

《初中英语新课程标准》指出，义务教育阶段的英语课程具有工具性和人文性双重性质。就工具性而言，英语课程承担着培养学生基本英语素养和发展学生思维能力的任务，即学生通过英语课程掌握基本的英语语言知识，发展基本的英语听、说、读、写技能，初步形成用英语与他人交流的能力，进一步促进思维能力的发展，为今后继续学习英语和用英语学习其他相关科学文化知识奠定基础。就人文性而言，英语课程承担着提高学生综合人文素养的任务，即学生通过英语课程能够开阔视野，丰富生活经历，形成跨文化意识，增强爱国主义精神，发展创新能力，形成良好的品格和正确的人生观与价值观。工具性和人文性统一的英语课程有利于为学生的终身发展奠定基础。因此，教师在课堂上除了教授语言外，还应当适时、适度地渗透相关的文化知识的教育。文化意识的增强是得体运用语言的保证，语言知识、语言技能、情感态度、学习策略和文化意识等素养的整体发展是综合语言运用能力形成的基础。

（二）进行文化知识学习是语言与文化关系的要求

1. 文化知识

语言有丰富的文化内涵。在外语教学中，文化是指所学语言国家的历史地理、风土人情、传统习俗、生活方式、行为规范、文学艺术、价值观念等。在学习英语的过程中，接触和了解英语国家文化有益于对英语的理解和使用，有益于加深对中华民族优秀传统文化的认识与热爱，有益于接受属于全人类先进文化的熏陶，有益于培养国际意识。

在教学中，教师应根据学生的年龄特点和认知能力，逐步扩展文化知识的内容和范围。在起始阶段应使学生对中外文化的异同有粗略的了解，教学中涉及的外国文化知识应与学生的学习和生活密切相关，并能激发学生学习英语的兴趣。在英语学习的较高阶段，要通过扩大学生接触外国文化的范围，帮助学生拓宽视野，使他们提高对中外文化异同的敏感性和鉴别能力，进而提高跨文化交际能力。

2. 语言与文化的关系

"语言与文化唇齿相依"（邓炎昌，1989），学习第二语言就是学习第二种文化。根据语言学家的观点，一个社会的语言是它的文化的一部分，又是文化的镜像折射。语言是文化的呈现形式，语言与文化密不可分。语言既是文化的产物，又是文化的载体，它依附社会而存在，又促进社会而发展。没有文化内容的语言，只是空洞的外壳。汉语与英语有着不同的文化背景，在风俗习惯、宗教信仰、思维方式、道德观、价值观等方面存在着很大的差异。文化内涵的差异必然造成语言现象的差异，产生不同的含义，更有联想意义。在汉语中，"蓝色"表示宽阔，代表海洋，象征宽阔胸怀。但英语中 blue 指人时，常描写为心情低落、忧郁、压抑等，指代物时多指"下流的、色情的"。学生如不了解文化，在交际过程中就会不可避免地遇到文化障碍。因此，只有让学生充分地了解其文化背景，培养学生的文化意识，加强对所学英语的理解和领悟，才能使其在交际中准确、得体地使用英语。

文化是语言最重要的属性之一，语言是文化最重要的载体之一，两者交叉渗透。学生在用语言交流思想、交换信息、表达情感时不可能脱离所处的社会环境，交际中一定会折射和反映出一定的社会文化，这便是语言的文化功能和文化内涵。所以，作为一种社会文化现象，外语学习必须与社会文化紧密联系，在语言知识的学习和训练过程中，应该渗透有关国家的政治、文化、风土人情、风俗习惯等背景知识，以达到外语教育的最终目标：培养学生的跨文化交际意识，使他们具有与不同文化背景的人进行交际的能力。

目前，初中英语新版教材教学中引领教师有必要在传授语言的同时，同步传授英语国家的文化知识，让学生通过所学语言了解其与该语言有关的民族的生活方式和思想，以促进国际交流与合作。

（三）重视学情是语言文化水平提升的根本

1. 认知能力

学生经过了小学的英语学习，且已有一定词汇积累，因此听说的难度不大。此外，单元的话题与学生日常生活联系紧密，较易激发学生兴趣令其产生共鸣。

2. 思维能力

学生主动参与意识强，喜欢小组合作，善于发现、乐于探究、勇于挑战，适应快节奏、密度大的活动型课堂。

3. 存在的问题

学生尚未在过去的学习中积累足够的话题相关词汇，也并未在听力技巧及口头表达方式等方面形成较为规范的认识。

4. 可能的解决方案

尽可能地设计学生主动学习和运用语言的活动，培养学生语言综合运用能力。教学中注意观察学生的个性差异，尊重差异，关注每个学生的认知能力，尽可能为每个学生的发展搭建平台。

二、教材文化点梳理

（一）梳理文化点的依据

1. 课程标准文化意识分级标准

课程标准文化意识分级举例

级别	标准描述
二级	1. 知道英语中最简单的称谓语、问候语和告别语 2. 对一般的赞扬、请求、道歉等做出适当的反应 3. 知道世界上主要的文娱和体育活动 4. 知道英语国家中典型的食品和饮料的名称 5. 知道主要英语国家的首都和国旗 6. 了解主要英语国家的重要标志，如英国的大本钟等 7. 了解英语国家中重要的节假日 8. 在学习和日常交际中，能初步注意中外文化异同
五级	1. 了解英语交际中常用的体态语，如手势、表情等 2. 恰当使用英语中的称谓语、问候语和告别语 3. 了解、区别英语中不同性别常用的名字和亲昵的称呼 4. 了解英语国家的饮食习俗 5. 对别人的赞扬、请求、致歉等做出恰当的反应 6. 用恰当的方式表达赞扬、请求等意义 7. 初步了解英语国家的地理位置、气候特点、历史等 8. 了解英语国家的人际交往习俗 9. 了解世界上主要的文娱和体育活动 10. 了解世界上主要的节假日及庆祝方式 11. 关注中外文化异同，加深对中国文化的理解 12. 能初步用英语介绍祖国的主要节日和典型的文化习俗

2. 文化点话题具体分类

文化点话题分类

文化点话题	标准描述
话题一	恰当使用英语中的称谓语、问候语和告别语、常用的体态语，如手势、表情等；对一般的赞扬、请求、道歉等做出适当的反应；了解英语交际中以及不同性别常用的名字和亲昵的称呼
话题二	知道世界上主要的文娱和体育活动，主要英语国家的首都和国旗；能初步注意中外文化异同
话题三	了解英语国家中重要的节假日以及庆祝方式
话题四	知道英语国家中典型的食品和饮料的名称并了解英语国家的饮食习俗
话题五	了解主要英语国家的重要标志，如英国的大本钟等，及地理位置、气候特点、历史等
话题六	能初步用英语介绍祖国的主要节日和典型的文化习俗，并了解英语国家的人际交往习俗
话题七	对别人的赞扬、请求、致歉等做出恰当的反应，并用恰当的方式表达赞扬、请求等意义
话题八	关注中外文化异同，加深对中国文化的理解

3. 文化点话题单元归纳与文化学习

通过分析目前正在使用的英语教材（人教社出版的全套初中英语课本，共5本），并结合中学英语教学大纲的要求，设计中学阶段的文化内容。

话题一：人物介绍，培养跨文化意识，促进英语学习

新课标建议，"英语课程应根据教和学的需求，提供贴近学生、贴近生活、贴近时代的英语学习资源，"以及"用"教材而不是"教"教材的理念。整合教材并补充相关的材料是教师教学的重要任务。

话题一包括介绍自己、家人、朋友、老师，描写个人变化、个人感受等。

初中教材话题单元（一）

1. 介绍人物（自己、家庭、朋友、老师、个人变化、个人感受等）	七上 Unit1 My name's Gina　Unit2 This is my sister
	七下 Unit9 What does he look like?
	九年级 Unit4 I used to be afraid of the dark　Unit9 I like music that I can dance to　Unit11 Sad movies make me cry　U12 life is full of unexpected

例1：七下 Unit9 What does he look like? 本单元的教学核心项目是"描述

人的外貌"，涉及人的身高、体重、发型、面部特征及其着装等语言项目。教材内容围绕着描述人的外貌特点展开，以特征为主线，兼顾交际功能，教师可以一种循序渐进的生活化的学习过程，引导学生学会用英语介绍自己或他人的外表特征。这些内容与学生的实际生活密切相关，易于引发学生运用简单的英语进行交际和交流，所以在学习活动中，通过交换对不同人物的描述及看法，学生之间和师生之间可促进情感交流、增进情谊。

课前：通过视频了解"史上首次电视直播撒切尔夫人议会辩论"，网上查阅资料"看外国人如何形容闭月羞花之貌""用英文描写人物的外貌与五官"。

课堂：通过听说、读写活动形成话题"他们的外貌—同学、朋友的外貌—父母或自己的外貌"，学生先后描述自己、同学、亲人、偶像的外貌，简单地表达自己的观点或好恶，同学之间交换不同的看法，使其在人际交往中学会尊重和理解别人；教育学生要多发现别人的优点，学会赞美别人，友好地描述别人的形象；学会赏识，懂得心灵美比外表美更重要，能在小组活动中积极与他人合作，相互帮助，共同完成学习任务，尽情享受学习的乐趣。

话题二：校园生活，激活教材内容，比较文化差异

依据课标的要求，教材中要体现素质教育思想，特别是思想品德教育，注重对学生品格的培养。如《U4 Don't eat in class》给学生提供真实、鲜活的语言情境，让学生学会合理运用目标语言，并能够达到对话这一输出目的。在英语教学中，除了合理有效地运用教科书以外，还应积极开发和利用各种资源，积极利用影像、广播等，拓展学生学习和运用英语的渠道。

通过话题，引领学生进一步了解并明确制度文化。话题二主要包括学生习惯行为和校园生活，如校规、学习科目、学习困难等。

初中教材话题单元（二）

2. 校园生活（春游、校规、科目、学习困难等）	七上 U3 Is this your pencil?　U4 Where's my schoolbag? U9 My favorite subject is science
	七下 U2 What time do you go to school?　U4 Don't eat in class U11 How was your school trip?
	八上 U6 I'm going to study computer science
	九 U1 How can we be good learners?（U1 How do you study for a test?） U7 Teenagers should be allowed to choose their own clothes U6 When was it invented? U14 I remember meeting all of you in Grade Three U5 What are the shirts made of? U2 I think that mooncakes are delicious

例2：在学习七下 U4 的过程中，学生在城市交通高峰期过马路视频的引领下，通过文章中一个个话题，先后明确了 school rules（class rules、library rules、dining hall rules、school uniform rules），family rules（night rules、David's house rules、Molly's family rules、Zhaopei's family rules），等等。通过学习本单元，学生能够了解中外相同或不同的校规、班规、家规等，同时还了解西方孩子有烦恼事，更愿意向专业人士或机构求助。在学习过程中，还应培养孩子对未来的畅想，为此学习中可以设计"my dream school, my dream class, my dream family"，进一步让学生认识制度文化和制度建设的重要性，培养看问题的全局观以及责任观念。

话题三：课外生活，巧借课外文化，发展学生潜力

课标主张"学生在语境中接触、体验、理解真实语言，并能在此基础上学习和运用语言"。本话题主要包括家庭生活、家务劳动、电影、个人爱好等。

初中教材话题单元（三）

3 课外生活（家庭生活、家务劳动、电影、个人爱好等）	七上 Unit 5 Do you have a soccer ball?　Unit7 How much are these socks?　Unit8 When is your birthday?
	七下 Unit1 Can you play the guitar?　Unit6 I'm watching TV　Unit7. It's raining!
	八上 Unit2 How often do you exercise?
	八下 Unit5 What were you doing when the rainstorm came?

例3：七下《Unit 1 Can you play the guitar?》的教学核心话题是"加入俱乐部"（joining a club），涉及体育、音乐、艺术等语言项目。教材内容以"加入俱乐部"为主线，兼顾交际功能的学习，教师可以一种循序渐进的生活化学习过程，引导学生学会用英语介绍自己或他人的体育、音乐、艺术等活动。谈论彼此的特长与爱好，是一种群体意识的培养，有助于进一步了解他人和自己的长处。

话题四：环境健康，激发学生实践意识，自立自爱

课标指出："现代外语教育注重语言学习的过程，强调语言学习的渐进性、实践性和应用性。鼓励学生在教师的指导下，通过体验、实践、参与、探究和合作等方式，不断发现语言规律，逐步掌握语言基本知识和技能，并形成有效的学习策略。"本话题主要包括环保、病情等相关内容。

初中教材话题单元（四）

4. 环境、健康（环保、病情）	七下 Unit5 Why do you like pandas?　　Unit10 I'd like some noodles	
	八上 Unit8 How do you make a banana milk shake?	
	八下 Unit1 What's the matter?　　Unit7 What's the highest mountain in the world? Unit10 I've had this bike for three years	
	九 Unit13 We're trying to save the earth（原 Unit15 We're trying to save the manatees!）	

例4：八上 Unit8 通过学习了解美国特定节日的传统食物，引发学生联想中国节日以及家乡的风味小吃，在语言能力上要求学生能尝试用英语介绍相关内容，旨在激发学生对家乡的热爱之情，同时体验中西饮食文化的差异，体会在活动中学习英语的乐趣，培养学生英语学习的积极性，鼓励学生自己动手制作食品。Section A 主要围绕"食物制作"这一话题展开，呈现了食物制作的动词及短语（turn on, pour... into, put... in, cook for）、食物名称（milk, shake, ice-cream, yogurt, watermelon, honey, cabbage, carrots, potatoes）、调味品名词（salt, sugar）、容器或器材的名词（blender, pot），以及表示制作顺序的副词（first, then, next, finally）等。其中有部分内容是以前学过的如 banana、wash、drink、cut up 等。本部分的核心句型是描述食物制作顺序的祈使句及用 how many/how much...? 提问的句型。要求学生能够听懂关于食物制作的对话，能够按照指示语做事情，并获取关于食物的原材料和量的相关信息，还要求学生能模仿输入的语言，围绕食物的原材料、需要的量及制作过程生成并输出自己的语言。在 Section A 的基础上，Section B 呈现了与三明治制作以及感恩节相关的词汇，让学生通过听、说、读、写活动，进一步巩固食物制作过程的表达。通过知识的扩展以及循序渐进的写作练习，学生能够灵活运用所学的目标词汇和目标句型来完成美食制作的任务，并能够为自己喜欢的美食写食谱；学生能够了解与美国感恩节有关的文化背景和风俗习惯，用英语正确表达中国的传统节日和食品名称。通过体验中西饮食文化的差异，进一步提升了学生的环境保护意识。

八下 Unit1 听说部分，教材以 What's the matter? You/she/he should... 为中心句型，围绕着描述身体的不适和提出建议展开，通过创设真实情境，学生知道如何表达与处理自己的身体不适。在阅读部分，教材提供了两篇阅读文章，Section A 的 3a 和 Section B 的 2b，这两篇文章，都围绕"如何处理身体方面的突发状况"而展开的。通过学习,学生不仅学习了语言知识、阅读技巧,而且还学习了如何处理突发事件,学习了文中不同人物的可贵精神。

话题五:介绍地点,培养自信和服务意识

启发式教学,可以使学生在语言实践活动中,通过接触、理解、操练、运用语言等环节,逐步实现知识的内化,使学生在个体和合作的实践活动中发展语言与思维能力,并能在展示活动中感受成功。同时,教材设计和课堂活动充分尊重学生的主体地位,发挥学生的主观能动性,兼顾学生知识技能的训练和情感价值观的引导。在课堂教学活动中,要利用和创造信息差策略,培养学生的思维表达能力和组织语言的能力。本话题包含旅游活动,社区活动等

初中教材话题单元(五)

5. 介绍地点 (旅游等)	七下 Unit3 How do you get to school? Unit8 Is there a post office near here?
	八下 Unit8 Have you read Treasure Island yet

例5:七下《Unit8 Is there a post office near here》通过引入《方位歌》、国外问路视频、城市交通图引导学生进行语言理解和学习。本单元能力目标:理解并会询问街道上某一场所的位置;能为他人指明去某一场所的路线;能阐述某一场所各个建筑物之间的位置关系;能用简单的图表、地图等向他人介绍自己所居住的社区。本单元文化知识内容:了解在日常交际中如何得体地运用英语向别人问路。本单元情感目标:通过运用简单的问路和引路的交际用语,学会相互合作,建立自信,培养乐于助人的精神。

话题六:假期安排,践行自主发展

启发式教学可以让学生在语言实践活动中逐步实现知识的内化,发展语言与思维能力。这就要求教师教学时要把学习内容融入学生的生活之中,优化教学策略,同时努力为学生提供丰富的、真实的语言实践环境;优化评价方式,培养和形成学生"自主、合作、探究"的学习方式。本话题包含计划、过去经历等。

初中教材话题单元(六)

6. 假期安排 (计划、过去 经历等)	七下 Unit1 Can you play the guitar? Unit12 What did you do last weekend?
	八上 Unit1 Where did you go on vacation?
	八下 Unit2 I'll help to clean up the city parks

例6：七下《Unit12 What did you do last weekend》主要谈论计划、过去经历等。教师可以指导学生，结合自己的家庭生活实际，制订一个切实可行的暑期生活计划，计划内容包括作息时间安排、学科学习及进度安排、实践活动、读书活动、书法练习、看电视、上网、家庭劳动、体育锻炼、特长发展等。

八上《Unit 1 Where did you go on vacation?》主要是用一般过去时谈论度假等发生在过去的事情。学生在学了七下的十一单元和十二单元后，在语法和词汇上都有了一定的基础。所以在设计本单元听读预测环节时，安排复习已有知识，同时在情感环节上做了一些补充。如Happiness is a way of travel, not a destination（幸福不是目的地，而是行进中的漫漫旅程），Enjoy everything around you（享受当下）。利用精彩图片引领学生进入美好假期生活分享时段，用一般过去时撰写旅行日记，（包括描述人、事、感受及天气等）了解国内外著名游览胜地，如黄果树瀑布、中央公园等。

例7：八下《Unit 2 I'll help to clean up the city parks》是关于志愿者服务及慈善活动的，主要涉及援助和关爱弱者。通过听、说、读、写等各种活动，引导学生学习相关的语言知识，使学生了解各种志愿服务工作以及从事志愿服务的中学生的经历与感受，从而懂得同情、关爱、援助的价值和意义，以此来培养学生主动帮助弱者的社会责任感；结合话题开展讨论，进一步激发学生的国家意识，提升学生的文化意识，以及志愿服务意识；能结合自己的经历谈谈对丘吉尔名言的理解。

话题七：观点建议，提升交流与合作能力

新课标要求教师要面向全体学生，以学生为中心，关注个性差异，注重素质教育。本话题单元以"做事情"为主线，包括提建议、劝告等。

初中教材话题单元（七）

7. 个人观点建议（提建议、劝告）	八上 Unit3 I'm more outgoing than my sister　Unit4 What's the best movie theater?　Unit5 Do you want to watch a game show?　Unit7 Will people have robots?　Unit9 Can you come to my party?　Unit10 If you go to the party, you'll have a great time!　八下 Unit3 Could you please clean your room?　Unit4 Why don't you talk to your parents?　九 Unit3 Could you please tell me where the restrooms are?　Unit8 It must belong to Carla　Unit10 You're supposed to shake hands

例8：八下《Unit4 Why don't you talk to your parents?》是中考说明中要求熟练掌握的交际话题。通过本单元的学习，学生能够熟练地运用目标句型来征询意见、提出合理化建议，并能准确地发表自己对事物的评价。所学内容贴近学生生活，能激发学生学习英语的欲望和兴趣，使他们乐于参与各种英语实践活动；另外要让学生深刻体会所承受的爱，从而学会付出爱，学会感恩。本单元的教学重点：学习征求和给予意见的表达用语；培养学生根据上下文猜词的能力；在理解文章基础上归纳表述和自主表达观点建议的能力。教学难点：学习与烦恼、抱怨和建议相关的大量短语搭配；让学生在写作中自然合理运用本单元所学的语言项目。文化目标：让学生从文化知识角度了解中西方家长对待孩子课外活动和课外学习班的态度与做法。情感目标：学会正确表达自我问题；给予帮助；学会书面表达学习、生活中遇到的问题，并能给出建议。

话题八：文学欣赏，分享智慧，拓宽视野

课程标准要求教师既要关注中外文化异同，还要加深对中国文化的理解。本话题教学目标：了解中外民间故事，并能依据故事相关信息发表自己的观点，模仿运用语言。本话题包括文学、故事、音乐等。

初中教材话题单元（八）

8. 文学、故事、音乐等	八下 Unit6 An old man tried to move the mountains Unit8 Have you read Treasure Island yet?

例9：八下《Unit6 An old man tried to move the mountains》围绕着故事展开，从中国传统故事到西方的童话故事，是一个全新的单元。新目标（上一版）是没有的，本单元注入的中国传统元素也是以前没有的。教学总目标：学生能够讲故事、写故事，并能以话剧表演为语言输出形式来表现故事。次目标：在语言输入环节听懂和读懂故事；了解故事的要素，确定故事的要素，根据故事要素来编写自己的故事。

Section A：教学内容是中国民间神话；教学重点是让学生用英语讲中国的传统故事，在讲述过程中能够恰当使用连词。Section B：教学内容是西方童话故事，主要是安徒生的童话《皇帝的新装》和《格林童话》中的故事《糖果屋》；教学重点是让学生了解西方故事的表现形式，并以表演或概括的形式进行语言输出。Section A—Section B 过渡 A 3a 和 4a 是对东西方交流内容的过渡。

由此可见，在新课程标准和新教材有力结合的学校教育背景下，学生学习不仅仅是学生个体心理学意义的认知活动，更是一项以应试为目标，以学科课程单元话题为主体的学习模式。这种学习模式可以推动学生自主、合作、探究的话题文化学习方式，从深层次上认识学习的实质；关注学生发展的需要，尊重学生学习心理规律。尽心设计单元话题文化学习及课堂活动体验，能够更好地促进教师的教和学生的学，更多地体现英语语言话题文化学习的价值，实现有效学习。

成果7：基于文本逻辑，开展高中英语以读导写行动探究

一、引言

近年来，随着高考英语写作的分量提升，学生在书面表达水平方面有了较大提高。然而写作教学过程中往往比较关注显性因素，如篇幅、句式、单词长度、句式变化等，而忽略了更为重要的隐性因素，如行文连贯、结构紧凑、逻辑清晰等，以至于写出的文章出现语义不连贯，缺乏逻辑性，难以读懂等问题。

读写教学在日常英语课堂教学中占主导地位，在英语高考试题中读写的分值远远高于其他题型。因此，读写教学是高中英语教学的重中之重，直接影响学生核心素养的发展。核心素养主要指学生应具备的、能够适应终身发展和社会发展需要的必备品格和关键能力。研究学生发展核心素养是落实立德树人根本任务的一项重要举措，也是通过语言适应世界教育改革发展趋势、提升我国教育国际竞争力的迫切需要。

英语写作中语篇的逻辑连贯性是一个很重要的问题。课标明确提出"语言是人类最重要的思维和交流工具"，要"培养学生的综合语言运用能力，着重培养学生用英语进行思维和表达的能力"。高考作文要求：学生"能在写作中做到文体规范、语句通顺、内容完整、条理清楚；有效地使用了语句间的连接成分，所写内容连贯、结构紧凑"。用英语进行理解和表达的过程有利于学生逐步形成英语思维方式，除了训练语言表达的准确性和恰当性，对文本的构思立意、谋篇布局、思维的逻辑性和条理性也是有效锻炼。用英语进行思维和书面表达显然是高中英语学习的重要内容，同时也是培养学生发展核心素养的关键。

二、英语读写逻辑连贯性的理论依据

语言学家胡壮麟（1994）提出语篇衔接与连贯的多层次思想：第一层是语境、语用等社会符号层，第二层是语义层，第三层为结构层，第四层为词汇层，最后一层则是音系层，各个层次对语篇的生成各有贡献。张德禄（2000）认为，语篇连贯是一个语义概念，包括结构性衔接、话语语义结构、外指性衔接机制和隐性信息衔接等。张德禄（2006）通过研究形成逻辑连贯的语篇意义关系来使语篇连贯模式化，又增加了衔接链贯穿全文原则和体裁优先原则。

逻辑要基于一种"合理"的假设，对于大多数人来说，根据能力圈来假设比较合理，即所谓的"常识"。利用常识把逻辑说通顺，只要能自圆其说即可，最主要的环节是验证。

三、研究计划的制订

研究对象为北京市海淀区北理附中高二文科学生。研究数据收集与分析方法包括教师访谈、学生问卷、课堂观察以及考试评价。研究阶段：第一阶段，准备阶段，从2016年9月到2016年12月；第二阶段，实施阶段，从2017年1月到2017年7月。

调查问卷

连贯类型	主题意识	语篇结构完整	段落之间衔接	句子之间显性衔接	段内主题句细节支撑衔接	动词时态连贯
A. 有	A. 有	A. 有	A. 有	A. 有	A. 有	A. 有
B. 无	B. 无	B. 无	B. 无	B. 无	B. 无	B. 无
C. 不清楚	C. 不清楚	C. 不清楚	C. 不清楚	C. 不清楚	C. 不清楚	C. 不清楚
D. 很少	D. 很少	D. 很少	D. 很少	D. 很少	D. 很少	D. 很少

四、研究计划的实施与调整

（一）针对调查问卷调整

调查问卷涉及语言表达连贯性六个维度（主题、结构、衔接、语段、句群、动词）：主题即一个中心；结构为总分总或者分总；段落之间的衔接即总分关系、转折关系、并列关系、层进关系；段内是否有主题句（分论点）与细节（事实）支撑的逻辑连贯，句子之间的连贯以及动词时态表达的连贯逻辑性。

学生根据自己实际存在的问题，尤其是读写中存在的问题作答。

笔者通过分析问卷，尝试进行针对性教学调整，经过一段时间，发现学生的语言显性衔接，包括添加段落之间的过渡词、句，并列句之间的衔接以及含状语从句的主从复合句衔接有了提升，通过教与学的反复引导和强化可以得到明显改进和提高，但是阅读体裁与写作内部的隐性连贯，包括与主题一致性和上下文的一致性，主题句与必要细节逻辑一致，首段中心句与尾段作者态度、结论逻辑的一致，以及长难句式中心句表达的逻辑连贯，如谓语动词和非谓语动词、三大从句，尤其是动词在主句和从句以及非谓语间的准确理解，及其书面表达的连贯性等仍是薄弱环节，需要教师在教学中深入研究。

（二）学生阅读分析

1. 针对学生开学回归训练 D 篇阅读连贯性的分析

2016 年 8 月 30 日对高三学生进行命题控制型阅读训练。阅读文本的主题为大学生毕业后的第一份工作如何选择及如何规划职业生涯。参加此次训练的 21 名学生在 10 分钟内做出回答。

70. Which of the following shows the organization of the passage?

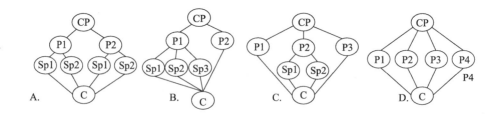

CP：Central Point　P：Point　Sp：Sub-point（次要点）　C：Conclusion

针对 70 题的答案分析后发现，仅有 7 位（A 层）同学答对；8 位（B 层、C 层）同学在总分总整体结构的准确判断后缺乏对段落间的关系判断，看成并列关系；4 位同学（D 层）在体裁上出现偏差，忽略议论文主题下一定要从两个对应点出发总揽文章结构；两位同学（E 层）在段落层次上理解不清。

2. 针对学生阅读填句逻辑的训练分析

2016 年 10 月，对高三学生进行整体阅读训练，阅读文本为《大熊猫不再遇难》。参加此次训练的 18 名学生在 10 分钟内做出回答。分析第 74、75 小题答案时发现：有个别学生在议论文体裁上出现极大偏差，对议论文主题下如何做出分结论和总结论的逻辑理不清楚。由此可见，学生在语篇结构、段落结论上仍存在问题，还需要长期训练，师生同时密切关注。

通常所说的阅读能力：一是检索能力，即查阅工具书的能力，落实细节支撑和词语使用；二是理解能力，即对文章从内容到形式以及语言的理解，落实句群关系和段落关系；三是分析能力，即对文章从内容到形式各个方面进行分析，进而发现问题的能力，落实结构构成与使用；四是归纳能力，落实主题与文本的正确理解。四种能力中前两者是基础，后两者是关键，对关键能力的培养是离不开"读"的。关键做法是：鼓励课外阅读，加大泛读内容，拓展学生的知识视野。课外阅读是课堂教学的延伸和发展，是对教师在教学中是否培养了学生自学能力的检验，是提高学生各项能力的最有效的途径。扩大阅读量，不仅有助于学生了解这个世界，而且有助于学生知识的积累和写作能力的提高。教师要正确引导学生学会博览和精读。

经过一段时间层层训练，学生对于语篇逻辑关系的把握有了很大提升。可喜的是，对比 18 位同学前后的阅读效果，他们竟然明显高于一个月前分出的最优秀学生组合班。

（三）学生写作分析

针对第十六届预赛二阅读写作，学生书面表达连贯性的分析观察材料如下：

With no hesitation, she stopped, staring at him in great silence, calmly saying "No!" Covered with fear and curiosity from the bottom of her heart, she pretended to be a brave girl but got away step by step to keep a safe distance. Upon seeing this, the man's eyes had already been wet. All of a sudden, the little girl didn't know why she got a sense of safety from his sincere expression so she no longer desire to run away, instead, she sat down in peace waiting time goes by. And both of them kept silent.

由此发现，经过一个学期的训练，100% 的学生能够写出完整的段落，并做到分段描述不同主题的内容；100% 的 A、B 层学生和 100% 的 C 层学生有主题意识；85% 的学生，60% 的 A 层学生关注段落之间表达的语义连贯，并使用了显性衔接词；大多数学生使用句子之间有显性衔接词，但是低层学生不能准确无误表达。由此可见，学生在主题意识、语篇结构、段落之间的衔接、句子之间的显性衔接、段内主题句与细节支撑、动词时态连贯表达方面都有明显的进步。

经过七个月的训练，针对新一轮浙江高考英语作文二阅读写作一题，2017 年 7 月 2 日，要求学生阅读内容后续写故事。以下对学生习作的连贯表达进行分析。

（1）阅读问题。

学生的阅读现状具体表现在以下两方面。一方面，重语言知识，轻语篇内容。学生着重学习相关的语言知识，以所掌握的新单词、新句型来评价自己的学习状况。面对文本内容，也仅仅停留在读懂大意的层面，不去深究文本，不去思考主题、理解文章内涵。另一方面，学生重应试技巧，轻深度理解。学生阅读的时候追求速度和做题技巧，习惯带着问题读文本，选出与原文相似的选项，便算完成了阅读。有些学生甚至不理解文章大意，以不懂文本内容而做对题目为荣。

老师在进行文本分析的时候，学生只追求答案而忽略文本内容的理解，或者只被动地听，不喜欢动脑、理解作者意图，更没有站在自身的角度去思考、去质疑文中的观点。因而阅读的文本没有通过思考在心中留下印象，这样学生的写作就暴露出了问题。

（2）写作问题。

阅读材料虽然丰富，但没有真正走入学生心里，所以在学生输出的时候并不能很好地将文本所学的观点、态度等应用到写作中，并不能思考文章的观点并生成自己的观点，导致思路狭窄，不能基于主题进行发散思维，写作内容不够丰富。学生没有深究主题阅读文本的意义和内涵的习惯，因此在写作的时候没有升华主题的意识，主旨不明，高度不够。

五、研究效果

通过暴露的问题，教师认为让学生与文本内容建立联系，可以帮助其进行深度思考、感悟并内化，只有这样才可以在写作中进行发散思维，从而打开写作思路，使写作内容更丰富，更有针对性，主旨更明确。

（一）由阅读的输入建立与写作的联系

打开学生迁移输出的思路，让学生在写作中有升华主题的意识。

什么是建立联系？

阅读文本，提取信息，理解观点，体会情感，产生共鸣，与写作建立联系。

（二）联系什么？

学生通过阅读建立已知与文本中的新知识的联系；建立文本内容与学生现实生活中经历的联系；建立文本内容引发的思考、情感与作者（文本主人公）的思考、情感的联系。

（三）如何建立联系？

通过阅读和圈点勾画，学生从以上三个角度发散思维，引发自身思考，与作者建立联系，学习作者的观点，体验作者的情感，入情、入境。

（四）建立联系后做什么？

学生可以针对主题阅读中的相关话题，通过口语和写作，来表达自己的观点和情感。

（五）摸索切合实际的针对书面表达逻辑连贯性的读写教学探究

1. 课程设计——形成以读导写结合的教学方式

"建立联系"的课程设计

主题阅读	阅读输入	任务	主题写作输出（主题和写作角度）	任务

（1）课程设计——读写结合，点面紧连。

引导学生归纳概括输入材料的语言及连贯表达特点，使用读取的语言及连贯表达方式进行输入，完成语篇主题、结构、语义理解，特别关注输入材料的连贯表达特点，引导学生思考讨论显性连贯表达（如衔接词，过渡句）或逻辑连贯，即标题与段落主题、段落主题与段内要点、要点与细节支撑等，并设计与学生生活紧密相关的写作输出实践活动。

（2）课程设计——以读导写，点面精准。

通过输入的阅读材料，建立与写作任务相关的知识体系、结构体系并分析与目标写作任务相关的主题、结构、语言以及逻辑连贯体系，包括衔接词、过渡句和逻辑连贯等。引导学生完成与阅读主题相关的输出写作实践任务，注意学生在写作实践过程中完成对输入的连贯表达的写作方法和语言的内化运用。逐步形成比较适合读写课之后的相关主题写作训练，或者对已知话题、结构进行深层次写作训练。

（3）课程设计——读、写、评三结合，点面效应。

以写作评价为起点，以对输出的写作任务进行评价作为终点。学生读取概括写作要素，并依据生活紧密相关的写作任务，进行独立10分钟写作训练，从而规范学生的书面表达的逻辑连贯能力。

2. 提升读写结合的逻辑连贯表达效度

学生根据读取的大量信息，推断概括出这些信息的核心观点，利用主题句之间的衔接与连贯，即读写段落之间的时间衔接词、主题句、作者观点及细节支撑，即举例子、作解释、作比较、引用评述、列数据等，形成思维导图。

3. 限时阅读和写作，形成逻辑思维能力

设计贴近学生、贴近生活和贴近社会的有针对性的模仿练习，引导学生严把六个纬度，并围绕主题词按照时间发展顺序描写，使用观点加细节支撑的方法描述人和事，逐步形成跌宕起伏、夹叙夹议、有理有据的文章。

总之，经过一年的以读导写训练，学生在高中英语书面表达逻辑连贯性方面得到了极大提升。2017年6月,笔者所带学生中有四名学生荣获全国创新英语大赛一等奖,三名获二等奖,两名获三等奖。经过训练、学生的英语理解和表达能力得到了提升。今后还应不断强化核心词语的内涵和外延,把核心词语与周围生活联系起来,帮助学生用英语进行思维,学会从不同角度思考和解决问题。

参考文献

[1] 中华人民共和国教育部. 普通高中英语课程标准(实验)[M]. 北京:北京人民教育出版社,2003.

[2] 胡壮麟. 语篇的衔接与连贯[M]. 上海:上海外语教育出版社,1994.

附录:调查问卷分析

连贯类型	主题意识	语篇结构完整	段落之间衔接	句子之间显性衔接	段内主题句细节支撑衔接	动词时态连贯
A. 有	A. 20	A. 30	A. 10	A. 40	A. 25	A. 23
B. 无	B. 60	B. 20	B. 50	B. 20	B. 30	B. 17
C. 不清楚	C. 10	C. 20	C. 30	C. 20	C. 15	C. 35
D. 很少	D. 10	D. 30	D. 10	D. 10	D. 30	D. 15

成果 8：2.0 信息技术培训，花落理工

> **摘要**：在 2020 年北京市中小学教师信息技术应用能力提升工程 2.0 培训试点基础上，全面启动北京市中小学教师信息技术应用能力提升工程 2.0，按照"市级规划指导、区级统筹监督、培训机构助力、整校推进、示范引领"的实施策略，构建以校为本、基于课堂、应用驱动、融合创新、评用结合的教师信息素养发展新机制，开展在职在岗专任教师信息技术应用能力提升培训，基本实现"三提升一全面"的总体发展目标。校长信息化领导力、教师信息化教学能力、培训团队信息化指导能力显著提升，全面促进了信息技术与教育教学融合创新发展。
>
> 为深入贯彻落实党的十九大精神，办好网络教育，积极推进"互联网＋教育"发展，加快教育现代化和教育强国建设，教育部研究制定了《教育信息化 2.0 行动计划》。教育信息化 2.0 行动计划是加快实现教育现代化的有效途径。北理附中十分重视此项"十四五规划"开篇局，作为海淀区试点校克服疫情等一切干扰因素，聚焦信息技术应用能力提升工程 2.0 培训活动，迎接全员启动、工作检查和指导，旨在促进全体教师，尤其是新任教师的发展与成长。2021 年 4 月，在各级领导的安排和组织下，北理附中成为北京市教师全员学习的海淀区七所试点校之一，并于 8 月底开启各校区内全员学习活动。
>
> **【关键词】** 信息技术　团队建设

一、试点校的目的和意义

习近平总书记强调，"没有信息化就没有现代化"。以教育信息化支撑引领教育现代化发展，必须坚持教育信息技术与教育教学深度融合的核心理念，而推动融合的主体是教师。2018 年 1 月，《中共中央国务院关于全面深化新时代教育教师队伍建设改革的意见》中要求："教师主动适应信息化、人工智能等新技术变革，积极开展有效的教育教学"。2018 年 4 月，教育部启动实施教育信息化 2.0 行动计划，提出大力提升教师信息素养。

近5年来，一系列重磅文件，如《国家信息化发展战略纲要》《"十三五"规划国家信息化规划》《教育信息化2.0行动计划》《中国教育现代化2035》等相继出台，将教育信息化作为教育系统变革的内生变量，支撑引领教育现代化的发展，推动教育理念的更新，促进模式变革和体系的重构。时代要求把提升中小学信息技术的应用能力作为加快中国教育现代化，发展"互联网+教育""智能+教育"的战略先手棋，从而推动这场深度融合信息技术与教育教学的课堂改革向纵深发展。

北理附中作为试点校的启动旨在推动以教育信息化支撑引领的教育现代化发展，坚持信息技术与教学深度融合的核心理念，全面提升教师的信息技术应用能力。

二、试点校的研究过程和内容

2020年初春，一场突如其来的新冠疫情打乱了正常的生活秩序，为了有效预防、及时控制校园内传染病的发生、流行，保障在校师生身心健康和生命安全，各级学校按照教育部要求，努力做到"离校不离教，停课不停学"。在这种背景下，线上教学被提上日程并迅速展开，加快了教育信息化2.0的推进和开展。

为深入贯彻和落实北京市中小学教师信息技术应用能力提升工程2.0项目，我校作为试点学校，校领导在充分考虑学校校区较多、教师队伍庞大等特点的基础上，制定了切实可行的实施方案和纲要，各学科也相继制定了具有学科特色的方案，并组织开展学科信息化建设的教研活动。

具体研究过程和内容：

（1）启动阶段：区级、校级领导部署，试点校做汇报交流，并撰写试点校学习方案。

（2）实施阶段：全员启动能力提升工程2.0项目，跨校区全员学习检查与反馈，跨校区全员学习撰写评语，反馈区级评价。

（3）研究阶段：种子教师团队启动，种子教师团队研究培训，种子教师建立师徒制度，种子教师团队微能力点交流学习，种子教师团队分享微能力点体验。

（4）辐射阶段：种子教师校内组织经验交流。

三、试点校研究的落实

（一）制定校级工作方案，实现人人参与的大局

依据区教委精神和北京市能力提升工程2.0总体目标任务，结合本校试点的实际情况，统筹规划本校能力提升工程2.0工作：制定学校能力提升工程2.0推进工作方案，建立责任运行机制和责任清单，形成分批推进的工作计划；按照分类指导、突出学科建设的原则，指导不同校区、不同学科的信息技术环境及不同教师的发展水平，开展信息技术应用能力提升培训。

1. 开展信息技术应用指导能力提升专项培训，建立学校、学科两级培训指导团队

在培训试点基础上，要进一步整合电教、教研组培训等力量，选拔一批信息技术应用能力突出的学科骨干教师，完善人员结构，落实区级培训指导团队，逐步开展信息技术应用指导能力提升专项培训（不少于40学时），推动各校区团队开展应用信息技术促进学科教育教学的研究，提高对学校校本研修与考核的指导和示范引领能力。组建了由校长、主管领导、教研组长、信息技术教师、信息技术应用能力突出的学科骨干等组成的校本研修培训指导团队。

2. 开展信息化领导力提升专项培训，建设学校信息化管理团队

各参训学校组建由校长、教学副校长、信息化主管副校长、教师发展中心主管领导等组成的学校管理团队。各区教委要组织开展信息化领导力提升专项培训（不少于40学时），指导学校管理团队做好学校信息化教育教学发展规划，并依据《北京市中小学、幼儿园教师信息技术应用能力提升培训方案》和《北京市中小学教师信息技术应用能力提升工程2.0校本应用考核指南》制定校本研修方案和校本应用考核方案。

3. 开展教师信息化全员培训，打磨信息技术教育教学应用优秀设计方案

在各校区专业指导团队的带领下，各校区积极开展对全体教师的信息技术培训。教师通过一轮又一轮的学习，相互交流总结经验，提升信息技术能力，并与自己的学科相融合，理论联系实际，最终形成自己学科的信息技术应用优秀设计方案。

4. 开展教师信息化全员全方位学习，建立学校信息化评价团队

基于学校全员学习队伍庞大、人员广泛的实际情况，学校成立了信息化评价团队。在全员学习结束来临之际，各校区继教相关部门和校区评价小组，依据教师学习情况，对全校498位教职员工的学习情况进行逐一评价，并逐一撰

写学习评语。同时，将优秀成果报到区里，实现了全员学习，全员圆满完成的良好局面。

（二）开展校级培训活动，形成人人学习的格局

1. 开展学科内外种子教师案例研究活动，知彼知己、同步提升

学习研究期间，团队内外定期交流发现亮点，总结经验教训，借助别人的教法指导自己的教学；在此基础上，对自己的教学行为进行反思，相互学习交流，取长补短，共同提高。活动过程中，增进教师之间的了解，形成教学氛围，促进教研工作的有效开展。通过一次次研究培训，丰富教师自身的信息技术教育教学理念，促进课堂教学效率的提高。

2. 推进信息化技术和学科素养的步步融合

教师要明确总体教学目标，以培养提升自身和信息素养为根本目的，尤其在网络环境中，要把加强自身素养作为教育重要内容；不断提倡深度学习，相互传授技术层面的内容、思想、方法、原理等深层次东西。在能力提升方面避免对单纯信息技术上的培训，侧重信息技术的综合运用，明确学习和探索软件的方法比掌握软件功能更重要的教育思想。

3. 推进教学过程设计和信息化活动层层融合

以教师为主体，积极发挥信息技术的教育功能，落实信息技术微能力点的逐步渗透。不断学习研究中小学信息技术案例评价标准，从"教学目标、教学内容、教学过程、教学效果"等基本维度评价教师的信息技术微能力点质量，确定教学设计的着眼点，减少2.0信息技术微能力点使用的盲目性。

4. 推进教师信息教育和教学思想人人融合

培训研究过程中，分享感悟教师是否体现2.0信息技术的精神和理念，是否将2.0信息技术与教学内容和教学方式进行不断变革，是否将科学性、思想性、教育性有效融合，是否探索出符合学生认知规律、心理特点的教学设计。教师在学习中探究，在探究中不断交流，实现了教师团队1+1大于2的效果。

5. 推进科内外种子教师案例研究活动强强融合

促进种子教师积极参加2.0信息学习。认真聆听，积极思考；敢于质疑问难，积极动手实验；组织合作学习、探究学习，参与学习活动。各个学科组按人数比例推荐教师参加本次市级优秀案例研究制作。

6. 推进专家引领种子教师案例培训活动深度融合

北京市海淀区教师进修学校信息与技术中心副主任钟建业、崔莹莅临我校指导教师信息技术2.0项目的落实情况。任志瑜校长、赵欣书记对两位专家

的莅临表示欢迎，希望两位多提宝贵意见，提升学校教师信息技术融入课堂的能力，促进学校教学的信息化建设。会议上，教师发展中心马成霞主任主持并把学校开展的工作情况做了汇报；两位骨干专家指出信息技术 2.0 是时代趋势，对于教师教育、教学方法的变革至关重要，也是重塑教师教学能力的契机。两位专家对下一步工作给出了指导意见，更有效地助力学校教师教育教学技术信息 2.0 运用能力的提升。

（三）深化校级培训活动，促进教师发展的新局

1. 多元融合，登高望远

教师通过研修网进行专题课程和应用案例的在线课程学习。在学习的基础上，各个学科组教师在日常教学的基础上，融入教育信息 2.0，提升课堂教学的信息化和现代化。物理学科的罗迪，语文学科的方贝贝、郭兆龙三位老师分别就各自课程中教育信息技术 2.0 的运用情况向两位专家做了汇报。两位专家还针对每位老师的设计进行了细致的分析和指导，并提出了改进建议，种子教师团队受益匪浅。

2. 领导重视，群情激昂

学校任志瑜校长、赵欣书记和潘军书记为学校下一步工作的开展提供了新的思路，并表示学校一定会尽最大的努力，为保质保量地完成教育信息技术 2.0 项目的学科建设和课堂创新任务打下了良好的基础。各学科种子教师将互联网 2.0 信息技术与学科教育教学，尤其与课堂教学更高地融合。

3. 新老同行，共追目标

自 2020 年 8 月，各校区教师着手教育教学信息技术 2.0 融合课堂应用方面的设计，并组织新入职青年与骨干教师同课异构，这一行动加快了教师信息技术伴专业成长的步伐。学校继续推进此项活动优秀学科的评选、教师优秀课程案例改进，争取使优秀的案例在全区，乃至全市都具有引领性和示范性。在促进教师掌握更多教育信息 2.0 技术的同时，教育信息 2.0 更加普遍和广泛地融入教师的日常教学活动中。

4. 如切如磋，如琢如磨

专家莅临指导，线上讨论，线下修改……一次次完善教学案例，深化培训成果。

5. 深度学习，促进成长

专家开展"如何撰写优秀案例材料"的专题讲座，从解读范围、"微能力点"、撰写过程中易出现的问题等方面进行细致的讲解。

6. 研讨不断，交流不断

知无不言，言之有情，区校共研方向明确！种子老师们就案例撰写与修改展开讨论，并积极与专家互动，现场气氛热烈。专家和种子教师就提出的问题一一答疑解惑。

主责本次活动的教师发展中心马成霞主任表示：技术融合专业成长，继教路上并肩前行责任重大，应该：做好结合，促进教育教学能力、融合能力提升；做好落实，提升自身专业成长的能力；高度认识，充分准备，做好优秀案例设计和录制；不负众望，长远规划，为学校和海淀区做贡献，争取在"十四五"规划活动中为区、市更多学校和老师提供信息技术提升的实践案例，促进更多教师的信息技术能力的提升，促进日常教学活动中信息技术2.0的更大融入。

北理附中关于北京市中小学教师信息技术应用能力提升工程2.0培训优秀案例研讨步步深入。这一切行动充分体现了在"十四五"规划开篇之际，北理附中作为海淀区教育信息技术应用能力提升工程2.0试点学校，一直全力以赴、稳步推进全校教师的信息技术能力提升。

四、试点校研究成果

（1）在北京市能力提升工程2.0优秀案例获奖名单中，海淀区共获奖25人，其中北理附中13人。包括：刘聪的《认识手机中有机材料的结构》，马千惠的《感受中国特色社会主义民主政治的特点和优势》，安文娟的《聚焦改革——探究社会历史的主体》，王瑾的《能力的探索与开发》，郭兆龙的《品读〈红星照耀中国〉中的人物》，焦典的《利用希沃白板探究平行四边形的面积》，张爱英的《Topic Talk》，刘蕊的《锐角三角函数第一课时》，辛晓燕的《力挽狂澜拯救明朝的社稷之臣——于谦》，陈丹妮的《童心向党飞翔 少年梦想启航》，方贝贝的《红星照耀中国》，徐玲玲的《借助网络画板探究函数的性质》，杨舟的《运动与静止》。

（2）北京市能力提升工程2.0优秀案例，北理附中7人获国家级奖励，10人获市级奖励，5人获区级奖励。

（3）北理附中教师在市级、国家级期刊发表论文数名列前茅，能力提升工程2.0的成果汇编为《我的教育发现》。

（4）北理附中4名教师获市级"启航杯"讲课比赛奖，他们是韩硕、吴佳静、王冬兰和杨松松。

五、试点校研究路上的反思

（一）团队合作的意义非凡

作为北京市中小学教师信息技术应用能力提升工程2.0项目的试点校，从学校领导的重视，到整个团队的积极配合，取得成果的整个过程是大家为了一个共同的目标相互支持、合作奋斗的过程。信息2.0工程，调动了团队所有成员的资源和才智，增强了相互协作的能力，增强了抵抗挫折的能力。在学习实践过程中，团队成员遇到困难不抛弃，不放弃，坚持不懈，密切合作，大家扭成一股绳，向同一个目标奋进！

（二）团队挑战的意义非凡

为了促进教师掌握信息2.0技术，专家莅临学校不厌其烦进行指导，学校为老师们提供一次又一次的实践机会，老师们从"集体教"到"集体学"，再到"个体学"，不断挑战自我，超越自我，团队成员之间形成良好的互动效果和教研氛围。老师们克服困难聚集在一起多次研讨后，回到自己的教学岗位又一遍一遍修改，每个人都在自己的位置上尽职尽责，并努力挖掘自己的潜力。挑战自我是不断提高的过程，也是一种知难而进的自信，团队的挑战更是意义非凡，大家精诚团结、相互信任、彼此合作，共同成就了北理附中信息2.0技术取得的辉煌成果。

（三）领导重视的意义非凡

领导重视是做好一切工作的前提和保证。北京市海淀区教师进修学校信息与技术中心钟建业主任、海淀区教师发展中心崔莹莹主任，亲自莅临北理附中指导教师信息技术2.0项目的落实情况。学校任志瑜校长、赵欣书记和潘军书记，多次强调要认真落实北京市能力提升工程2.0总体目标任务，并多次参会研究和部署信息技术2.0项目的各项工作，统一各校区老师们的思想认识，协调各校区各部门的职责，解决落实过程中的各种问题，参与老师们学习和研讨活动，并为老师们提供各种技术支持，最终圆满完成了信息技术2.0项目试点校的培训工作。

（四）信息技术的意义非凡

信息技术的飞速发展，推动了教育从目的、内容、形式、方法到组织的全面变革。在教学中，利用多媒体技术，将教学中的重难点通过多媒体演示表达出来，将抽象、枯燥的教学内容演变为生动、活泼的图像、文字、视频等，这样可以激发学生的学习兴趣，便于学生理解和掌握。信息技术与科学教育整合的不断深入，课堂和教材的无限宽泛，最终必然呼唤并促使新的教学方式和学习方式的革新，促使学生形成丰厚的科学素养和较强的创新实践能力。信息技术与科学教育互相交互、互相整合的一体化，是科学教育现代化的必然趋势。

（五）教师学习的意义非凡

现代教育技术在教育领域的应用与发展，必将有力地促进教学内容体系的改革，推动教学方法的革新，甚至可以在很大程度上改变现有的教学模式。教师作为一线工作者，应不断提升自己的信息化能力，学会运用现代多媒体技术对教学活动进行创造性设计，发挥计算机辅助教学的特有功能，把信息技术和学科特点结合起来，使教学的表现形式更加多样化、视觉化，开启新的教学方式。在新时代下，教师只有充分认识到信息技术的重要性，不断实践，转化教学理念、重塑教学过程、转变教学模式和教学组织，我们的教育才能真正实现现代化。

后 记

40载，实践是最好的成长之路

40载师行之路，对我，一位18岁进入教师生涯的女教师来说，可谓成长之路，品行素养、教育实践丰富我一生之路。

一名教师要以自律为载体。教育教学是极其复杂、极其精细、极其富有创造性的一种综合性活动，为此，教师不仅仅是学科知识的传授者，更是一代又一代儿童心灵的触动者、精神的引导者、思维的开拓者！教师对每节课的教学，都要能够吃透文本，发挥其工具性，并依据渗透人文性的理解和认识，进行教学设计，为自己和学生的成长之路奠基！

每一节课堂教学，都以培养学生终生学习的意识、态度和能力，促进学生的终生发展为目标。英语课上怎么激发兴趣？怎么提出问题？怎么鼓励合作？怎么集中学生注意力？怎么引发思考？怎么培养思维？教师与学生怎么成为学习共同体？……这些都是我们从实践中来到实践中去的好问题，将其置于教师与学生的思维活动中，其价值在于有效确立思维品质、思维逻辑，为师生一生的发展积淀！

40载教师生涯，品行为先。我一直坚守中学教育教学工作，喜欢课堂和学生，忠诚党的教育事业，致力于教与学，尽职尽责，潜心教书育人！40载教育生涯，发展为先。促进学生全面发展是我不断精心研究教育的目的。发展教师，培育教育理念，开拓师生成长的途径，不断进行课题研究。40年站稳课堂，赢得无数爱！

教育实践是指教师在教学过程中践行，且一定要富有"品位"。英语词汇教学有什么规律？泛读怎么读？阅读理解怎么推进？教学进度怎么把握？听力教学更高效的策略是什么？写作教学怎么更有效？英语课堂美学、人文文化氛围如何设计？可以说，文本的解读和文化品位的提升是有效教学的根本，"效"是教育实践的准确定位，是指基于知识逻辑和思维逻辑在教学实践中得以充分揭示与展现，从而实现学科育人、实践育人！

课堂是教育实践的阵地，是教书育人的前沿。课堂就是舞台，每天都是现场直播！不断发现学生亮点是成为幸福老师的起点！从 18 岁成为老师，我渐渐地找到了做老师的快乐。与 26 届学生一起，其中 3 届初三，23 届高三。难得的是在 50 岁那年带了一届从未体验过的初一和初二，54 岁、55 岁和 56 岁的这三年仍然和两届高三、一届初三的孩子在一起，有一种教学生涯完美的感觉。

我们常说："一位好老师一定是一个人能带动一群人！"我认为"好老师的教育是春天里的发现、夏天里的发掘、秋天里的收获、冬天里的分享"，好老师就是从"光荣一阵子"到"贡献一辈子"，实现"1 人做贡献"到"1 + 1 群人做贡献"。语言学习要教给学生解读文本的方法，并逐步形成人的理性思维，在促进个人智力发展的过程中发挥着独特的、不可替代的作用。教师的教学任务就是要通过自身的教学设计活动，让学生领悟其语言知识所承载的学科本质和思维特征，学会用自己的思维方法去综合运用语言，学会在不同的场所和不同的团体践行语言的魅力！

教育实践更使我不断带动中青年，形成多元课堂，拓展教书育人的渠道！我真诚面向全体学生，面向青年教师，真正做到"有教无类"，尊重人的发展差异性！2015—2022 年海淀区教委连续两届聘我为海淀区名师工作站中学英语组导师；2016—2024 年连续两届被聘为海淀区学科总督学。作为导师和总督学，走遍海淀区各个学校，先后听课、评课 272 节次，收集各校亮点和建议近百条；先后以调研主题开展课堂听课，听后反馈，师生、领导访谈，师生问卷反馈等活动，撰写相关论文 6 篇、案例 8 篇、调研报告 10 篇。每一节课堂都有知识的涵养、生成的滋养、文化的素养，关注学生多元生长和健康生活的创造性，是我从教生涯的每日必备。

作为成长起来的老教师，我特别注重帮助青年教师，积极开展研修活动，分享很多有价值的课程教学案例，助力青年教师成长。

40年的教育生涯，我甘于付出、乐于创新，用自己的辛勤付出，打造了一个意义不凡的团队——读书团队，好书伴吾成长！

多年来借助"中国好老师"和"新教育实验项目"行动，助力教师专业成长！借助域内外共同体探究开展"中国好老师"基地校工作例会和优秀学科交流展示活动，不断落实活动效果，发挥域内外学校共同体作用。以教师团队需求和发展为导向，分层分类推进教师成长！"青蓝工程""骨干工程""名师工程"三位一体，基于"真问题培训活动"突破真问题，开展教学设计、上课、说课、板书设计、演讲等专项技能培训；基于学情问题探究培训，提升新任教师责任意识和全面发展学生意识；基于大赛"启航杯""京教杯""五个一"比赛活动，促进团队成长。几年来先后有七位教师获北京市"启航杯"二、三等奖。我所负责的师训工作被评为"北京市中小学教师培训基地校"，所负责的"北京市中小学信息技术培训2.0试点校"，有七位教师获北京市一等奖，获评优秀课例展示市继教平台。

近40年的教育教学生涯，让我真真正正践行了名副其实的教师"业"在一生！这一辈子的实践才是优秀教师最好的成长之路，必经之路！只要勇敢挑战一个又一个的教育教学实践活动，坚守热爱，坚守积累，人人都可以成为品行、素养优秀的教师！

参与本书部分文稿修订者有王琼、叶春、刘小红、刘晓唯、闫小丽、陈婉华、崔红艳。（按姓氏笔画排序）如果对本书有任何疑问或建议请联系笔者：电话13641327611，邮箱isycmcx@163.com